KB009039

교양으로 읽는

용선생 세계사

글 **이희건**
서울대학교 고고미술사학과를 졸업하고 오랫동안 책 만드는
일을 해 왔으며, 사회평론 역사연구소장을 역임했습니다.

글 **차윤석**
서울대학교 독어독문학과를 졸업하고 같은 학교 대학원에서
석·박사 과정을 거친 뒤 독일 뮌헨대학교에서 중세문학 박사
과정을 마쳤습니다. 2013년 대산문화재단 외국문학번역 독어권
지원 대상에 선정되었으며, 중세와 관련된 번역과 프로젝트에
참여해 왔습니다.

글 **김선빈**
고려대학교 국어국문학과를 졸업하고 웹진 〈거울〉 등에서
소설을 썼습니다. 어린이 교육과 관련된 일을 시작하여 국어,
사회, 세계사와 관련된 다양한 교재와 콘텐츠를 개발했습니다.
어린이는 물론 어른들도 낯선 역사를 쉽게 이해할 수 있도록
도와주는 글을 쓰는 것이 목표입니다.

글 **박병익**
고려대학교 사학과를 졸업했습니다. 사실의 나열이 아닌 '왜'와
'어떻게'라는 질문을 통해 어린이들이 역사와 친해지는 글을
쓰기 위해 오늘도 고민하고 있습니다.

글 **김선혜**
고려대학교 사학과를 졸업하고 여러 회사에서 콘텐츠 매니저,
기획 업무를 담당했습니다. 누구나 쉽고 재밌게 읽을 수 있는
역사책을 쓰는 것이 꿈입니다.

구성 **정지윤**
서울대학교 국어교육과를 졸업하고 문화예술, 교육 분야
기관에서 기획 업무를 담당했습니다. 아이들의 세계관을
넓히고, 다채로운 시각 자료로 구성된 역사책을 만들고
싶습니다.

그림 **이우일**
홍익대학교에서 시각디자인을 공부한 만화가입니다. '노빈손'
시리즈의 모든 일러스트레이션을 그렸으며 지은 책으로는
《우일우화》, 《옥수수빵파랑》, 《좋은 여행》, 《고양이 카프카의
고백》 등이 있습니다. 그림책 작가인 아내 선현경, 딸 은서,
고양이 카프카와 함께 그림을 그리고 글을 쓰며 살고 있습니다.

지도 **김경진**
'매핑'이란 지도 회사에서 일하면서 어린이, 청소년 책에 지도를
그리고 있습니다. 얼마 전까지 중학교 교과서 만드는 일도
했습니다. 참여한 책으로는 《아틀라스 중국사》, 《아틀라스
일본사》, 《아틀라스 중앙유라시아사》, 《미래를 여는 한국의
역사》 등이 있습니다.

설명삽화 **박기종**
단국대학교 동양화과와 홍익대학교 대학원을 나와 지금은
아이들의 신나는 책 읽기를 위해 어린이 책 일러스트 작가로
활동하고 있습니다. 발간된 책으로는 《늦둥이 이른둥이》,
《말 잘 듣는 약》, 《천재를 뛰어넘은 77인의 연습벌레들》,
《수학 대소동》, 《과학 탐정 브라운》, 《북극곰의 내일》 등이
있습니다.

자문 및 감수 **남종국**
서울대학교 서양사학과를 졸업하고 같은 학교 대학원에서
석사 학위를, 프랑스 파리1대학에서 박사 학위를 받았습니다.
현재 이화여대 사학과 교수로 재직하고 있습니다. 지은 책으로
《이탈리아 상인의 위대한 도전》, 《지중해 교역은 유럽을 어떻게
바꾸었을까》, 《세계사 뛰어넘기》 등이 있으며 《프라토의 중세
상인》을 우리말로 옮겼습니다.

자문 및 감수 **박수철**
서울대학교 역사교육과를 졸업하고 같은 대학 대학원
동양사학과에서 석사를, 일본 교토대에서 박사 학위를
받았습니다. 현재는 서울대학교 동양사학과 교수로 재직
중입니다. 지은 책으로는 《오다·도요토미 정권의 사사지배와
천황》이 있으며, 함께 지은 책으로는 《아틀라스 일본사》,
《사료로 보는 아시아사》, 《일본사의 변혁기를 본다》 등이
있습니다.

자문 및 감수 **이근명**
서울대학교 동양사학과를 졸업하고 같은 학교 대학원에서
석사·박사 학위를 받았습니다. 현재 한국외국어대학교
사학과 교수로 재직하고 있습니다. 지은 책으로는 《남송 시대
복건 사회의 변화와 식량 수급》, 《아틀라스 중국사(공저)》,
《동북아 중세의 한족과 북방민족》 등이 있고, 《중국역사》,
《중국의 시험지옥−과거》, 《송사 외국전 역주》 등을 우리말로
옮겼습니다.

자문 및 감수 **이은정**
한국외국어대학교 터키어과를 졸업하고 튀르키예 국립 앙카라
대학교 역사학과에서 석사 학위를, 서울대학교 서양사학과에서
박사 학위를 받았습니다. 현재는 서울대학교 등에서 강의를
하고 있습니다. 〈16−17세기 오스만 황실 여성의 사회적
위상과 공적 역할−오스만 황태후의 역할을 중심으로〉와
〈'다종교·다민족·다문화'적인 오스만 제국의 통치전략〉 등의
논문을 지었습니다.

자문 및 감수 **이지은**
이화여대 사학과를 졸업하고 한국외국어대학교와 인도
델리대학교, 네루대학교에서 석사·박사 학위를 받았습니다.
현재 한국외국어대학교 인도연구소 HK연구교수로 일하고
있습니다. 함께 지은 책으로는 《탈서구중심주의는 가능한가》가
있으며 〈인도 식민지 시기와 국가형성기 하층카스트
엘리트의 저항 담론 형성과 역사인식〉, 〈반서구중심주의에서
원리주의까지〉 등의 논문을 지었습니다.

기획자문 **세계로**
1991년부터 역사 전공자들이 모여 함께 고민하며 연구하며
한국사와 세계사를 가르치고 있습니다. 《용선생의 시끌벅적
한국사》 기획에 참여했고, 지은 책으로는 역사 동화 '이선비'
시리즈가 있습니다.

교양으로 읽는
용선생 세계사

전쟁과 교역으로 더욱 가까워진 세계

유럽 봉건 제도, 몽골 제국, 십자군 전쟁

5

글 이희건 차윤석
김선빈 박병익 김선혜
구성 정지윤
그림 이우일 박기종

사회평론

차례

출발,
용선생 세계사반!

여러분, 안녕~! 용선생 세계사반을 맡은 용선생이야.

신나고 즐겁고 깊이 있는 용선생 역사반의 명성은 익히 들어 봤겠지? 역사반 못지않게 세계사반도 신나고 즐겁고 깊이 있는 수업이 되도록 할 테니 너희들은 이 용선생만 꽉 믿어.

세계사반이 만들어진 건 순전히 중학생이 된 역사반 아이들 때문이었어. 중학생이 된 왕수재와 장하다, 나선애가 어느 날 다짜고짜 몰려와 막 따지는 거야.

왜 역사반에서 한국사만 가르쳐 주고 세계사는 안 가르쳐 줬느냐, 중학교에 올라가면 세계사를 공부하게 된다고 왜 진작 말씀해 주시지 않았느냐, 형들 배우는 세계사 교과서를 미리 들춰 봤더니 사람 이름이며 지명이 너무 낯설어 아예 책이 읽히지가 않더라, 지도를 봐도 도대체 어디가 어딘지 감이 안 잡힌다, 중학교는 공부해야 할 과목도 많은데 언제 세계사까지 공부하느냐, 초등학교 때는 역사반 덕분에 역사 천재 소리 들었는데, 중학교 가서 역사 바보가 되게 생겼다…….

한참 원망을 늘어놓더니 마지막엔 세계사반을 만들어 달라고 조르더군. 너희들은 중학생이어서 세계사반 만들어도 들어올 수가 없다고 했지. 그랬더니 벌써 교장 선생님한테 허락을 받았다는 거야. 아닌 게 아니라 다음 날 교장 선생님께서 나를 부르더니 이러시더군. "용선생, 어차피 역사반 맡으셨으니 이참에 영심이, 두기까지 포함해서 세계사반을 만드시지요. 방과 후 시간을 이용하면 중학생이 참여해도 문제없을 겁니다." 결국 역사반 아이들이 다시 세계사반으로 뭉친 거지.

피할 수 없으면 즐겨라. 기왕 시작했으니 용선생의 명성에 걸맞은 세계사반을 만들어야 하지 않겠어? 그래서 중학교 세계사 교과서들은 물론이고 서점에 나와 있는 세계사 책들, 심지어 미국과 독일을 비롯한 다른 나라 세계사 교과서까지 몽땅 긁어모은 뒤 철저히 조사를 했어. 뭘 어떻게 가르칠지 결정하기 위해서였지. 그런 뒤 몇 가지 원칙을 정했어.

첫째, 지도를 최대한 활용하자. 서점에 나와 있는 책들은 대부분 지도가 불충분하더군. 안 그래도 어려운데 어디서 일어난 사건인지도 모른다는 게 말이 돼? 또 지도는 가급적 자연환경을 파악하는 데 유리한 지형도를 쓰기로 했어. 인간은 자연환경에 따라 살아가는 방식이 크게 달라. 그래서 지형도만 보아도 그곳 사람들의 생활 모습을 짐작할 수 있는 경우가 많지.

둘째, 사건보다 사람들이 살아가는 모습을 꼼꼼히 들여다볼 거야. 세계사 공부를 할 때 정말 중요한 것은 몇 년에 어떤 일이 일어났는지가 아니라, 그때 사람들은 어떻게 살았느냐 하는 거야. 그 모습을 보면 그들이 왜 그렇게 살았는지,

우리와 어떻게 다르고 어떻게 같은지 알 수 있게 될 것이기 때문이지.

셋째, 사진과 그림을 최대한 많이 보여 주자. 사진 한 장이 백 마디 말보다 사건이나 시대 분위기를 훨씬 더 효과적으로 전달할 때가 많아. 특히 세계사를 처음 배울 때는 이런 시각 자료들이 큰 도움이 되지. 그리고 아이들은 여기서 얻은 인상을 더 오래 기억하기 마련이야.

넷째, 다른 역사책에서 잘 다루지 않는 지역의 역사도 공평하게 다루자. 인류 문명은 어떤 특정한 집단이나 나라가 만든 것이 아니라 지구상에 살았던 모든 집단과 나라들이 빚어낸 합작품이야. 아프리카, 아메리카 원주민, 유목민도 유럽과 아시아 못지않게 인류 문명의 발전에 기여했다는 말이지. 이 사실을 알면 아마 여러분도 세상 모든 인류에 대해 존경심을 갖게 될 거라고 믿어.

다섯째, 과거와 현재를 연결하자. 앞으로 여러분은 수업 시작하기 전에 그 시간에 배울 사건들이 일어났던 나라나 도시의 현재 모습을 보게 될 거야. 그렇게 하는 까닭은 그 장소가 과거뿐 아니라 지금도 사람들의 삶의 현장임을 보여 주기 위해서야. 예를 들면 메소포타미아 하면 사람들은 메소포타미아 문명이 일어난 곳으로만 생각할 뿐 지금 그곳에 이라크라는 나라가 있다는 사실은 모르고 넘어가는 경우가 많아. 더욱이 이라크 사람들은 메소포타미아 문명을 일구었던 사람들의 후손이기도 하지.

한 가지 아쉬운 점은 세계사 수업이다 보니 역사반처럼 현장 학습을 하기가 어렵다는 점이야. 하지만 교장 선생님께서 지원해 주신 대형 스크린과 이 용선생의 실감 나는 설명은 모든 세계사 수업을 현장 수업 못지않게 생생하게 만들어 줄 것이라고 장담해. 자, 얘들아. 그럼, 이제 슬슬 세계사 여행을 시작해 볼까?

등장인물

'용쓴다 용써' 용선생

역사를 가르칠 때만큼은 매력남.
어쩌다 맡게 된 역사반에, 이제는
세계사반까지 떠맡았다.
하지만 기왕에 맡았으니 용선생의
명예를 욕되게 할 수는 없지.
제멋대로 자란 머리카락을
휘날리며 오늘도 용쓴다.

'장하다 장해' 장하다

'튼튼하게만 자라 다오.'라는
아빠 말씀대로 튼튼하게 자랐다.
세계적인 축구 스타가 꿈.
그러려면 세계사 지식도 필수라는
생각에 세계사반에 지원했다.
영웅 이야기를 좋아해서
역사 인물들에 관심이 많다.

'오늘도 나선다' 나선애

역사 마스터를 꿈꾸는 우등생.
공부도 잘하고 아는 게 많아서
잘 나선다. 글로벌 인재가 되려면
기초 교양이 튼튼해야 한다는
생각으로 용선생을 찾아가
세계사반을 만들게 한다.
어려운 역사 용어들을 똑소리 나게
정리해 준다.

'잘난 척 대장' 왕수재

시도 때도 없이 잘난 척을 해서
얄밉지만 천재적인 기억력
하나만큼은 인정. 또 하나
천재적인 데가 있으니 바로
깐족거림이다. 세계를 무대로
한 사업가를 꿈꾸다 보니 지리에
관심이 많다.

'자기애 뿜뿜' 허영심

자신을 너무나도 사랑해서
하루 종일 거울만 보고 있다.
남다른 공감 능력이 있어서
사람들이 고통을 겪을 때면
눈물을 참지 못한다.
예술과 문화에 관심이 많고,
그 방면에서는 뛰어난 상식을
자랑한다.

'역사반 귀염둥이' 곽두기

애교가 넘치는 역사반의 막내.
훈장 할아버지 덕분에 뛰어난
한자 실력을 갖추고 있으며,
어휘력만큼은 형과 누나들을
능가한다. 그래서 새로운 단어가
등장할 때마다 한자 풀이를 해 주는
것이 곽두기의 몫.

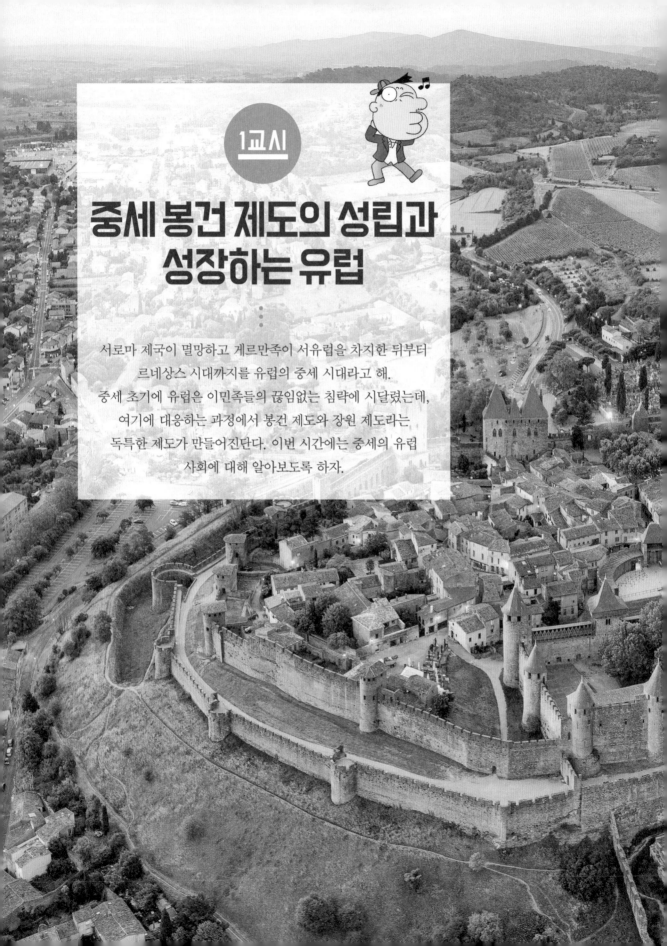

1교시

중세 봉건 제도의 성립과 성장하는 유럽

서로마 제국이 멸망하고 게르만족이 서유럽을 차지한 뒤부터
르네상스 시대까지를 유럽의 중세 시대라고 해.
중세 초기에 유럽은 이민족들의 끊임없는 침략에 시달렸는데,
여기에 대응하는 과정에서 봉건 제도와 장원 제도라는
독특한 제도가 만들어진단다. 이번 시간에는 중세의 유럽
사회에 대해 알아보도록 하자.

중세 유럽의 성곽이 잘 보존된 프랑스의 도시 카르카손이야.

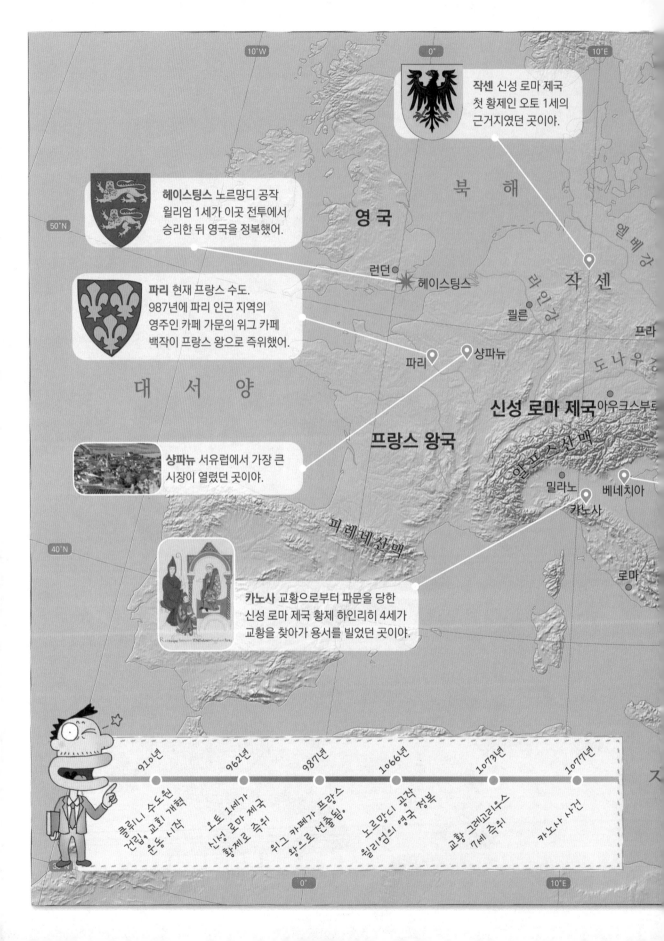

작센 신성 로마 제국 첫 황제인 오토 1세의 근거지였던 곳이야.

헤이스팅스 노르망디 공작 윌리엄 1세가 이곳 전투에서 승리한 뒤 영국을 정복했어.

파리 현재 프랑스 수도. 987년에 파리 인근 지역의 영주인 카페 가문의 위그 카페 백작이 프랑스 왕으로 즉위했어.

샹파뉴 서유럽에서 가장 큰 시장이 열렸던 곳이야.

카노사 교황으로부터 파문을 당한 신성 로마 제국 황제 하인리히 4세가 교황을 찾아가 용서를 빌었던 곳이야.

북 해

영 국

런던

헤이스팅스

쾰른

작 센

엘 베 강

라 인 강

프라

파리

샹파뉴

도 나 우 강

대 서 양

프랑스 왕국

신성 로마 제국

아우크스부르

알 프 스 산 맥

밀라노

베네치아

카노사

피 레 네 산 맥

로마

910년
클뤼니 수도원 건립, 교회 개혁 운동 시작

962년
오토 1세가 신성 로마 제국 황제로 즉위

987년
위그 카페가 프랑스 왕으로 선출됨.

1066년
노르망디 공작 윌리엄의 영국 정복

1073년
교황 그레고리우스 7세 즉위

1077년
카노사 사건

보헤미아 중부 유럽의 평원 지대로 원래 슬라브인이 살았으나 900년대 이후 신성 로마 제국이 정복했어.

폴란드

미 아

헝가리

베네치아 북부 이탈리아의 무역 도시. 지중해의 아드리아해 깊숙한 곳에 자리 잡고 있어.

흑 해

비잔티움 제국   콘스탄티노폴리스

중 해

중부 유럽의 심장부 체코를 가다

체코는 독일, 폴란드, 오스트리아, 슬로바키아와
국경을 맞대고 있는 유럽의 내륙 국가로, 예전에는
보통 보헤미아 왕국이라고 불렸어. 제1차 세계 대전
이후 슬로바키아와 연합해 체코슬로바키아라는
이름으로 독립했고, 1993년에는 슬로바키아와 분리해
체코 공화국이 되었지. 면적은 한반도의 절반, 인구는
1000만 명이 조금 넘어.

▲ 프라하 전경

역사와 전통의 도시 프라하

프라하는 오랜 역사를 지닌 중부 유럽의 중심 도시이자 체코의 수도로 인구는 130만 명 정도 돼.
1300년대에는 잠시 신성 로마 제국의 수도 역할을 하기도 했어. 제2차 세계 대전을 비롯해 유럽을 휩쓴
큰 전쟁들이 비켜 간 덕분에 오랜 역사를 지닌 건축물들이 많이 남아 있는 도시야.

울창한 숲과 넓은 들, 풍요로운 자연환경

체코는 예부터 풍요로운 자연환경으로 잘 알려져 있어.
넓게 펼쳐진 들에선 밀, 보리, 감자 등을 많이 재배하지.
또한 울창한 숲 덕택에 임업도 활발히 이루어지고 있단다.

◀ 체코의 산골 마을
야트막한 언덕에 자리 잡은
체코의 농촌 마을이야.

▲ 숲과 호수, 들이 어우러진 풍경

마리오네트의 고향

체코는 실로 인형을 조종하는 마리오네트 인형극의 고향이야. 체코가 이웃 나라 오스트리아의 지배를
받아 체코어를 사용할 수 없었을 때 마리오네트 인형극에서만은 체코어를 쓸 수 있었대. 그래서 체코인은
마리오네트 인형극을 체코인의 정체성을 지켜 준 귀중한 유산으로 여기고 있단다.

▲ 인형극 〈돈 조반니〉의 한 장면 체코에서 상연 중인 여러 인형극 중에서도 가장 널리 알려진 작품이야.
모차르트의 오페라 〈돈 조반니〉의 첫 공연이 1787년 프라하에서 이뤄졌기 때문이래.

유럽 사교계를 휩쓴 체코의 전통 춤 폴카

4분의 2박자의 경쾌한 스텝이 특징인
폴카는 왈츠와 함께 1800년대 유럽
사교계에서 큰 인기를 누렸어.

▲ 폴카를 추는 사람들

보헤미아 크리스털

정교하게 가공한 유리 공예품을 크리스털이라고 해. 체코는 특히 맑고 투명한 보헤미아 크리스털의 고향으로
유명하지. 보헤미아 크리스털은 중세부터 유럽 최고의 명품으로 꼽혔단다.

◀ 다채로운 보헤미아 크리스털

명품 맥주 생산국 체코

체코 하면 빼놓을 수 없는 게 바로 맥주야. 세계적으로 유명한 미국 맥주 브랜드 버드와이저의 고향이 바로 체코거든.

▲ 체코의 밀밭

▲ 체코의 부드바이저 오리지널
미국 버드와이저와 구별하기 위해 상표에
'오리지널'이란 글자가 표기되어 있어.

◀ 황금색 맥주
필스너 우르켈
필스너 우르켈은 체코의
대표 공업 도시 중 하나인
플젠에서 생산하는 맥주야.

봉건 제도가 뭐야?

"너희들 혹시 주나라 때 봉건 제도 기억나니? 왕이 제후들에게 땅을 나눠 주고 자기 대신 다스리게 한 제도 말이야. 근데 중세 초 유럽에서도 봉건 제도가 자리 잡게 된단다."

"갑자기 유럽에서 왜 봉건 제도가 생겨요?"

"제일 큰 이유는 이민족들의 잦은 침략 때문이었어. 프랑크 왕국의 왕은 아직 나라 전체를 체계적으로 다스릴 능력이 없었거든. 그래서 지방 귀족들에게 땅을 나눠 주고 책임지고 그 땅을 방어하도록 했단다. 물론 거기에 필요한 권한도 줬지. 귀족들은 기사를 거느리고 재판권을 행사하며 나눠 받은 땅을 다스렸어. 또 세금을 거둬 필요한 군사비를 마련했지. 세월이 흐르면서 그 지역은 그 귀족의 영지로 굳

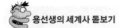

용선생의 세계사 돋보기

기사는 '말 탄 전사'라는 뜻이야. 중세 유럽의 왕과 귀족은 모두 기사였어. 그래서 중세는 전사 계급이 지배하는 시대였지.

어졌고, 영지를 다스리는 영주는 적어도 영지 안에서만큼은 왕이나 다름없게 되었단다.”

“그럼, 유럽의 봉건 제도는 중국의 봉건 제도랑 비슷한가요?”

“땅을 나눠 주고 대신 다스리게 했다는 점에서 얼핏 보면 비슷해. 하지만 자세히 보면 달라. 우선 중국 주나라에서는 왕이 가까운 친척이나 공신들을 제후로 봉했어. 제후들은 각자 나눠 받은 지역에서 세금과 특산물을 거둬 왕에게 바치고, 또 왕이 부르면 언제든 군사를 이끌고 달려갈 의무가 있었지. 반면에 유럽 봉건 제도에서는 왕이 자신을 따르는 기사들을 영주로 삼았어. 또 왕이 부르면 군사를 이끌고 달려갈 의무는 있었지만 왕에게 세금과 특산물을 거둬 바치지는 않았지.”

“같은 봉건 제도인데, 내용은 많이 다른 거군요.”

“그렇단다. 유럽의 봉건 제도는 게르만족의 관습과 로마 제국의 제도가 결합해 만들어진 제도이기 때문이야.”

“그게 무슨 말씀이시죠?”

곽두기가 용선생을 쳐다보았다.

“먼저 게르만족의 관습에 대해 살펴보자. 원래

▲ 중무장을 한 기사 기사는 적의 공격을 막아 내기 위해 무겁고 단단한 갑옷으로 온몸을 둘렀어. 나중에는 말에도 갑옷을 입혀서 마치 장갑차처럼 적을 향해 돌진할 수 있었지.

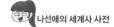 나선애의 세계사 사전

영주 왕이 지방 귀족을 제후로 임명하고 내려 준 땅인 봉토, 즉 영지의 주인을 가리켜.

▶ 왕에게 충성 서약을 하는 기사
기사가 왕에게 충성을 맹세하는 대신 땅을 받아 다스리는 전통은 프랑크 왕국에서부터 전해 내려오는 거야.

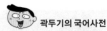
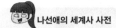
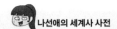

게르만족 전사 집단은 대장과 부하가 일종의 계약을 통해 주종 관계를 맺었어. 전사들은 대장에게 절대적인 충성을 바치는 대신, 대장은 전쟁에서 획득한 전리품을 부하들에게 공평하게 나눠 주기로 한 강력한 약속이지. 만약 어느 한쪽이 이 계약을 어기면 주종 관계는 깨어졌어. 중세 유럽에서도 마찬가지였어. 아랫사람은 주군에게 충성을 맹세하고, 주군은 아랫사람에게 땅을 나누어 줌으로써 주종 관계가 맺어졌지. 이때 주군이 땅을 내려 주는 것은 로마 제국의 은대지 제도에서 비롯되었어."

"은대지 제도? 그건 또 무슨 제도죠?"

허영심이 물었다.

"은대지 제도란 로마 시대 때 황제가 공을 세운 사람에게 토지를 내려 주던 제도였어. 농사지을 땅을 빌려주는 제도였지만 사실상 주는 것과 다름없었지. 서유럽을 차지한 게르만족 전사 집단의 우두머리는 로마의 은대지 제도를 모방해 공을 세운 부하들에게 충성 서약을 받고 토지를 나눠 주었던 거야. 이처럼 유럽의 봉건 제도는 주군과 봉신이 서로 대등한 입장에서 아랫사람은 윗사람에게 충성을 맹세하고 윗사람은 아랫사람에게 토지를 내려 주는 독특한 제도였단다."

"근데 선생님, 아무나 충성을 바치겠다고 맹세하면 그냥 땅을 줘요?"

왕수재가 미심쩍은 듯 말했다.

"주군에게 충성 서약을 한다는 것은 주군이 부르면 언제든지 달려가서 싸우기로 맹세한다는 뜻이야. 그래서 중세 유럽의 주종 관계는 모두 전쟁 전문가인 기사들 사이의 일이었어. 왕으로부터 땅을 받은

귀족 계급에도 서열이 있다?

귀족에게는 평범한 기사에서 공작에 이르기까지 세력의 크기, 지위와 역할에 따라 적절한 작위가 주어져. 작위에 따라 무엇이 다른지 한번 알아볼까?

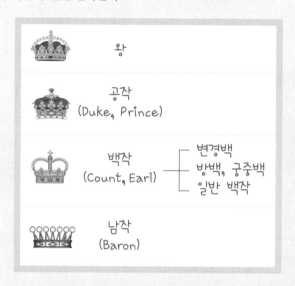

공작(Duke, Prince)

귀족 중에서도 가장 높은 귀족이야. 보통 왕위 계승권을 가진 왕족이거나 꽤 넓은 지역을 다스리던 큰 부족장 출신이었어. 때로는 왕에 버금가거나 왕을 능가할 정도의 영지를 거느린 공작도 있었는데, 이들을 '대공'이라고 불렀지.

백작(Count, Earl)

자신의 영지와 기사를 거느린 대부분의 귀족들이 백작이었어. 나라와 시대에 따라 백작의 역할과 권한은 매우 다양했지. 특히 변경백과 궁중백의 힘이 셌어. 백작 중에서 특별히 강한 힘을 가진 백작을 후작이라고 부르기도 했단다.

변경백: 외적의 침략이 잦은 국경 지역을 영지로 가진 백작이야. 강한 군사력을 지니고 있어서 어떤 경우에는 공작보다 힘이 셌지.

방백과 궁중백: 방백은 왕이나 황제를 대신해 지방에서 일을 맡아보던 백작으로 보통 백작보다 높은 지위를 누렸어. 궁중백은 보통 왕이나 황제가 지방을 순회할 때 머무는 지역이나 행궁이 있는 지역을 영지로 가지고 있었지.

남작(Baron)

귀족 작위 중에서 제일 지위가 낮은 작위로 일반 영주들을 가리켜.

귀족은 다시 땅의 일부를 자신과 주종 관계를 맺은 기사에게 나눠 주었고, 또 그 기사는 다시 자신의 부하 기사들과 주종 관계를 맺고 자신의 땅 일부를 나눠 주었지. 이렇게 왕부터 맨 밑에 있는 기사까지 유럽의 모든 기사들은 주종 관계를 맺었어."

용선생의 설명에 모두 고개를 끄덕였다.

"기사들은 최종적으로 자신이 받은 땅을 농노들에게 나눠 주고 농사를 짓게 했어. 여기서도 기사와 농노 사이에 새로운 관계가 만들어졌는데, 기사는 영주로서 농노들이 마음 놓고 농사를 지을 수 있도록 보호해 줄 의무가 있었고 농노는 영주에게 정해진 세금과 부역을 바칠 의무가 있었지."

"농노? 농노가 뭐예요?"

장하다는 처음 듣는 단어였는지 어리둥절해했다.

"'농사짓는 노예'란 뜻으로 중세 유럽의 제일 밑바닥 신분이지. 농노는 평생 영주의 땅에 얽매인 채 살아야 했어. 말 나온 김에 중세 유럽의 신분 제도에 대해 알아볼까?"

용선생은 손가락 세 개를 하나씩 꼽으며 설명을 시작했다.

"중세 유럽에는 세 종류의 사람이 있었다고 해. 바로 '싸우는 사람', '기도하는 사람', '일하는 사람'이지. 싸우는 사람은 말 그대로 전사야. 중세의 전사는 말을 타고 싸웠기 때문에 특별히 기사라고 불렀어. 중세 유럽의 왕과 귀족도 모두 기사였지. 기사는 오로지 전쟁을 하거나 전쟁을 위한 훈련을 할 뿐 생산 활동은 하지 않았어."

"기도하는 사람은요?"

이번에는 곽두기가 질문을 던졌다.

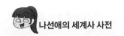

나선애의 세계사 사전

농노 농사짓는 노예라는 뜻이야. 농노의 삶에 대해서는 바로 뒤에서 자세히 설명하고 있어.

"말 그대로 기도하는 사람, 즉 성직자를 가리켜. 중세 시대에는 그리스도교가 매우 큰 영향력을 가지고 있었기 때문에 성직자는 사람들로부터 깍듯이 대우를 받았고 재산도 많았지."

"그럼, 일하는 사람은 기사와 성직자를 제외한……?"

"맞아, 바로 농민이었어. 농민 중에는 자신의 땅에서 자유롭게 농

▲ 전투를 벌이는 중세 기사
전장에서 선두에 나가 용감하게 싸우는 것은 기사들의
중요한 의무였어.

▲ 필사하는 성직자
중세 유럽 최고의 지식인인 성직자는 기도분 아니라
책을 읽고 필사하는 작업도 소홀히 하지 않았어.

사를 짓는 자유농도 있었지만, 대부분은 영주나 성직자의 땅에 얽매여 그 땅을 경작하는 농노들이었지."

"기사와 성직자의 땅도 전부 농민들이 농사를 지어야 했다는 거잖아요."

허영심이 투덜투덜했다.

"뭐, 그런 셈이지. 하지만 거기엔 이유가 있었단다. 지난 시간에 말했듯이 중세 초기 유럽은 이슬람 세력, 마자르, 바이킹 등 숱한 이민족의 침략으로 무척 혼란스러웠어. 힘없는 농민들은 농사는커녕 목숨을 부지하기도 힘들었지. 이때 농민들을 보호해 준 것이 바로 기사들이었단다. 또 성직자들은 혼란 속에서 언제 죽을지 모르는 기사와 농민을 위해 기도했어. 그 대신 농민은 기사와 성직자의 농장에서 일

▶ 성을 짓는 농민들
농민이라고 해서 농사만 지었던 건 아니야. 성이나 교회를 짓는 등 노동력이 필요한 일은 모두 농민의 몫이었어.

을 하며 각종 세금을 바쳤지. 이렇게 한마을 사람들이 영주와 교회를 중심으로 한 신분 관계를 뚜렷하게 유지하며 만들어진 질서를 장원 제도라고 해. 장원 제도는 봉건 제도와 더불어 중세 유럽을 떠받친 기둥이었단다."

 용선생의 핵심 정리

중세 유럽에는 봉건 제도가 자리 잡음. 중국의 봉건 제도와 달리 주군과 신하 사이에 계약을 통해 주종 관계를 맺는 것이 특징. 농민들은 농노가 되어 기사의 보호를 받음.

장원을 중심으로 자족하며 살아가던
중세 사람들

▲ 〈베리 공작의 호화로운 기도서〉
1년의 달력과 함께 그달의 상징적인 풍경을 실은 세밀화가 실려 있는 기도서란다. 이 그림은 농민들이 씨를 뿌리고 밭을 가는 3월의 풍경이야.

곽두기의 국어사전

자급자족 스스로자(自) 줄 급(給) 스스로 자(自) 만족할 족(足). 외부에 의존하지 않고 자기에게 필요한 물건을 스스로 마련한다는 뜻이야.

"장원이라면 일본 역사 공부할 때도 나왔어요. 나라 땅이 아닌 힘센 귀족의 농장."

"일본과 달리 중세 유럽의 장원에는 농장만이 아니라 영주가 사는 성, 농노들이 사는 마을, 경작지, 초지, 숲이 모두 포함되어 있어. 애초에 중세 유럽 장원은 농민들이 기사인 귀족의 보호 아래 이민족의 침략으로부터 생명과 재산을 지키면서 농사를 짓고 살아가기 위해 생겨났어. 땅이 없는 대부분의 농민들은 농노로 영주의 땅에서 농사를 지으며 이민족을 막아 낼 비용을 댔고, 그 대신 영주는 농민들을 안전하게 보호해 줬지. 장원 바깥은 워낙 위험했기 때문에 농민들은 장원 안에서 모든 걸 해결해야 했어. 장원의 경작지에서 농사를 짓고, 방앗간에서 밀을 빻고, 숲에서 땔감을 마련하고……. 장원 안에서 모든 걸 자급자족했던 거지. 힘센 귀족은 이런 장원을 수십, 수백 개씩 가지고 있었대."

"수백 개씩이나요?"

"그래. 장원은 영주가 다스리는 하나의 작은 나라와 같았어. 영주는 장원에 사는 사람들에게 세금을 걷고, 재판을 하는 등 영지 안에서 못 할 게 없었거든. 영주는 자기 자식도 자신처럼 멋진 기사로 키워 장원을 물려주기 위해 애를 많이 썼단다.”

“그럼 기사도도 가르쳤어요? 영화를 보면 백마를 탄 멋진 기사님이
아름다운 여성에게 깍듯이 예의를 차리던데요?”

허영심이 살포시 미소를 지었다.

“하하, 그래. 하지만 실제로 기사들은 싸우는 사람이고, 따라서
싸우는 기술이 제일 중요했어. 그래서 기사들은 늘 싸움 연습을 했

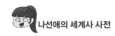

나선애의 세계사 사전

기사도 기사가 따라야 한
다고 여겨지던 도덕이나 윤
리를 말해.

싸움꾼에서 신사로 거듭난 중세의 기사들

중세의 기사는 원래 우리가 생각하는 신사와는 거리가 멀었어. 대부분 글을 쓸 줄도 읽을 줄도 모르
는 문맹에다 잘하는 건 오직 싸움뿐이었지. 그래서 걸핏하면 땅 문제, 명예훼손 같은 문제로 자기들끼
리 싸워 댔어. 하지만 이런 기사의 모습이 교회의 가르침으로 1000년대부터 바뀌기 시작했어. 교회는
기사의 사명이 다른 기사와 다투는 게 아니라, 그리스도의 전사로서 이슬람 세력으로부터 그리스도교
세계를 지키고 과부와 고아와 같은 약자들을 보호하는 거라고 가르쳤지. 또 하느님의 이름으로 싸우
는 자는 죽어서도 명예와 명성을 얻을 것이며, 영원한 생명을 보장받을 거라고 약속했단다. 왕과 기사
는 이상적인 기사의 모습을 꿈꾸게 되었지.

이들이 이상적으로 여겼던 기사의 모습은 중세 유럽 문
학 작품에 잘 나타나 있어. 이들은 겸손할 뿐 아니라 약
자들을 보호하고 적들에게 관용을 베풀고 또 여성 앞에
서 세련된 매너와 예의범절을 보여 주었지. 이슬람군과
맞선 영웅 롤랑, 원탁의 기사 중 한 명인 랜슬롯, 그리스
도가 남긴 성배를 찾는 파르치팔의 모습이 대표적이지.
이런 모습이 바로 기사로서 지켜야 할 덕목, 즉 기사도
가 된 거야.

◀ 마상 창 시합의 시상식 모습
궁정의 한 여성이 승리한 슐레지엔의 공작에게 화관을 건네주고 있어.
여성에 대한 헌신적 사랑과 봉사는 기사도의 핵심 요소였지.

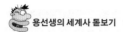
용선생의 세계사 돋보기

기사들이 1 대 1로 말을 타고 긴 창으로 상대를 말 아래로 고꾸라뜨리는 마상 창 시합이야. 상대의 창에 치명적인 부상을 입을 수도 있는 위험한 경기였지만, 기사들은 1 대 1로 겨뤄 패자가 탈락하는 방식으로 마상 창 시합의 최종 승자를 가렸어. 오늘날 스포츠 경기에서 패자가 탈락하는 방식으로 최종 승자를 가리는 토너먼트의 어원이 여기서 나왔지.

곽두기의 국어사전

수장 머리 수(首) 우두머리 장(長). 어느 집단이나 단체에서 중심이 되어 전체를 이끌고 다스리는 사람을 가리켜.

용선생의 세계사 돋보기

수도원이나 주교가 있는 대성당에 딸린 학교로 원래는 성직자를 키우는 것이 목적이었으나 나중에는 보통 학생도 가르쳤어. 간단하게는 읽기, 쓰기, 셈하기부터 성경과 라틴어 문법, 음악 등을 가르쳤지.

단다.”

“주로 어떤 훈련을 받았는데요?”

“일곱 살 때부터 말타기, 검술, 창술, 궁술 같은 전투 기술을 부지런히 익혔어. 기사가 된 뒤에도 이러한 훈련은 끝나지 않았단다. 실제 전투를 방불케 하는 토너먼트도 이런 훈련의 하나였어. 명령이 떨어지면 언제라도 목숨을 내놓고 전장에 나가야 했으니까. 물론 그 와중에도 귀족의 품위를 유지하기 위해 외국어와 궁중의 예법도 틈틈이 익혀야 했지.”

“와, 엄청 힘들었겠다. 근데 귀족의 자식은 모두 기사가 되는 건가요?”

“기사가 아니라 성직자가 되는 경우도 많았어. 중세에는 성직자도 사회에서 꽤 높은 지위를 누렸을뿐더러 왕이나 영주에게 땅도 선물받곤 했으니까. 또 왕이나 영주가 교회나 수도원을 짓고 자신의 가족을 그곳 수장으로 임명하는 경우도 드물지 않았지.”

“성직자는 전쟁에 나가 죽을 위험도 없으니 기사보다 성직자가 되는 편이 낫겠는데요.”

장하다의 말에 용선생이 씩 웃었다.

“하지만 성직자가 되는 것도 만만치 않았단다. 어렸을 때부터 수도원 학교나 성당 학교에 들어가 어려운 라틴어 문법과 성경을 공부해야 했고, 성적이 나쁘면 회초리를 맞을 때도 많았지. 또 매일 기도와 수행으로 빡빡하게 짜인 일과표에 맞추어 생활해야 했어.”

“헉, 성직자도 쉽지 않구나.”

곽두기가 고개를 내저었다.

◀ 농민들을 감독하는 감독관

영주의 부하가 지휘봉을 들고 밀을 베는 농민들을 감독하고 있어.

"하지만 아무리 힘들다고 해도 농노만 했을까? 농노는 새벽부터 밤 늦게까지 온종일 일만 했어. 일주일에 2~3일은 자기가 가진 땅뿐 아니라 영주와 교회의 땅에서 일해야 했기 때문에 잠시도 쉴 틈이 없었지. 영주 땅을 조금만 소홀히 했다간 감독관의 불호령이 떨어졌기 때문에 자기 땅을 돌보는 건 늘 뒷전으로 밀리곤 했어. 그러다 보니 농노는 입에 풀칠하기도 힘들었지."

"에구, 남의 일만 죽어라 했군요."

▼ 중세 초 영국의 농가와 내부 농민들은 집과 외양간을 구별하지 않고 한 공간 안에서 생활했어. 뒤쪽에 가축들의 모습이 보이지? 가구라고는 식탁과 의자 정도였고 잠은 건초 더미 위에서 잤어. 모닥불은 난방과 요리에 두루 이용되었어.

"그뿐만이 아니었어. 농노에게 할당된 땅에서 난 농산물도 영주들이 온갖 명목을 대며 세금으로 뜯어 갔기 때문에 남는 게 별로 없었어. 결혼할 때에도 세금, 사람이 태어나도 세금, 죽어도 세금, 영주의 아들딸이 결혼할 때도 세금을 바쳤지. 또 장원에 있는 방앗간이나 화덕을 이용할 때도 꼬박꼬박 사용료를 내야 했단다."

"도대체 노예보다 나은 게 뭐예요?"

"어쨌든 농노는 결혼해서 가정을 꾸릴 수 있었어. 자기 몫의 땅도 가질 수 있었지. 집에 딸린 작은 텃밭을 잘 가꾸어 약간이나마 식량을 비축할 수도 있었어. 또 노예는 강제로 노동을 해야만 했지만 농노는 계약의 내용에 따라 어느 정도 자유를 누릴 수가 있었어."

"어쨌든 먹고살기 힘든 건 마찬가지잖아요."

나선애가 눈을 가늘게 뜬 채 입을 삐죽거렸다.

"하지만 장원은 이렇게 모두의 생활이 톱니바퀴처럼 꽉 맞물려 돌아가는 작은 세계였어. 기사는 외부의 침입자로부터 장원을 지키고, 성직자는 하느님의 뜻에 따라 살도록 일상생활을 감독했고, 농노들은 일을 했지. 중세 유럽 사람들은 이렇게 장원을 중심으로 각자 맡은 역할을 해 나갔어. 위험으로 가득 찬 시대에 그나마 안전하게 삶을 꾸려 나갈 수 있는 방법이었으니까."

용선생은 책장을 한 장 넘기며 설명을 이어 나갔다.

용선생의 핵심 정리

귀족들의 농장인 장원은 영주가 다스리는 작은 나라. 중세 유럽 사람들은 신분에 따라 각자 맡은 일을 하며 장원에서 자급자족함.

중세 유럽 여성의 역할

중세 유럽에서 여성은 남성에 비해 큰 권리를 가지지 못했어. 왕궁에서 권력을 휘두른 여성도 있긴 했지만 매우 드물었고, 대부분은 신분에 상관없이 아버지나 남편에게 복종하며 살아갔지. 물론 그렇다고 중세 여성이 아무런 역할을 하지 않은 것은 아냐.

평민 여성은 집안일과 육아를 책임졌을 뿐 아니라 농사에서도 남성들 못지않게 중요한 노동력이었어. 한편 귀족 여성은 장원의 살림을 관리하고 하인들을 감독했을 뿐 아니라 전장에 나간 남편을 대신해 장원을 다스리기도 했단다. 귀족 여성 중에서는 교회를 후원하거나 직접 수녀원을 세우고 활동하는 사람도 있었어.

▲ 중세 유럽 여성의 일상을 그린 세밀화

▲ 힐데가르트 폰 빙엔 (1098년~1179년) 독일 귀족 가문 출신의 수녀원장이야. 수녀로서 최초로 직접 수녀원을 세우기도 했어. 시인, 예언가였을 뿐 아니라 철학, 과학, 약학 등 다방면에 박식한 팔방미인이었단다.

◀ 아키텐의 엘레오노르 (1122년~1204년) 엘레오노르는 프랑스 남서부의 풍요로운 아키텐 지역의 상속자였어. 프랑스 왕, 영국 왕과 연달아 결혼하며 중세 여성 중 가장 큰 부와 권력을 누렸지.

프랑스에 카페 왕조가 들어서고,
윌리엄 공작이 영국 왕위에 오르다

▲ 프랑스에서 1967년에 발행한 우표
영주들이 위그 카페를 왕으로 선출하는 장면이 묘사되어 있어.

"그런데 같은 유럽이라 해도 나라마다 봉건 제도가 만들어진 상황은 조금씩 달라. 그럼 유럽의 대표적인 나라인 프랑스, 독일, 영국에서 어떻게 봉건 제도가 확립되는지 알아보기로 할까? 먼저 오늘날의 프랑스, 즉 서프랑크 왕국부터 살펴보자."

"서프랑크 왕국이라면 지금의 프랑스인 거죠?"

"그렇단다. 서프랑크 왕국은 잦은 바이킹의 침략으로 크게 몸살을 앓다가 900년대 말 즈음에는 왕권이 매우 약해졌어. 힘센 영주들은 왕국의 영토를 나눠 가진 채 마치 독립국처럼 자신의 영지를 다스렸지. 그런 가운데 카롤루스 가문의 마지막 왕이 후계자 없이 세상을 떠났어."

"헐, 그럼 어떻게 해요?"

"귀족들은 회의를 열어 위그 카페 백작을 새로운 왕으로 뽑았어. 현재 프랑스의 수도인 파리와 그 주변을 다스리던 서프랑크 왕국의 대표적인 귀족이었지. 이렇게 해서 카롤루스 왕조는 막을 내리고 카페 왕조가 시작되었단다."

"카페, 카페 왕조요?"

곽두기가 이름이 재미있는지 계속 되뇌었다.

유럽 최고의 왕실 가문이었던 카페 가문

▲ 카페 가문의 백합 문장 카페 가문은 파란 바탕 위에 새긴 백합 문양을 가문의 문장으로 사용했어. 프랑크 왕국의 클로비스 1세가 그리스도교를 받아들일 때 천사가 백합을 전해 줬다는 전설에서 유래했지.

▲ 프랑스 베르사유 궁전 정문의 백합 문장

카페 가문은 서프랑크 왕국에서 가장 부유하고 강력한 귀족이었어. 지금의 파리와 오를레앙 등의 비옥한 땅들이 카페 가문의 영지였지. 위그 카페는 987년에 귀족들의 회의를 통해 왕으로 선출되었는데, 그때부터 프랑스 혁명이 일어나기까지 약 800년 동안 프랑스의 모든 왕은 카페 가문이거나 카페 가문에서 갈라져 나온 가문 출신이었단다.

카페 가문은 왕실 간의 결혼과 추대를 통해 에스파냐, 포르투갈, 폴란드, 헝가리 등 유럽 여러 나라의 왕위에 오르기도 했어. 유럽에서 카페 가문이 배출한 왕만 해도 모두 12개국 100명이 넘는대. 합스부르크 가문 등 유서 깊은 왕가들이 즐비한 유럽에서도 독보적인 기록이지.

"응. 재미있는 이름이지. 하지만 잘 기억해 둬. 그 뒤 무려 800년 동안 프랑스의 모든 왕들이 바로 이 카페 가문이나 거기서 갈라져 나온 가문 출신이거든. 그 점에서 카페 왕조는 오늘날 프랑스의 뿌리나 다름없어."

"그런데 귀족들이 회의를 열어서 왕을 선출하다니 특이하네요?"

나선애의 말에 용선생은 고개를 끄덕였다.

"그래, 우리로서는 잘 이해가 안 되지. 하지만 중세 유럽에서는 그런 경우가 많았어. 귀족들의 힘이 엇비슷해서 어느 누구도 압도적인 힘을 가지지 못했기 때문이지. 그래서 유력한 귀족들이 모여 회의를 해서 왕을 선출한 거야."

"카페 왕조도 그런 경우라는 거죠?"

"응, 카페 왕조 역시 마찬가지였어. 카페 왕조가 프랑스 최고의 귀족이긴 했지만 다른 귀족 가문을 완전히 무시할 정도로 강력한 건 아니었거든. 자연스럽게 왕의 힘이 약할 수밖에 없었지. 혹시라도 왕이 이것저것 간섭하려 들면 신하들은 고개를 빳빳이 든 채 '누가 당신을 왕 자리에 앉혔는지 알기나 하쇼?' 하고 따졌고 왕은 어쩔 수 없이 신하들과 타협할 수밖에 없었단다."

"우아, 신하들이 감히 왕한테 따지다니. 왕도 별거 아니네요."

"하하, 프랑스에는 프랑스 왕보다 훨씬 땅도 많고 힘도 센 신하가 있었거든. 대표적인 게 바로 영국의 왕이야."

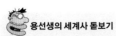

용선생의 세계사 돋보기

노르망디는 바이킹의 한 갈래인 노르만족이 정착한 곳이라고 해서 붙여진 이름이야. 궁금한 사람은 4권 328쪽을 다시 찾아보렴.

"엥? 그게 무슨 소리죠? 영국의 왕이 프랑스 왕의 신하라뇨?"

장하다가 눈을 동그랗게 뜨고 물었다.

"지난 시간에 서프랑크 왕이 바이킹 대장에게 노르망디 땅을 주었던 거 기억하니?"

"물론이죠. 노르망디는 노르만족의 땅이라는 뜻이라고 하셨어요."

"그래, 잘 기억하고 있구나. 1066년, 노르망디의 영주인 윌리엄 공작이 바다 건너 영국을 정복했어. 그리고 윌리엄 1세라는 이름으로 떡하니 영국의 왕위에 올랐지. 프랑스 왕의 신하가 영국의 왕이 된 거야."

"그럼 영국 왕은 프랑스 사람인 거예요, 아 님 영국 사람인 거예요?"

곽두기가 뒤통수를 긁적거렸다.

"윌리엄 1세는 물론 윌리엄 1세의 뒤를 이은 영국 왕들도 자신을 영국인이라고 생각하지 않았어. 이들은 주로 프랑스의 영지에 머물면 서 영국을 다스렸기 때문에 아예 영어라고는 한마디도 할 줄 모르는 왕도 있었지. 그러니 까 영국 왕은 영국이라는 거대한 영지를 가진 프랑스의 귀족이었던 거야. 영국 왕은 프랑스 에서도 영지를 넓히는 데 골몰했지. 한때는 프랑스 영토의 절반이 영국 왕의 영지였을 정 도였어."

"헐~ 프랑스 왕이 가만있 었어요?"

"그래서 영국 왕과 프랑스 왕의 관계는 몹시 껄 끄러웠어. 그래서 결국 백년 전쟁이라는 큰 전쟁이 벌어지고 말았지. 하지만 그 이야긴 다음에 자세히 할 기회가 있을 거야."

▲ 노르망디의 윌리엄 공작의 영국 원정

 용선생의 세계사 돋보기

이때만 해도 영국은 바다 건 너 외딴곳에 있는 시골 동네 취급을 받았어. 반면에 프랑 스는 카롤루스 대제 시절부 터 제국의 중심지였던 곳으 로 영국보다 훨씬 세련되고 풍요로운 곳이었지.

◀ 윌리엄 1세
윌리엄 1세의 영국 원정으로 오늘날의 영국 왕실이 만들어졌지.

▲ 바이외 태피스트리 윌리엄 1세의 영국 정복 과정을 69미터에 달하는 기다란 천에 일일이 수를 놓아 묘사한 대형 장식물이야. 600명이 넘는 사람과 수백 마리의 동물, 다양한 건물과 함선을 세세하게 묘사한 걸작이란다.

"선생님, 그럼 영국에는 왕보다 힘이 센 귀족들이 없었나요?"

왕수재의 질문에 용선생은 고개를 가로저었다.

"영국 왕은 프랑스 왕과는 달리 영국을 전쟁으로 정복했어. 자연히 프랑스 왕보다 왕권이 셌지. 왕에게 맞설 만한 현지 귀족들은 정복 과정에서 몰락했어. 윌

영국 왕께서 왜 프랑스에 사시는 거죠?

난 선진국 프랑스의 영주라고! 근데 왜 여길 두고 그 촌구석에 가서 살라는 거야! 허 참!

윌리엄 1세

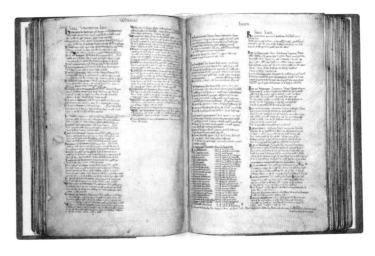

▶ 둠즈데이 북 윌리엄 1세의 명령으로 영국의 모든 토지를 꼼꼼하게 조사해서 만든 토지 장부야. 영국 왕은 이 기록에 따라 영국 전역을 장악하고 세금을 거둘 수 있었어.

리엄 1세는 영국을 정복한 뒤 자신의 부하와 항복한 현지 귀족들에게 충성 서약을 받고 땅을 나누어 주었어. 하지만 프랑스처럼 영주가 멋대로 땅을 다스릴 순 없었지. 재판권을 왕이 가지고 있었기 때문에 영주 대신 왕이 임명한 재판관이 영지를 돌며 '왕의 법'에 따라 재판을 했어. 영지를 받은 귀족들은 왕에게 꼬박꼬박 세금도 바쳤단다."

"와, 프랑스하고는 사정이 완전 달랐던 거네요."

곽두기가 고개를 끄덕였다.

▲ 토지 대장을 정리하는 영국 수도승

 용선생의 핵심 정리

프랑스에서 귀족들의 회의로 선출된 카페 왕조가 탄생. 프랑스의 영주인 노르망디의 윌리엄 공작은 영국을 정복해 영국 왕위에 오름.

노르만족, 유럽을 뒤흔들다

바이킹은 '북쪽에서 온 사람'이란 뜻으로 '노르만족'이라고도 불러. 프랑스를 약탈하러 간 노르만 일부 부족은 프랑스 왕에게 충성 서약을 하고 프랑스의 노르망디에 눌러앉았지. 그리고 그리스도교로 개종하여 프랑스 문화를 적극적으로 받아들였어.

이들은 용병으로 활약하기도 하고, 유럽 곳곳을 정복해 자신들의 왕국을 세우기도 했어. 대표적인 사례가 노르망디 공작 윌리엄 1세의 영국 정복이야. 이탈리아 남부에 세워진 시칠리아 왕국도 지중해에서 용병으로 활약하던 노르만족 기사들이 세운 나라였지. 또 훗날 제1차 십자군 전쟁에 참여해 예루살렘에 이스라엘 왕국을 세운 것 역시 노르만족 기사들이었단다.

▲ 노르만족의 정복 노르만족은 노르망디를 발판으로 영국과 이탈리아 남부에 노르만족 왕국을 세웠어.

프랑스 문화의 영향을 깊게 받은 노르만족은 자신들이 정복한 영국과 이탈리아 남부에 프랑스 문화를 전파했어. 그래서 오늘날 영어에 프랑스어에서 유래한 단어가 많지. 에티켓(Etiquette), 실루엣(Silhouette), 뷰티풀(Beautiful)이 대표적이란다.

▼ 팔레르모 대성당 시칠리아에 정착한 노르만족이 1185년에 건설했어.

신성 로마 제국이 탄생하다

"다음은 독일을 살펴보자. 사실 독일도 처음에는 프랑스와 사정이 비슷했어. 900년대 초반 동프랑크 왕국에서도 카롤루스 가문의 대가 끊겨서 귀족들이 모여 새로운 왕을 뽑았지. 이때 귀족들 중에서 가장 힘이 강했던 작센 지방의 공작이 왕위에 올랐어."

"그럼 독일 왕도 힘이 약했나요?"

"아니, 프랑스 왕과는 다른 점이 한 가지 있었어. 바로 왕의 근거지인 작센 지방 동쪽으로 그리스도교를 받아들인 지 얼마 되지 않은 슬라브인, 그리고 50여 년 전 유럽에 나타나 약탈을 일삼던 마자르인이 살고 있었다는 거야. 왕위에 오른 작센 공작은 이들의 땅을 빼앗아 힘을 키워 프랑스 왕보다 훨씬 더 강력한 왕권을 가지고 있었지."

"아하, 그럼 귀족도 왕의 말을 잘 들었겠네요?"

왕수재의 지리 사전

작센 중세 시대 작센 지방은 라인강과 엘베강 사이의 독일 북부 지역을 넓게 가리키는 말이었어. 오늘날의 작센주는 독일 중부의 동쪽 끝에 있단다.

◀ 보헤미아 평원에 자리 잡은 체코의 농촌 마을
중부 유럽의 보헤미아 평원은 기름진 농토와 풍부한 지하자원 때문에 많은 정복자들이 탐을 냈던 곳이야. 원래 슬라브인과 마자르인의 땅이었지만 895년에 독일이 빼앗았어.

잠깐! 수도원과 수도승이 중세 사회에서 어떤 역할을 했는지는 용선생 세계사 카페에 자세히 소개되어 있어.

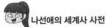

나선애의 세계사 사전

주교 어느 한 지역의 교회 전체를 책임지는 최고위 성직자야.

"프랑스에 비하면 왕권이 강하긴 했지만 독일의 귀족들도 결코 호락호락하진 않았어. 936년에 왕위에 오른 오토 1세는 귀족 세력을 약화시킬 아이디어를 하나 떠올렸지. 바로 귀족이 장악하고 있던 교회를 손에 넣기로 한 거야."

"귀족이 교회를 장악하고 있었다니, 그게 무슨 말씀이시죠?"

"원래 교회나 수도원은 일찍이 수도승들이 교황의 명을 받아 선교를 위해 게르만족의 땅에 들어와 세운 거야. 근데 그리스도교를 받아들인 뒤 귀족들은 자기 자식이나 측근을 주교나 수도원장 같은 고위 성직자 자리에 임명해 교회를 장악했어. 사람들에게 영향력이 큰 교회나 수도원을 이용하면 영지를 다스리기가 수월할 뿐 아니라 교회와 수도원에 딸린 땅이 어마어마했기 때문이지. 그래서 오토 1세는 귀족에게서 이 권한을 빼앗아 자신이 직접 고위 성직자를 임명하겠다고 나선 거야."

"우아, 그걸 귀족들이 받아들였어요?"

"그냥 싫어했던 정도가 아니라 반란까지 일으켰지. 하지만 오토 1세는 몇 차례나 이어진 반란을 모두 성공적으로 진압했단다. 그뿐만 아니라 동쪽

○쾰른

프라하

아우크스부르크

빈

제노바

○베네치아

로마

■ 동프랑크 왕국
■ 오토 1세 시대의 영토
■ 교황령

▲ 오토 1세 시절 동프랑크 왕국의 확장

◀ 신성 로마 제국의 독수리 문장
신성 로마 제국은 로마 제국의 상징이었던 독수리를 자신의 문장으로 삼았어. 독수리 문장은 오늘날에도 독일에서 쉽게 찾아볼 수 있단다.

의 슬라브인과 마자르인과의 전쟁에서도 연신 대승을 거두면서 자신

의 입지를 단단히 굳혔지."

"그럼 이제 귀족들이 왕에게 쉽게 대들지 못하겠군요."

"그렇지. 이때 이런 오토 1세를 눈여겨본 사람이 있었어. 바로 로마

의 교황이야. 당시 교황은 이탈리아 귀족들에게 이리저리 휘둘리고

있었어. 그래서 독일 왕의 힘을 빌려서 당당히 독립을 이루려 했지.

교황은 오토 1세에게 사람을 보내 이탈리아로 들어와 자신을 도와달

라고 호소했어."

"그래서 오토 1세가 교황을 도와줬어요?"

"응, 오토 1세는 곧장 알프스를 넘어 이탈리아를 평정해 버렸단

다. 그러고는 앞으로도 앞장서서 교황을 보호해 주겠노라고 약속했

 용선생의 세계사 돋보기

로마 인근을 지배하는 귀족들은 자기 말 잘 듣는 사람으로 교황을 갈아 치우기 일쑤였어. 767년에는 로마의 공작이 자기 동생을 성직자로 만들어 교황으로 내세우자, 롬바르드의 왕도 자기편을 다시 교황으로 내세우며 싸움이 벌어지기도 했지.

▲ 이탈리아를 정복한 오토 1세 이탈리아의 왕이
무릎을 꿇고 충성을 맹세하고 있어.

지. 교황은 고마운 마음에 오토 1세가 행사하던 성직자 임명권을 인정해 줬을 뿐 아니라, 962년 오토 1세에게 서로마 황제의 관을 씌워 줬단다."

"서로마 제국의 황제요? 옛날 카롤루스 대제처럼요?"

용선생은 가만히 고개를 끄덕였다.

"그래, 맞아. 이때부터 독일의 왕은 신성 로마 제국의 황제라고 불리게 돼. 오토 1세 이후부터 1800년대 초반까지 유럽에서 황제라고 불린 사람은 오직 신성 로마 제국의 황제뿐이었지."

▲ 오토 3세 복음서에 실린 세밀화 오른쪽에는 오토 3세가 귀족과 성직자 신하들을 거느리고 있어. 왼쪽에는 슬라브인, 게르만인, 켈트인 등이 맨발로 예물을 바치고 있지. 이 세밀화는 신성 로마 제국의 황제가 여러 민족을 다스리고 있음을 보여 주는 그림이란다.

▲ 파더본 대성당 카롤루스 대제 시절 작센 지역에 지어진 주교좌 성당이야. 왕은 자신의 측근을 주교로 임명해 넓은 땅을 선물로 하사했지. 이 성당은 오토 1세 시절부터 꾸준히 증축되어 지금처럼 웅장한 대성당이 되었단다.

▲ 오토 1세의 황금 인장

▼ 신성 로마 제국 황제가 썼던 물건
자세히 들여다보면 그리스도교의 각종 상징들이 두루 사용되고 있음을 알 수 있어.

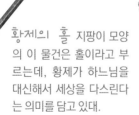

황제의 홀 지팡이 모양의 이 물건은 홀이라고 부르는데, 황제가 하느님을 대신해서 세상을 다스린다는 의미를 담고 있대.

황관의 12개 보석 황관 앞면에 박힌 12개의 보석은 예수님의 열두 제자를 상징한대.

십자가 달린 보주 의례 때 황제가 한 손에 들고 있었는데, 황제가 하느님의 뜻을 받아 제국을 다스린다는 뜻을 담고 있어.

십자가 실제 예수님이 못 박히신 십자가의 나무로 만들었대.

045

“그런데 로마 제국이면 로마 제국이지 신성 로마 제국은 뭐예요?”

“교황과 그리스도교 세계의 보호자라는 뜻에서 ‘신성’이라는 말을 덧붙인 거란다.”

“이름 한번 복잡하네요.”

“하하. 성직자 임명권을 가지게 된 신성 로마 제국의 황제는 성직자 임명권을 이용해 자기 구미에 맞는 성직자를 지방 영주로 만들어 주었어. 또 성직자의 협력을 얻어 귀족 출신 영주를 견제해 나갔지. 나중에는 교황조차도 황제의 동의를 받아야 교황 자리에 오르고 교황 자리를 지킬 수 있었게 되었단다.”

“우아, 독일 황제의 힘이 생각보다 컸네요.”

 용선생의 핵심 정리

독일의 오토 1세는 교황을 도운 공으로 서로마 황제의 자리에 오르고 신성 로마 제국 황제가 됨. 황제는 성직자 임명권을 이용해 귀족을 견제하며 왕권을 강화함.

 용선생의 세계사 돋보기

밀은 가을에 심어 봄에 수확해. 그래서 밀농사를 제대로 지으려면 겨울에 날씨가 비교적 포근하고 너무 습하거나 건조하지 않도록 비가 적당히 내려 줘야 하지. 그런데 유럽 북서부는 오랫동안 기상 이변으로 겨울에 비가 너무 많이 내리고 날씨가 추워서 밀농사가 잘 안됐단다. 바이킹이 극성을 부린 것도 이런 기상 이변과 관계가 있었어.

유럽이 안정과 활기를 되찾다

“서유럽에 영국, 프랑스, 독일, 이들 세 나라가 뿌리를 내릴 무렵 유럽 세계는 차츰 안정을 찾았단다. 북유럽까지 그리스도교가 퍼지면서 바이킹의 침략도 많이 줄어들었지. 지중해 건너 이슬람 세력도 아바스 왕조가 분열된 뒤로 전만큼 위협적이지 않았어. 더 다행인 것은 1000년 무렵부터 기후가 좋아진 거야. 날씨가 따뜻해지고 강우량도 적당해지면서 밀농사를 짓기가 좋아졌거든.”

"휴~. 드디어 먹고살 만해지는 건가요?"

"그렇단다. 평화가 찾아오고 날씨까지 도와주자 농업 생산량이 빠르게 늘었어. 사람들은 황무지를 개간해 농지를 넓혔지. 땅이 넓어진 만큼 일손이 부족해지자 농민들에 대한 대우도 나아졌단다. 농사 기술도 발전했어. 땅을 깊이 갈아엎을 수 있는 철 쟁기가 만들어졌고, 소 대신 말을 농사에 이용했지. 또 소나 말 두 마리를 동시에 이용해 밭을 갈 수 있는 새로운 멍에도 등장했어. 무엇보다도 '삼포제'라는 새로운 윤작법이 도입되어 농산물 생산이 1.5배 이상 늘어났단다."

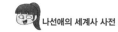

나선애의 세계사 사전

윤작 한 농지에 같은 작물을 계속 재배하지 않고 몇 가지 작물을 돌려 가며 재배하는 방법이야. 돌려짓기라고 해.

▶ **중세 농업의 발전**
개량된 철제 쟁기를 이용해 땅을 깊게 갈아엎고 씨앗을 뿌렸어. 이렇게 하면 땅이 쉽게 마르는 걸 막고 땅 깊은 곳의 영양분까지 이용할 수 있지. 삼포제로 말의 사료인 귀리 생산이 늘면서 말의 사육도 늘어나 말을 농사에 이용할 수 있었어. 말은 소보다 밭을 가는 속도가 빨라서 쓸모가 있었대.

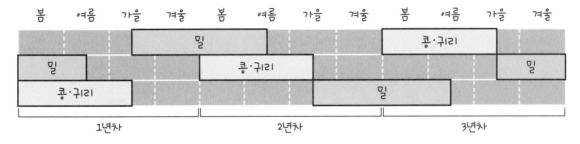

| 봄 | 여름 | 가을 | 겨울 | 봄 | 여름 | 가을 | 겨울 | 봄 | 여름 | 가을 | 겨울 |

밀

콩·귀리

밀

콩·귀리

밀

콩·귀리

밀

1년차 　　　　　　2년차　　　　　　 3년차

▲ 삼포제 경작 순서
특별히 작물을 심지 않을 때에는 땅을 쉬게 했어. 이런 땅을 휴경지라고 해.

"삼포제는 어떤 농사 방법인데요?"

"농지를 셋으로 나누어 돌아가며 농사짓는 방법이야. 그 전까지는 한 해 밀농사를 짓고 나면 이듬해에는 반드시 땅을 쉬게 해 주어야 했지. 밀이 땅의 영양분을 엄청나게 소모하는 작물이라 밀 농사를 지은 땅은 다음 해에는 영양분이 고갈돼 농사를 지을 수 없었거든. 그런데 수도원의 수도승들이 콩은 밀농사를 지은 땅에서도 곧바로 기를 수 있을 뿐 아니라 땅의 영양분을 회복하는 데 도움이 된다는 것을 알아냈어. 그래서 한 구역에는 겨울에 자라는 밀을, 다른 한 구역에는 여름에 자라는 콩과 같은 작물을 기르고, 마지막 한 구역은 그냥 놓아두는 식으로 농사를 짓기 시작한 거야. 삼포제 이전까지는 전체 농지의 절반밖에 활용할 수 없었지만, 삼포제 덕분에 전체 농지의 3분의 2를 활용할 수 있게 됐어. 게다가 가난한 농민들도 콩으로 단백질을 섭취할 수 있게 되니 영양 상태도 훨씬 좋아졌지."

"우아, 획기적인 발전이네요."

"그래. 살기가 좋아지자 인구도 크게 늘어났어. 1000년 무렵 유럽 인구는 3600만 명 정도였는데 1300년 무렵에는 8000만 명이나 됐지. 하지만 농사 기술의 발전으로 더 많은 혜택을 본 건 농노보다 역시 영주였어."

"영주라고요? 왜요?"

"사실 중세 초기에는 영주도 그다지 넉넉하지 못했어. 아무리 농노를 쥐어짜도 애초에 생산량이 적은 데다 전쟁 비용이 많이 들어가 늘 허덕거렸거든. 하지만 농지가 늘어나고 농업이 발전하면서 창고에 먹고 남는 식량이 가득가득 쌓이기 시작했단다."

"곡식은 쌓아 두면 금방 썩을 텐데 차라리 가난한 사람들한테 나눠 주기나 하지."

허영심이 입을 삐죽 내밀었다.

"그래, 영심이 말대로 곡식은 오래 저장해 둘 수 없어. 그래서 먹고 남은 농산물이 생기면 이를 시장에 내다 파는 교역이 발달하게 되지. 농산물과 자신이 필요한 물건을 맞바꾸는 거야. 농산물 거래가 활발해지면서 은화의 유통도 늘어났어. 덩달아 오랫동안 버려지다시피 했던 옛 로마 제국의 교역로는 다시 상인들로 붐비기 시작했고, 고립되어 있던 마을과 도시가 서로 이어졌지. 그리고 사람들이 많이 오가는 곳을 중심으로 시장이 생겨났어. 유럽이 서서히 옛 로마 시대의 활기를 되찾아 가고 있었던 거야."

"아까 장원 안에서 웬만한 것을 다 구할 수 있다고 했는데 굳이 밖에서 뭘 구해 올 필요가 있어요?"

장하다가 어리둥절한 표정으로 질문을 던졌다.

"그거야 밖으로 나가는 것이 위험했을 때 어쩔 수 없는 선택이었지. 대개 전쟁처럼 너무나 위험한 상황만 아니라면 각 지역의 특산물을 교환하는 교역이 이루어지기 마련이야. 게다가 교역으로 이익을 남기려는 상인은 어디나 있고 말이야. 또 한 가지, 여유가 생긴 영주는

▲ 1100년대 베네치아의 은화

▲ 1100년대 독일 튀링겐 지역의 은화

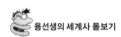
용선생의 세계사 돋보기

1100년대 유럽에서는 비잔티움 제국의 금화가 쓰이긴 했지만 금화의 가치가 너무 커서 주로 재산 축적에 쓰였어. 일상생활에는 금화 가치의 10분의 1인 은화를 주로 썼어. 유럽에서 금화가 본격적으로 쓰이게 된 건 1200년대 중반부터였지.

▲ 프랑스 아키텐 지역
아키텐의 보르도 지역은 지금도 세계 최고급 와인 산지로 유명해.

주변에서는 나지 않는 희귀하고 값비싼 물건을 사들여 자신의 힘을 과시하기도 했어. 덕분에 사치품이 활발히 거래되기 시작했단다.”

“너무 당연한 일인데, 그게 이루어지기가 이렇게 힘들 줄은 몰랐네요.”

나선애가 고개를 끄덕거렸다.

“이렇게 시장에서 거래되는 여러 물건 중에서도 특별히 중요한 것이 양모야.”

“양모가 왜 중요한데요?”

“이때 옷을 만드는 데 가장 널리 사용된 것이 양모로 짠 모직물이었거든. 모직물은 부드럽고 따뜻하면서도 가격이 비교적 저렴해 옷감으로 널리 쓰였어. 그래서 모직물의 재료인 양모는 유럽에서 매우 큰 돈벌이가 되었지. 특히 영국산 양모는 품질이 우수하고 생산량도 많아서 영국뿐 아니라 주로 바다 건너 플랑드르를 통해 유럽 대륙으로 팔려 나갔단다."

"영국은 그때도 돈을 많이 벌었겠는데요!"

사업에 관심이 많은 왕수재가 침을 꿀꺽 삼켰다.

"물론이지. 근데 말이야, 영국 양모 상인 말고도 영국 양모로 큰돈을 번 사람들이 있었어. 바로 영국의 양모를 모직물로 가공하는 플랑드르 지방 상인과 이탈리아의 피렌체 상인들이었지."

"우아, 영국 양모가 이탈리아까지 팔려 나갔어요?"

"그렇단다. 오늘날의 프랑스 샹파뉴 지방, 독일의 아우크스부르크처럼 내륙을 잇는 중요한 길목에 정기적으로 큰 시장이 열렸는데, 이

◀ 플랑드르 상인들
플랑드르는 모직물 판매로 번성한 곳이었어. 각지에서 몰려든 상인들이 플랑드르 시장에서 앞다퉈 물건을 사 갔지.

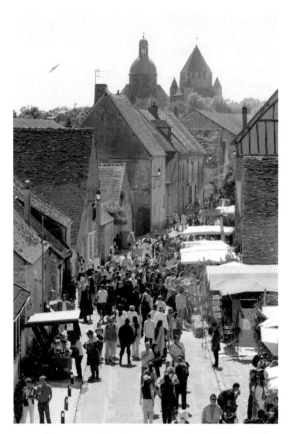

▲ 프로뱅의 시청 앞 거리 샹파뉴 정기시가 열렸던 프로뱅은 지금도 당시의 모습을 잘 간직하고 있어.

탈리아 상인들이 시장에 와서 후추와 비단을 팔고 양모를 사 간 거야. 이런 시장에는 유럽 각지에서 상인들이 몰려왔기 때문에 중계 무역이 크게 번성했지."

"양모 하면 별거 아닌 것 같은데 이제 보니 대단한 물건이었네요."

장하다가 감탄을 내뱉었다.

"그런데 양모와 모직물 못지않게 인기 있던 물건이 있었어. 바로 멀리 중국과 인도에서 온 비단과 후추야. 돈 많은 귀족은 값비싼 비단으로 옷을 지어 입고, 비싼 후추를 음식에 듬뿍 뿌려 먹으며 사치를 부렸지. 이탈리아 도시의 상인은 동방에서 오는 이런 사치품을 서유럽에 내다 팔아 큰돈을 벌었단다."

"어, 지중해에는 이슬람 해적이 들끓었다고 하셨잖아요. 이젠 해적도 잠잠해진 건가요?"

용선생은 고개를 가로저었다.

"아니, 예전만큼은 아니었지만 여전히 극성이었어. 그래서 베네치아, 제노바, 피사와 같은 이탈리아 북부 도시들은 자기들끼리 힘을 합쳐 용병을 고용해 상선을 호위하도록 했지. 그러다 보니 도시들마다 막강한 해군력을 갖추게 되었고, 힘을 바탕으로 지중해를 주름잡게 되었어. 이탈리아 상인들이 동방에서 온 사치품을 독점할 수 있었던 것도 바로 막강한 해군력을 갖추고 있었기 때문이란다."

"순전히 해군력 때문에 이탈리아 상인들이 동방 물품을 독점했다는 말씀인가요?"

왕수재가 눈을 깜빡였다.

"물론 해군력 때문만은 아니야. 지도를 한번 보렴. 이탈리아는 서유럽과 동방을 잇는 길목에 자리 잡고 있어. 그리고 지중해를 끼고 있어서 해상 무역에 유리했지. 또 정치적으로 프랑스, 신성 로마 제국, 비잔티움 제국 등 유럽 강국들의 간섭에서 어느 정도 벗어나 있었기 때문에 상인이 자체적으로 도시를 다스리면서 자유로운 교역이 가능했지."

"그럼 다른 곳에서는 황제나 왕이 상인을 간섭했어요?"

곽두기의 말에 용선생은 고개를 절레절레 저었다.

"그건 아니야. 황제와 왕은 물론 귀족도 상인에게 장사할 장소를

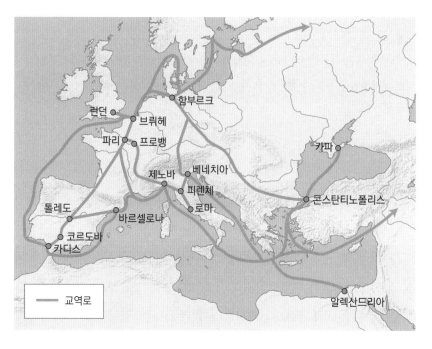

◀ 중세 유럽의 주요 교역로

제공해 주고 보호해 주었지. 다만 상인은 장사를 하는 대신 귀족 영주에게 세금을 내야 했단다."

"크~, 어디에나 공짜는 없는 법이네요!"

"다른 도시들과 달리 이탈리아 도시들에서는 상인들이 용병을 고용해 만만치 않은 해군력을 보유했기 때문에 왕이나 귀족의 간섭을 받지 않고 자치를 누렸어. 하지만 신성 로마 제국 황제는 이탈리아 북부 도시들에 잔뜩 눈독을 들였어. 이탈리아 북부는 세금을 많이 거둘 수 있는 알토란 같은 지역이었으니까."

"휴. 황제는 그렇게 권력이 막강했다면서 정말 욕심도 많네요."

"그런데 이렇게 막강한 신성 로마 제국 황제의 권위에 도전한 사람이 있었단다. 바로 교황이었어."

"교황이 왜요?"

용선생의 핵심 정리

1000년 무렵부터 유럽은 안정을 되찾기 시작함. 교통의 요지에 시장이 열리고 다양한 교역품이 거래됨. 이탈리아 도시의 상인들은 자체적으로 무장을 갖추고 지중해를 장악함.

신성 로마 제국 황제, 교황 앞에 무릎을 꿇다

"앞서 교황이 신성 로마 제국의 황제에게 성직자 임명권을 인정해 줬다고 했지? 근데 어느 순간부터 고위 성직자도 보통 사람처럼 결혼도 하고, 자식에게 교회 재산을 물려주기 시작했어. 심지어 성직을

◀ 베네딕도회의
클뤼니 수도원
910년, 클뤼니 수도원은 오로지 교황의 명령만 받겠다고 선언하며 교회 개혁 운동의 깃발을 높이 들었어.

사고팔기도 했지."

"헐, 그러면 귀족이랑 뭐가 달라요?"

"맞아, 이런 식이면 황제가 성직자 임명권을 갖고 있어도 아무런 의미가 없지. 그래서 황제는 고위 성직자의 결혼과 성직을 사고파는 것을 금지시켰어. 하지만 성직자들은 황제의 명령을 무시했고 황제는 강제할 방법이 없었단다. 한편 교회 내부에서 베네딕도회 수도원을 중심으로 자발적인 개혁 운동이 일어났어. 베네딕도회 수도승들은 욕심을 버리고 청빈한 생활을 하자고 주장했단다. 당시 교황 그레고리우스 7세도 '하느님에게 일생을 바친 성직자들은 당연히 자기 욕심을 버려야 한다. 자기 재산을 가져선 안 되고, 결혼도 해선 안 된다.'라며 교회 개혁에 팔을 걷어붙이고 나섰어. 그러면서 교

🧑 **나선애의 세계사 사전**

베네딕도회 정식 명칭은 성 베네딕도 수도회. 529년 이탈리아의 베네딕투스가 만든 수도원 생활 규범을 따르는 남녀 수도회를 가리켜.

🧑 **곽두기의 국어사전**

청빈 맑을 청(淸), 가난할 빈(貧). 단순히 게으르거나 무능해서 가난한 게 아니라 재물에 대한 욕심을 버리고 깨끗한 성품을 지켜서 가난한 걸 이르는 말이야.

◀ **그레고리우스 7세**
(재위 1073년~1085년) 그레고리우스 7세는 교황이 되기 이전부터 개혁적인 성직자로 이름을 날렸어. 청빈한 삶을 살면서 당시 흔하던 성직 매매 관행을 뿌리 뽑아 교회를 개혁하는 데 앞장섰어.

▲ 파리 노트르담 대성당의 정문 위에 새겨진 최후의 심판 부조 중세 사람들은 머지않은 미래에 심판의 날이 다가와 하느님을 믿지 않은 사람들은 지옥에 떨어질 것이라고 믿었어. 그래서 교황을 비롯한 성직자들의 말을 철저히 따랐지.

회 개혁이 성공하려면 성직 매매를 철저히 막아야 한다고 주장했지."

"어, 황제랑 비슷한 생각이네요?"

"응, 서로 목적은 다르지만 방법은 비슷했지. 교황은 돈을 주고 성직을 사고팔거나, 성직자가 결혼해서 자식에게 교회 재산을 물려주는 일을 엄격하게 금지했어. 여기까지는 황제도 대환영이었단다. 근데 교황은 한발 더 나아가 황제의 성직자 임명권을 인정하지 않기로 했어. 하느님의 질서를 세우기 위해 노력하는 성직자를 황제가 임명하는 건 말이 안 된다는 거였지. 그레고리우스 7세는 앞으로 성직자는 하느님의 대리인인 교황이

▼ 교황을 뽑기 위해 전 세계에서 모인 추기경들 추기경들이 차기 교황을 뽑기 전에 미사를 드리고 있어.

직접 임명하겠다고 선언했어."

"에이, 황제가 교황의 말을 순순히 듣겠어요?"

장하다가 어림없다는 듯 고개를 절레절레 저었다.

"그래, 당시 신성 로마 제국 황제였던 하인리히 4세는 콧방귀를 뀌었어. 그사이 추기경들은 자기들끼리 모여 교황을 뽑기로 결정했는데, 이제는 교황이 성직자를 전부 맘대로 임명하겠다고까지 하니 참을 수 없는 일이었지. 하인리히 4세는 교황을 그냥 내버려 두면 이탈리아 북부에서 자신의 영향력이 완전히 사라질지도 모른다고 판단하고는 부랴부랴 자신의 부하를 밀라노의 주교로 임명했어. 그리고 이탈리아 북부 도시의 주교들을 부추겨 교황을 내쫓으려 했지. 위협을 느낀 교황 그레고리우스 7세는 하인리히 4세가 하느님의 대리인을 무시했다며 파문해 버렸단다."

"파문이 뭔데요?"

"그리스도교 교회에서 쫓아내 버리는 거야. 중세 유럽인들은 파문을 당하면 죽은 뒤에 구원을 받지 못한다고 믿었기 때문에 어마어마하게 무거운 벌이었지. 게다가 파문당한 사람은 법의 보호도 받을 수 없었기 때문에 억울한 일을 당해도 재판조차 받을 수 없었어. 교황은 한 술 더 떠 하인리히 4세를 황제로 대우하지도 말라고 명령했어. 교황의 조치에 신성 로마 제국은 갑자기 술렁대기 시작했지."

"설마, 그래도 막강한 힘을 가진 황제인데……."

"하지만 그레고리우스 7세 교황은 모든 유럽 사람들로부터 존경을 받고 있었어. 게다가 독일에는 황제와 경쟁 관계에 있는 귀족이 많았거든. 이들은 황제를 파문한다는 선언이 떨어지자 당장 하인리히 4세

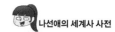

▲ 교황을 찾아가 용서를 비는 황제
하인리히 4세가 무릎을 꿇은 채 카노사의 백작인
마틸다에게 그레고리우스 7세 교황을 만나게 해
줄 것을 부탁하고 있어.

 곽두기의 국어사전

문전박대 문 문(門) 앞 전
(前) 엷을 박(博) 대우할 대
(待). 찾아온 손님을 문도 열
어 주지 않고 매몰차게 대한
다는 뜻이야.

 곽두기의 국어사전

반전 돌이킬 반(反) 구를 전
(轉). 일이나 사물의 형세가
뒤바뀌는 걸 가리켜.

를 몰아내고 새 황제를 선출하려고 했어. 다급해진 하인리히 4세는 교황에게 사과를 청했지만, 교황은 매몰차게 뿌리치고 아예 로마를 떠나 버렸지.”

“우아, 완전 반전인데요.”

곽두기가 침을 꿀꺽 삼켰다.

“황제는 입이 바싹바싹 탔어. 이대로 넋을 놓고 있다가는 제국 내의 모든 귀족이 자신에게서 등을 돌릴지도 몰랐지. 황제는 부랴부랴 교황이 간 곳을 뒤쫓아 갔어. 마침내 교황이 머물고 있던 이탈리아의 카노사라는 산골까지 찾아갔지. 때는 1077년 1월, 산중에는 눈보라가 휘몰아치고 있었어. 교황은 황제가 왔다는 소식을 듣고는 카노사의 성문을 굳게 걸어 잠근 채 황제를 여전히 문전박대했지. 황제는 누추한 옷에 맨발로 눈보라를 맞으며 성문 밖에서 계속 용서를 빌었어. 그렇게 사흘이 지난 뒤에야 교황은 황제를 만나 사과를 받고 파문을 취소했지.”

“세상에! 황제가 교황에게 이토록 철저히 굴욕을 당하다니요!”

나선애가 탄성을 내뱉었다.

“카노사 사건은 교황의 권력이 황제의 권력보다 더 강하다는 걸 똑똑히 보여 준 사건이었어. 그런데 여기서 한 번 더 반전이 일어나. 하인리히 4세는 교황에게서 용서를 받은 즉시 독일로 돌아가 자신에게 등을 돌린 귀족들을 모두 짓밟았어. 그리고 7년 후, 군대를 이끌고 로마로 쳐들어가 교황을 내쫓았지. 교황은 이탈리아 남부로 도망가 그곳에서 쓸쓸하게 세상을 떠났단다.”

◀ 카노사성

카노사성은 이탈리아에서 난
공불락의 요새로 알려진 곳
이야. 황제가 찾아온다는 소
식에 교황은 로마를 떠나 이
곳으로 몸을 피했지.

 용선생의 세계사 돋보기

보름스 협약(1122년)으로
오랜 성직 임명권 분쟁은 끝
이 났어. 주교와 같은 고위
성직자는 교회에서 선출하
되, 황제의 통치를 따르겠다
고 서약하는 걸로 타협을 한
거지. 이보다 조금 앞서 영국
에서도 영국 왕과 교황 사이
에 비슷한 타협이 이뤄졌어.
독일에서는 이 전통에 따라
새로 선출된 도시의 주교는
그 도시의 시장에게 법과 질
서를 따르겠다는 서약 의식
을 치른단다.

용선생의 말에 장하다가 한숨을 내쉬었다.

"그게 뭐예요. 결국 황제가 이긴 거잖아요?"

"꼭 그렇지는 않아. 그레고리우스 7세의 뒤를 이은 교황도 계속해
서 당당히 황제와 맞섰거든. 결국 성직자 임명권은 사실상 교황의 손
으로 넘어갔고, 교황의 권력은 하루가 다르게 성장했어. 1200년대에

교황 자리에 오른 인노켄티우스 3세는 '교황은 태양, 황제는 달'이라고 했지. 그만큼 교황의 권력이 강했던 거야."

"대단하네요. 군대도 없는 교황이 황제를 능가하는 권력을 갖다니!"

"교황의 권력은 군사력을 바탕으로 하는 황제의 권력과는 성격 자체가 달랐어. 깊은 신앙심으로 존경받는 교황의 말 한마디 한마디는 영향력이 막강했지. 심지어 어떤 왕이나 황제도 할 수 없는 거대한 일을 벌일 수도 있었단다. 나중에 교황은 상상도 하기 힘들 만큼 아주 거대한 전쟁을 일으켰지."

"헉? 어떻게 교황이 전쟁을 벌여요?"

"그 이야긴 다음에 해야겠는걸. 벌써 시간이 다 됐거든. 자, 얘들아. 오늘은 여기까지. 안녕!"

 용선생의 핵심 정리

교회 개혁 운동이 진행되며 성직자 임명권을 두고 신성 로마 제국 황제와 교황이 대립함. 1077년 카노사 사건은 교황권이 황제 권력보다 강했음을 입증한 사건.

나선애의 정리노트

1. 중세 유럽의 봉건 제도

- 왕과 신하 사이의 계약으로 맺어진 주종 관계
  - → 왕과 신하가 각자 의무를 지는 계약 관계라는 점에서 중국과 다름.
- 영주들이 다스리는 자급자족적 공동체 장원
  - → 장원의 농민들은 사실상 노예나 다름없는 생활을 함. → 농노!

2. 프랑스와 영국, 독일의 형성

- 프랑스: 카페 왕조의 등장. 전형적인 봉건 제도
- 영국: 노르망디 공작의 영국 정복으로 형성
  - → 영국 왕은 프랑스 왕의 신하 → 두 나라 사이 갈등의 씨앗
- 독일: 중부 유럽 개척을 통해 강한 왕권 형성. 성직자 임명권 행사
  - → 교황에게 협력한 오토 1세가 로마 황제로 즉위 → 신성 로마 제국 성립

3. 안정을 되찾은 유럽

- 1000년대 들어 기후 안정. 농사 기술 향상(삼포제, 철제 쟁기, 농경에 말 이용)
- 자급자족에서 다시 교역 체제 부활, 시장 형성
  - → 양모와 모직물 산업 성장, 동방 물품(비단, 후추 등) 유통 증가
  - → 제노바와 베네치아 등 무력을 갖춘 상인들의 도시 형성

4. 신성 로마 제국 황제와 교황의 대립

- 성직자 임명권을 두고 황제 하인리히 4세와 교황 그레고리우스 7세가 대립함.
  - → 카노사 사건: 파문당한 황제가 교황에게 용서를 빎. 교황권이 황제 권력을 능가
- 성직자 임명권은 교황에게 넘어갔으나, 황제와 교황의 대립은 이후 100여 년 넘게 계속됨.

01 다음 그림을 보고 알맞은 설명이 아닌 것을 골라 보자. (　　)

① 기사가 왕에게 충성 맹세를 하는 모습을 묘사하고 있어.
② 이렇게 충성 맹세를 받은 왕은 기사에게 다스릴 땅을 나누어 주었지.
③ 한번 맹세를 주고받은 왕과 신하 관계는 무슨 일이 있어도 깨질 수 없었어.
④ 기사들도 주군으로서 충성 맹세를 받고 자기 부하에게 땅을 나누어 주기도 했어.

02 중세 유럽의 장원 생활에 관한 설명으로 맞는 것에는 O, 틀린 것에는 X 표 해 보자.

- 영주는 자기 장원에서는 누구의 간섭도 받지 않고 왕처럼 권력을 행사했어. (　　)

- 장원의 방앗간, 대장간 같은 공공시설물은 누구나 무료로 사용할 수 있었어. (　　)

- 농민들은 마음대로 장원을 벗어나 다른 곳으로 갈 수 있었어. (　　)

- 기사들은 어려서부터 무술을 배우고 예법을 배워야 했어. (　　)

달인 트로피

03 다음 보기 중 사실이 아닌 것을 골라 보자. ( )

① 카롤루스 가문의 대가 끊기자 프랑스에서는 여러 신하들이 회의를 통해 새 왕을 뽑았다.

② 영국의 왕 중에는 프랑스에 살면서 영어를 할 줄 모르는 왕도 있었다.

③ 영국의 왕은 원래 프랑스 왕의 신하였다.

④ 1000년대 프랑스의 왕은 유럽에서 가장 강한 왕권을 자랑했다.

04 관계있는 것끼리 연결해 보자.

① 윌리엄 공작 •　　　• ㉠ 영국

② 카페 왕조 •　　　• ㉡ 독일

③ 신성 로마 제국 •　　• ㉢ 프랑스

④ 지중해 무역 •　　　• ㉣ 이탈리아

05 다음에서 설명하고 있는 사람은 누구인지 써 보자.

 슬라브인, 마자르인과의 전쟁에서 큰 승리를 거두며 명성을 쌓았어. 교황과 협력해 신성 로마 제국 황제 자리에 오르고, 성직자 임명권을 행사해 큰 힘을 가지게 되었지.

( )

06 다음 중 안정을 찾은 유럽에 새롭게 등장한 농사 기술이 아닌 것을 골라 보자. ( )

① 삼포제　　　② 철제 쟁기 사용

③ 모내기　　　④ 말을 농사에 이용

07 다음에서 설명하고 있는 사건에 대한 설명으로 적절하지 않은 것을 골라 보자. ( )

교황 그레고리우스 7세가 황제를 파문하자, 황제는 교황이 있는 이탈리아의 산골까지 찾아가 무릎을 꿇고 용서를 빌었어.

 ① 성직자 임명권을 두고 벌어진 대립이 원인이었어.

 ② 황제는 교황의 파문을 빌미로 반란이 일어나는 것이 걱정이었어.

 ③ 그레고리우스 7세는 온 유럽에서 존경을 받는 성직자였어.

 ④ 교황은 끝까지 황제를 용서하지 않았다고 해.

• 정답은 374쪽에서 확인하세요!

수도원을 알면
중세 유럽이 보인다!

370년 무렵부터 그리스도교 신자들은 신앙생활에 전념하기 위해 도시를 벗어나 외딴곳에 건물을 짓고 함께 모여 살기 시작했어. 그렇게 수도 생활을 하는 사람들을 수도승, 수도승이 일군 공동체나 시설을 가리켜 수도원이라고 해. 수도원의 수도승들은 자신들만의 규칙을 지키며 공동체 생활을 했어.

수도승들은 외딴곳에 살았기 때문에 모든 걸 직접 마련해야 했단다. 그래서 수도승은 성직자인 동시에 농부이자 수공예 장인, 의사, 약사이기도 했어. 외딴 수도원에서 자급자족하며 조용히 살아가던 수도승들은 머지않아 중세 유럽을 움직이는 중요한 인물들이 된단다. 지금부터 중세 유럽과 수도원, 수도승의 관계를 살펴보자!

유럽 그리스도교 문화의
씨앗을 뿌린 수도승

서로마 제국이 무너지면서 곤경에 처한 로마 교황은 게르만족을 상대로 적극적인 선교에 나섰어. 게르만족을 개종시켜 서방 교회와 교황의 안전을 보장받기 위해서였지. 이렇게 시작된 선교 사업에 누구보다 적극적으로 발 벗고 나선 게 바로 수도승이었단다.

▶ 성 보니파키우스 동상
라인강 동쪽 깊숙한 지역까지 들어가 게르만족을 개종시킨 일등 공신으로 '독일의 사도'라고 불려.

거친 게르만족을 상대로 낯선 땅에서 선교를 한다는 건 목숨을 걸어야 하는 위험한 일이었어. 이런 일에는 수도승이 제격이었지. 수도승은 생존에 필요한 지식과 기술을 갖추었을 뿐 아니라 그리스도교를 전파하겠다는 열정으로 불타오르고 있었거든. 수도승은 아직 그리스도교가 널리 전파되지 않았던 400년대부터 아일랜드, 영국을 거쳐 600~700년대에는 독일로 건너가 활발하게 선교 활동을 펼쳤어.

수도원은 중세 유럽인들의 정신적, 문화적 중심지

교회가 많이 세워진 동로마 지역과 달리 서로마 지역에는 교회 자체가 드물었어. 그래서 선교를 목적으로 수도승이 세운 수도원이 교회 역할을 맡으며 중세의 정신적·문화적 중심지로 성장했지. 이렇게 중세 유럽 시기 수도승이 세운 수도원만 무려 300개가 넘었대. 처음에는 베네딕도회가 세운 수도원이 대부분이었지만 교회 개혁 운동과 유럽 사회 발전과 맞물려 다른 여러 수도회의 수도원도 들어섰어. 엄격한 규율을 강조한 개혁 수도회인 시토회, 청빈을 강조한 탁발 수도회인 프란치스코회와 도미니코회가 대표적이지.

유럽 각지의 수도원은 고전 문화의 보고였어. 수도원에서 서로마의 멸망과 함께 사라질 위기에 처했던 그리스와 로마 학문의 명맥을 이어 갔기 때문이지. 수도승은 성경과 성인의 말

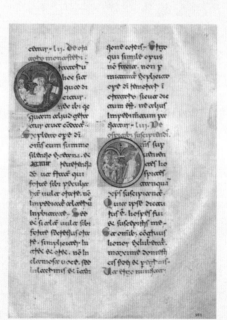

▶ 베네딕투스 규칙서
성 베네딕투스는 모든 수도승들이 지켜야 할 규율인 '베네딕투스 규칙'을 만들었어. 핵심 규칙은 청빈, 순결, 순종이었어.

▲ 재판정에 들어서는 예수를 묘사한 삽화 중세 채색 필사본 중 화려하게 채색된 필사본은 중세 귀족들이라면 누구나 갖고 싶어 한 사치품이었대.

뿐만 아니라 당시 서유럽의 공용어인 라틴어 공부를 위해 고전 문헌들을 필사해서 수도원에 보관했어. 오늘날 우리가 그리스, 로마의 고전들을 볼 수 있는 건 평생 부지런히 펜을 놀리며 옛 책을 옮겨 써 놓은 수도승 덕분이란다. 또 화려하게 채색된 다양한 필사본도 수도원의 특산물이었어.

수도원이 명품 포도주 생산지가 된 까닭

수도원 하면 빼놓을 수 없는 것이 바로 포도주야. 포도주는 가톨릭 미사 전례에 꼭 필요한 물건이었기 때문에 수도원이 어디에 있건 반드시 포도주를 만들어야 했지. 그러다 보니 자연스레 수도원은 포도주 제조의 최고 전문가가 됐어. 수도원에서는 언제 포도를 수확할지, 포도를 어떤 식으로 으깰지, 포도주를 담는 통은 무슨 나무를 사용할 것인지를 다양하게 연구했지. 그 덕분에 수도원은 포도주와 관련된 방대한 지식을 쌓게 되었단다.

수도원은 왕과 귀족들한테서 기증받은 땅을 포도밭으로 가꾸었어. 자연스레 수도원에서 생산된 포도주의 양도 갈수록 늘어났지. 수도원에서는 미사용으로 쓸 포도주 외에는 모두 시장에 팔았는데, 수입이 짭짤해서 수도원은 점차 부유해졌단다.

또 유럽 각지의 수도원들이 다양한 환경에서 포도주를 만들다 보니 지역과 포도 품종에 따라 다양한 종류의 포도주가 탄생했어. 이들은 각지를 대표하는 특산품이 되기도 했지.

▼ 성 힐데가르트 수녀원의 포도밭

중세 유럽
수도원 생활 들여다보기

도서관 수도원의 도서관은 진귀한 필사본으로 가득 찬 보물 창고였어.

필사실 양피지로 된 필사본을 만들고 보관하던 곳이야. 도서관 역할도 같이 했지.

수도원 성당 수도승이 하루 중 대부분의 시간을 보내는 곳이자 수도원의 중심이지.

공동묘지

일반 방문객 숙소(여관)

공동 숙소 중세 수도승은 옷을 입고 허리띠를 두른 채 공동 숙소에서 다 함께 잠을 잤어.

대식당 다들 같이 모여 식사를 했어.

중세 유럽 수도원의 일과표

02:30 무렵	기상
03:00	야간 기도 + 성경 읽기
06:00	아침 기도
07:00	미사 + 제1시 기도 + 회합실 모임
09:00	감사 기도
09:10~12:00	노동
12:00	정오 기도
13:00	첫 식사 시간 (암죽+과일+맥주/포도주)
14:00	낮잠
15:00	오후 기도
15:10~18:00	노동
18:00	저녁 기도
18:30	저녁 식사 시간 (빵 한 조각)
19:30	취침

수도승의 하루는 기도와 노동으로 이뤄져 있어. 하루 일과는 총 여덟 번의 기도 시간에 따라 정해졌어.

술 빚는 수도승들

과수원

일하는 수도승들

회랑 수도원 성당과 수도승의 생활 공간이 연결된 곳. 수도승들은 회랑을 거닐며 조용히 독서를 했지.

로마네스크 양식과 고딕 양식

그리스도교가 유럽에 널리 퍼져 나가면서 교회 건축도 하루가 다르게 발전해 나갔어. 이때 중세 유럽을 대표하는 건축 양식으로 로마네스크와 고딕 양식 두 가지가 발달했지.

아치를 사용한 석재 천장
지붕은 목조에서 석조 구조물로 바뀌었어. 반복되는 전쟁과 약탈에서 교회를 안전하게 지키기 위해서였지. 석재의 어마어마한 무게를 떠받치기 위해 아치를 터널형으로 배치했고, 나중에는 X 자형으로 교차되는 아치도 만들었지.

반원 아치의 사용
아치를 적극적으로 사용해 벽을 더욱 높게 쌓아 올려 웅장한 효과를 내고 있어. 크고 작은 장식물들을 규칙적으로 배치해서 장엄한 효과를 노리는 것도 로마네스크 양식의 특징이지.

로마네스크 양식

둘 중 먼저 등장한 것은 로마네스크 양식이야. '로마네스크'는 '로마답다'라는 뜻을 가지고 있는데, 주로 이탈리아와 프랑스 등 옛 서로마 지역에서 석재와 아치를 사용하는 로마식 건축법을 적극적으로 발전시킨 형태라고 할 수 있단다.

육중한 벽과 작은 창문
건물의 규모가 커진 만큼 그 무게를 버티기 위해 벽이 두껍고 육중해졌어. 벽을 튼튼히 만들기 위해 창문을 작게 뚫었기 때문에 건물 내부는 어두운 편이었단다.

십자가 형태의 건물 배치
본래 길쭉한 직사각형이었던 건물에 동서로 날개 형태의 건물을 덧대 위에서 보면 십자가 모양이 되게 했어.

▼ 로마네스크 양식의 대표적인 성당인 이탈리아의 피사 대성당

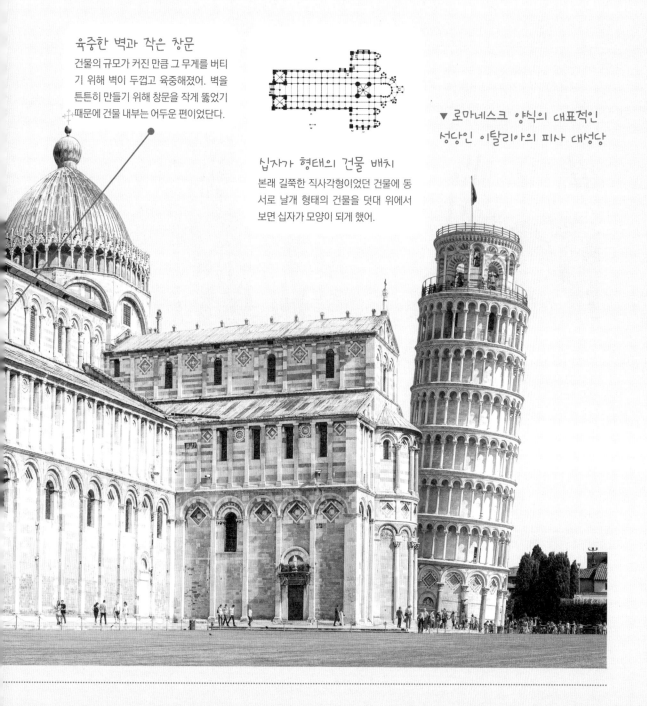

고딕 양식

'고딕'은 '고트족스럽다'는 뜻을 가진 말이야. 고트족은 게르만족 중에서도 가장 먼저 로마 제국 영토로 밀고 들어와서 서로마 제국의 멸망에 큰 영향을 미쳤던 민족이었어. 게르만족은 1100년대 무렵 로마네스크

▼ 고딕 양식으로 지어진 샤르트르 대성당

첨탑
고딕 성당의 상징. 하늘 높이 솟은 첨탑은 성당이 천당과 연결되어 있음을 의미해.

뾰족한 아치
아치의 위쪽 끝이 뾰족하게 되어 있는 게 보이지? 보통 출입구에 많이 쓰이는데 아치가 있는 부분에 조각을 장식해 더욱 화려하고 웅장해 보이도록 했대.

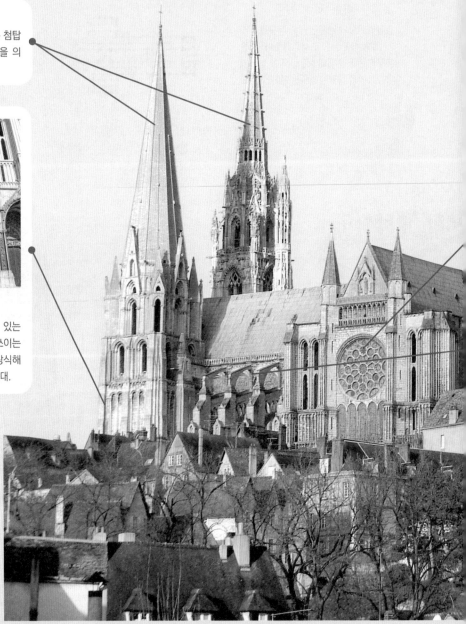

양식의 건축을 자신들 나름대로의 방식으로 바꾸어 새로운 양식의 건축물을 만들었지. 이 건축 양식은 이탈리아 등지의 후대 건축가들 눈에 게르만족처럼 '야만스럽게' 보였어. 그래서 깔보듯 붙인 말이 바로 '고딕'이야. 이 말이 게르만족이 만든 건축 양식을 가리키는 말로 정착돼 오늘날에 이르고 있단다.

스테인드글라스
스테인드글라스는 창문에 쓰이는 장식용 색깔 유리를 가리키는 말이야. 형형색색의 유리를 통해 들어온 빛이 성당 내부에 퍼지면 천상 세계와 같은 신비로운 분위기를 연출했지.

X 자형 천장
건물을 떠받치는 아치 모양의 기둥들이 지붕에서 X 자 모양으로 교차하도록 배열되어 있어. 천장의 무게를 고루 분산시켜 주는 이 기법 덕분에 더욱 높고 웅장한 건물을 지을 수 있었어.

벽날개
외벽을 지탱하기 위해 건물 바깥쪽으로 별도의 기둥을 세워 날개처럼 건물과 연결했어. 이렇게 하면 건물 외벽에 실리는 무게가 줄어들기 때문에 벽의 두께도 줄어들고, 보다 커다란 창을 내서 성당 안을 더 환하게 밝힐 수 있었단다.

서민과 사대부의 나라, 송나라

:

송나라는 활발한 무역을 통해 서민 문화를 꽃피우는 등
전성기를 누렸지만 군사력이 약해 늘 북쪽 이민족들의 공격에
시달렸지. 이번 시간에는 송나라의 문치주의 정책과
상업의 발달이 중국에 어떤 변화를 불러왔는지
자세히 뜯어보기로 하자꾸나.

오늘날 복원이 완료된 송나라의 수도 카이펑의 모습이야.

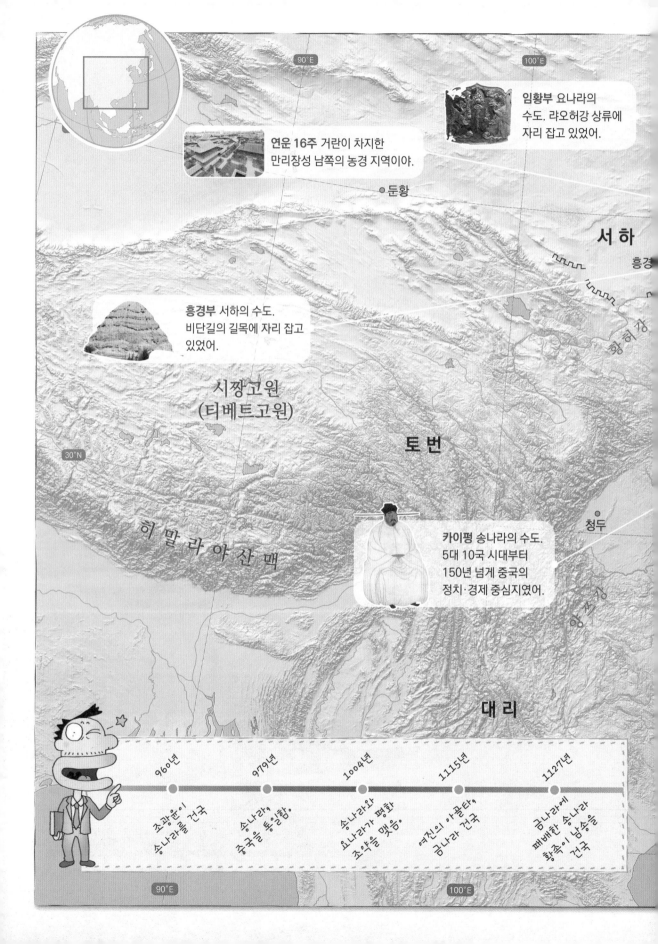

임황부 요나라의 수도. 랴오허강 상류에 자리 잡고 있었어.

연운 16주 거란이 차지한 만리장성 남쪽의 농경 지역이야.

서하

흥경

둔황

흥경부 서하의 수도. 비단길의 길목에 자리 잡고 있었어.

시짱고원 (티베트고원)

토번

황허강

30°N

히말라야산맥

청두

카이펑 송나라의 수도. 5대 10국 시대부터 150년 넘게 중국의 정치·경제 중심지였어.

창장강

대리

960년 조광윤이 송나라를 건국

979년 송나라가 중국을 통일함.

1004년 송나라와 요나라가 평화 조약을 맺음.

1115년 여진의 아골타, 금나라 건국

1127년 금나라에 패배한 송나라 황족이 남송을 건국

회녕부

여진(금)

거란(요)

임황부

연운 16주

다퉁

황허강

황허강

장안

뤄양

카이펑

송

화이허강

양쯔강

항저우

취안저우

광저우

쯔강

개경

고려

황 해

동 중 국 해

남 중 국 해

회녕부 아무르강 상류에 위치한 도시. 여진이 세운 금나라의 초기 수도였어.

항저우 남송의 수도. '임시 수도'라는 뜻에서 '임안'이라고도 불렀어.

취안저우 당나라 때부터 번성했던 중국의 대표적인 항구 도시 중 하나야.

110°E

120°E

130°E

40°N

30°N

20°N

110°E

120°E

남송의 수도
항저우를 가다

항저우는 양쯔강 하류의 중심 도시로 기원전 7000년
무렵의 초기 신석기 문명 발생지 가운데 하나야.
수나라 때 건설된 대운하의 남쪽 종점으로 동중국해
해상 교역로의 출발점이자 양쯔강과 대운하가
만나는 물류의 중심지이기도 하단다. 오늘날
항저우는 인구 약 670만 명의 대도시야.

▲ 항저우의 야경

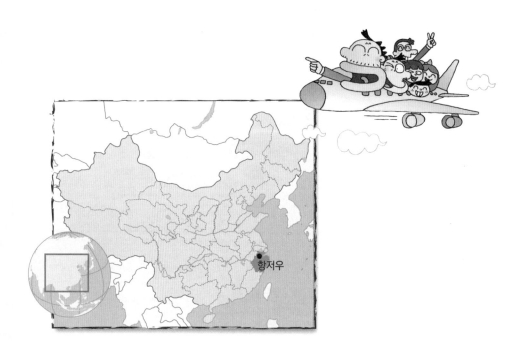

중국 동부의 경제 중심지

항저우는 저장성의 중심 도시이자 중국 동부의 경제 중심지로 떠오르는 곳이야. 또 예로부터 풍경이
아름답기로 유명해서 오늘날에도 중국의 대표적인 관광지로 꼽히고 있어. 특히 도시를 관통하는 대운하와
아름다운 야경은 항저우의 자랑이지. 하지만 최근 급격한 공업화 때문에 환경 오염으로 몸살을 앓고 있어.

▲ 항저우 시내를 가로지르는 대운하

▲ 도심을 뒤덮은
짙은 스모그

고급 녹차의 산지

항저우가 있는 양쯔강 하류 지역은 위진 남북조 시대에 강남 개발이 본격화되면서 중국에서 손꼽히는
풍요로운 고장이 되었어. 특히 항저우는 용정차라는 고급 녹차의 주산지로 유명해. 용정차는 짙은 향과
부드러운 맛, 비취 같은 녹색과 아름다운 잎사귀라는 4가지 특징을 고루 갖춘 명품 차란다.

▲ 항저우의 녹차밭 풍경

▶ 용정차

◀ 육화탑

슬픈 전설이 어려 있는 육화탑

항저우를 흐르는 첸탕강 하류의 강변 언덕에는
육화탑이라는 거대한 탑이 우뚝 서 있어. 송나라
때 지어져 어두운 밤을 밝히는 등대 역할을 했던
탑이지. 전설에 따르면 이곳은 용왕의 변덕으로
풍랑이 심했어. 육화라는 소년의 부모도 이곳의
풍랑에 목숨을 잃었지. 육화는 매일 강변으로
찾아와 부모를 돌려보내 주고 사람들을 해치는
파도를 그치게 해 달라며 돌을 던졌어. 결국
소란을 견디다 못한 용왕이 풍랑을 잠잠하게 해
주었고, 사람들은 소년이 돌을 던지던 자리에 이
탑을 세웠다고 해.

◀ 돌을 던지는 소년의 동상

문인들의 명소 시후호

항저우 인근의 시후호는 예로부터 많은 시인과 화가들이 찾아와 시를 짓고 그림을 그렸던 명소야.
중국 4대 미녀로 꼽히는 춘추 시대의 서시에 비견될 정도로 아름다운 풍광을 지니고 있지.

▲ 석양 무렵의 시후호

◀ 중국을 대표하는 문인 중
한 명인 소동파

▶ 소동파가 개발한 요리 동파육
우리에게도 익숙한 중국요리 동파육은 소동
파가 항저우에서 관직 생활을 할 때 직접 개
발한 요리래.

조광윤이 송나라를 세우고 문치주의를 채택하다

"지난 시간에 당나라가 절도사 주전충에게 멸망당했다고 했지? 그 뒤 주전충은 후량이라는 나라를 세우고 황제가 되었어. 그러자 다른 절도사들이 '주전충도 황제가 됐는데, 나라고 못할쏘냐!' 하며 너도 나도 나라를 세우기 시작했단다. 순식간에 중국은 다시 여러 나라로 쪼개졌어. 이 시대가 바로 5대 10국 시대란다."

말을 마친 용선생이 지도 한 장을 펼쳐 보였다.

"5대 10국이 무슨 뜻인데요?"

"주전충이 세운 후량과 그 뒤를 차례로 이은 화베이의 네 왕조를 5대라고 하고, 그 주변에 세워진 10개 나라를 10국이라고 해. 그래서 5대 10국 시대라고 부르는 거야. 약 60년간 계속된 5대 10국 시대는

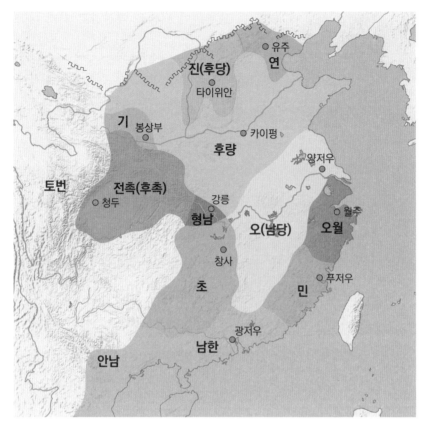

▲ 5대 10국 시대의 중국

송나라가 중국을 통일함으로써 막을 내렸어.”

“앗, 송나라? 송나라라면 고려 시대 때 중국에 있었던 나라 아니에요?”

“하하, 잘 기억하고 있구나. 사실 중국 통일의 기틀을 마련한 것은 후주의 황제 세종이었어. 농업과 상공업을 장려해 백성의 삶을 안정시키고 국력을 길러 중국을 거의 통일하는 데 성공했거든. 송나라를 세운 조광윤은 세종과 함께 수많은 전장을 누비며 공을 세운 뛰어난 무장으로, 후주의 2인자였단다.”

나선애의 세계사 사전

후주 (951년~960년) 5대의 마지막 왕조. 원래 이름은 주(周)나라지만 과거 무왕이 세운 주나라와 구분하기 위해 후주라고 불러.

▲ 중국을 통일한 송나라

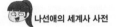
나선애의 세계사 사전

무관 군대를 통솔하는 관리. 쉽게 장군이라고 생각하면 돼.

"그럼 조광윤이 세종을 배신하고 자기 나라를 세운 거예요?"

"결과적으로 그런 셈이지. 조광윤은 처음에는 황제가 될 생각이 없었어. 근데 세종이 병으로 젊은 나이에 세상을 떠나고 세종의 일곱 살짜리 아들이 황제 자리에 오르게 되었지. 그래서 조광윤의 부하 장수들은 '세상물정 모르는 꼬마 황제가 나라를 제대로 다스릴 수 있겠냐'며 조광윤을 부추겼어. 하지만 조광윤은 계속 망설였지. 그러자 부하들이 새벽에 들이닥쳐 조광윤에게 억지로 황제의 옷을 입히고 궁궐로 데려갔단다. 후주 황제는 조광윤과 부하들이 몰려오자 겁에 질려 알아서 황제 자리에서 물러났어. 조광윤은 황제가 되어 나라 이름을 송으로 고쳤지. 그리고 마침내 979년 중국을 통일했단다."

"그러니까 부하들이 조광윤을 황제로 만들어 준 셈이네요."

"그렇지. 그래서 조광윤에겐 이게 큰 걱정거리였단다."

"아니, 왜요?"

"부하들은 자신들의 손으로 조광윤을 황제로 만들었다며 어깨에 잔뜩 힘이 들어가 있었어. 이들은 모두 무관인 절도사들로 많은 군사들을 거느리고 있었기 때문에 조광윤은 행여 그런 부하들이 딴마음을 품을까 봐 걱정한 거야. 그도 그럴 것이

◀ 송 태조 조광윤 조광윤은 후주의 장군으로, 부하들의 추대로 황제 자리에 올랐어.

당나라가 망한 것도 바로 절도사 때문이었잖니? 5대 10국의 혼란도 절도사가 반란을 일으켜 자신들의 나라를 세웠기 때문이었고. 그래서 조광윤은 무관들을 그대로 두어선 안 된다고 판단하고 고심 끝에 과감한 결단을 내렸지."

"무슨 결단인데요?"

"조광윤은 부하들을 궁으로 불렀어. 그리고 부하들의 눈이 휘둥그레질 만큼 엄청난 땅과 재물을 내려 주는 대신 절도사 자리에서 물러나게 했단다. 절도사들이 물러난 자리는 문관들로 채워 황제의 명에 따라 업무를 맡아보도록 했어. 또 절도사가 꼭 필요한 국경 지역에도 무관이 아니라 문관을 책임자로 임명하고 절도사의 관할 구역을 줄여 버리기도 했지. 절도사가 큰 세력으로 발전하지 못하도록 철저하게 견제한 거야."

"헐! 문관들한테 국경을 지키도록 했단 말이에요? 문관들이 외적을 제대로 막아 낼까요?"

"그래서 조광윤은 황제 직속 부대인 금군을 대폭 강화했어. 금군

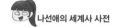

나선애의 세계사 사전

문관 행정을 맡아보는 관리. 주로 유학자들로, 과거를 통해 등용되는 비중이 점차 커졌어.

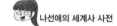

나선애의 세계사 사전

금군 황제나 왕을 호위하는 군사를 뜻해. 가장 용맹한 병사와 장군이 속한 최고의 정예병이었어.

에게 도성을 지키는 것은 물론 중요한 국경 지대의 방어까지 맡겼지. 금군을 강화하자 절도사의 힘은 약해지고 황제 바로 밑에 있는 문관의 힘은 커졌단다. 이렇게 무관보다 문관에게 힘을 실어 주는 정책을 문치주의라고 해.”

“무관보다는 문관을 믿는다는 건데, 문관들은 정말 믿을 수 있는 사람들이었나요?”

나선애의 물음에 용선생은 살짝 미소를 지어 보였다.

“좋은 질문이야. 그래서 송나라는 황제 밑에서 일하는 문관들이 높은 충성심을 가지도록 과거 제도를 크게 손질했어.”

“과거 제도는 실력이 뛰어난 사람을 뽑는 제도 아닌가요? 어떻게 손을 보았기에 황제에 대한 충성심이 강해져요?”

“먼저 송나라는 과거 시험으로 뽑는 관리의 비중을 높였어. 과거제는 수나라 때 본격적으로 실시됐지만 당나라 때까지도 대부분의 관리는 연줄을 통해 등용됐거든. 더구나 높은 자리는 인맥으로 관리가

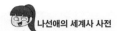
나선애의 세계사 사전

문치주의 학문, 특히 유학의 가치를 앞세워 나라를 다스리는 걸 말해. 현실적으로는 무관을 홀대하고 문관을 우대하는 정책이야.

▶ 황제 앞에서 과거 시험을 치르는 사람들

된 귀족 가문 자제들이 독차지했지.”

“그럼 과거 제도는 있어도 그만 없어도 그만인 거 아닌가요?”

“그래서 송나라는 이런 관리 등용 방식을 바꾸고 과거 제도를 강화했어. 먼저, 천민 출신만 아니라면 누구든지 과거에 응시할 수 있도록 문을 활짝 열었어. 또 높은 자리에는 과거 합격자 출신의 관리를 임명했지. 이제 귀족 자제들도 과거를 치르지 않고는 높은 자리에 오를 수 없게 됐어. 그리고 황제가 직접 과거의 최종 단계를 감독하는 시험관이 되어 점수를 매겼어.”

“그건 또 왜요?”

“과거에 합격해 관리가 된 사람들은 자기를 뽑아 준 시험관에게 충성을 바치는 관행이 있었단다. 관리들은 자연히 자신을 뽑아 준 황제에게 충성심을 갖게 되었지.”

“황제가 직접 관리를 뽑다니, 완전 영광이겠는데요?”

“흐흐, 그뿐 아니라 송나라 때는 이렇게 뽑힌 관리들에게 정말 파격적인 대우를 해 줬어. 일단 과거 시험을 통과해 관리가 되면 가족들이 평생 먹고살 정도로 봉급을 두둑이 줬거든.”

“야, 이 정도면 너도나도 과거 시험 볼 만하겠는데?”

“관리로 출세를 꿈꾸는 사람들은 너나없이 과거 준비, 다시 말해 유학 공부에 매달렸어. 이들을 사대부라고 해. 사대부들은 송나라 때부터 나라를 이끄는 주역으로 떠올랐단다. 반면에 타고난 신분만으로 높은 자리를 보장받았던 귀족들은 몰락하기 시작했지.”

“이제야말로 진짜 공부해야 출세하는 세상이 되었군요.”

“송 태조 조광윤을 비롯한 송나라 황제들은 사대부의 가장 든든한 후원자이기도 했어. 조광윤은 사대부 계층을 양성하기 위해 전국에 학교를 세우고, 학생들에게 세금 면제를 비롯한 각종 혜택을 주어 과거 공부에 집중할 수 있게 해 주었지. 심지어 '사대부를 함부로 죽이지 말라'는 유언을 남길 정도였단다. 사대부들이 안심하고 소신껏 정치를 펼 수 있도록 판을 깔아 준 셈이지. 실제로 송나라 때는 관리들끼리 편을 나누어 싸우는 일이 심할 때도 상대편을 벼슬에서 내쫓긴 했지만 어지간해서는 처형하지 않았다고 해. 암튼, 문치주의 덕분에 송나라는 큰 혼란 없이 비교적 안정을 누릴 수 있었단다."

"다행이네요. 문치주의 대성공!"

"근데 말이야, 문치주의는 한 가지 심각한 문제가 있었어."

"심각한 문제요? 그게 뭔데요?"

"바로 군사력이 너무나도 약해졌다는 거야. 5대 10국의 혼란과 문치주의를 틈타 주변 이민족이 힘을 길러 나라를 세우고는 걸핏하면 송나라로 쳐들어왔거든. 하지만 송나라는 번번이 이민족과의 전쟁에서 패배했단다."

"이민족 나라라면 어딜 말하는 거죠?"

"이민족이 세운 나라는 크게 셋이야. 랴오허강 주변에 살던 거란이

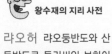
왕수재의 지리 사전

라오허 랴오둥반도와 산둥반도로 둘러싸인 보하이 만 북쪽에 있는 강. 우리말 발음대로 읽으면 '요하'가 돼. 거란이 세운 '요나라'는 여기서 따온 이름이란다.

▲ 새로운 지배층으로 등장한 사대부의 연회 I 이때부터 중국에서도 식탁과 등받이 달린 의자를 일상에서 널리 사용했단다.

세운 요나라, 만주의 여진이 세운 금나라, 탕구트가 세운 서하라는
나라였지."

"요나라와 금나라는 한국사 시간에도 배운 적이 있어요. 고려랑 싸
웠던 나라들 맞죠?"

나선애의 물음에 용선생이 미소를 지으며 대답했다.

"맞아, 바로 그 나라들이야. 송나라는 패배의 대가로 이 세 나라에
해마다 엄청난 양의 세폐를 바치면서 간신히 평화를 유지해 갔지. 심
하게 말하자면 돈으로 평화를 산 셈이야."

"돈으로 평화를 사요? 송나라가 그럴 만한 돈이 있었어요?"

"그럼. 비록 송나라는 군사력은 형편없었지만 굉장히 부유한 나라
였단다. 양쯔강 유역을 비롯한 강남 지역의 농지 개간과 활발한 무역
으로 많은 돈을 벌어들였거든."

 용선생의 핵심 정리

당나라 멸망 이후 중국은 60여 년 동안 5대 10국의 혼란을 겪음. 혼란을 끝내고 중
국을 통일한 송나라는 문치주의를 채택해 문관을 우대하고 무관의 힘을 약화시킴.
북방 이민족에게 연거푸 패배를 당하며 세폐를 바치고 평화를 유지함.

세계 제일의 상업 국가 송나라

용선생은 대형 모니터에 그림 한 점을 띄웠다.

"이건 송나라의 수도 카이펑을 그린 〈청명상하도〉라는 그림의 일부
야. 시골 장터처럼 시끌벅적하고 어수선하지? 카이펑은 당나라 때의

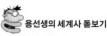 **용선생의 세계사 돋보기**

여진은 만주에 살던 사람들
로, 우리나라와 지리적으로
가장 가까운 이웃이었어. 과
거에는 이들 여진을 숙신, 읍
루, 말갈 등으로 불렀는데,
송나라 이후부터 여진이라
고 불렀지. 여진은 1600년
대에 만주를 통일한 뒤 만주
족으로 이름을 고치고 청나
라를 세워 300년 가까이 중
국을 지배했단다.

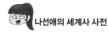 **나선애의 세계사 사전**

세폐 중국 왕조들은 유목
민과 화친을 맺는 대가로 해
마다 정기적으로 비단, 은 같
은 재물을 보내곤 했어. 이것
을 세폐라고 해.

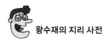 **왕수재의 지리 사전**

카이펑 오늘날 중국 허난
성에 위치한 곳으로 송나라
의 수도였어. 대운하가 지나
는 곳이라 물류 운송에 매우
유리했지.

▲ 〈청명상하도〉
송나라 화가 장택단이 수도 카이펑의 풍경을 그린 그림이야. 송나라의 자유롭고 개방적인 분위기가 잘 드러나지.

장안과는 분위기가 많이 달라. 장안은 낮에는 다양한 사람들로 북적이는 국제도시였지만 엄연히 황궁과 관청이 중심인 곳이었어. 장안성 안에 있던 동시와 서시에서는 딱 정해진 구역 안에서만 장사를 할 수 있었지. 그리고 해가 지면 모든 구역의 문을 잠그고 군인들이 지키고 서서 함부로 사람들이 돌아다니지 못하게 했어."

"그럼 카이펑은요?"

"카이펑에서는 상인들이 나라에 세금만 내면 어디서나 자유롭게 장사할 수 있었어. 카이펑의 거리는 마치 요즘 시장처럼 길을 따라 가게들이 늘어섰고, 상인들은 물건을 길 쪽에 진열해 지나가는 사람들이 쉽게 물건을 구경할 수 있게 했지. 카이펑을 비롯한 큰 도시에는 술집과 야시장, 오락 시설이 잔뜩 들어섰단다. 이들은 어두운 밤에도 환하게 불을 밝힌 채 손님을 맞았어. 불야성이라는 말이 딱 들어맞는 풍경이었지."

"선생님, 그런데 저 그림에서 사람들이 수레에 뭘 저렇게 실어 나

 곽두기의 국어사전

불야성 아니 불(不) 밤 야(夜) 성 성(城). 불이 밤에도 휘황찬란하게 켜 있어 낮처럼 환하고 번화한 곳을 가리키는 말이야.

르는 거예요?"

"카이펑에는 전국의 온갖 물건들이 모여들었어. 그중에서도 가장
큰 비중을 차지한 건 강남에서 생산된 쌀이야. 이 무렵 강남에서는
쌀 생산이 폭발적으로 늘어난 반면 카이펑에서는 인구가 늘어나는
바람에 식량이 부족했거든."

"근데 강남 지역에서는 왜 갑자기 쌀 생산이 늘어났어요?"

"첫 번째는 위진 남북조 시대 때부터 지속적으로 농지 개간이 활발
하게 이루어진 덕분이었어. 농지가 늘어나니 자연히 식량 생산이 늘
어났지. 또 성장 기간이 짧고 수확량이 많은 벼 품종이 새로이 도입
되면서 이모작이 가능한 지역이 늘어나 식량 생산이 크게 증가했지.
그래서 이때부터 중국에서는 '강남에 풍년이 들면 천하가 배부르다.'

와자(瓦子)

와자는 지금으로 치면 식당과 술집, 공연장이
결합된 거대한 공연 시설이었어. 이야기꾼이 사
람들에게 재미있는 이야기를 들려주고 돈을 받
는가 하면, 배우들이 서커스 같은 묘기를 부리
거나 중국의 영웅 이야기를 연극으로 공연하기
도 했지. 와자에 온 사람들은 공연을 보다 배가
고프면 식당에 들어가 식사를 하면서 술도 마
시고, 밤이 늦으면 식당 옆 여관에서 잠을 잤어.
카이펑과 항저우 같은 대도시에는 이런 와자가
수십 군데나 있었대.

◀ 와자에서 공연 중인 인형극

▲ 송나라 농민들이 모내기하는 모습

▲ 발로 밟아 물을 끌어오는 양수기

개량된 농기구, 다양한 퇴비, 모내기 같은 신기술의 도입 덕분에 송대의 쌀 생산량은 이전에 비해 크게 늘어났어.

라는 말이 생겼대.”

“강남이 벼농사의 중심지로 떠올랐다는 얘기로군요.”

“그렇단다. 강남의 쌀은 전국 곳곳으로 실려 나갔어. 그 대신 전국 각지에서 생산된 상품이 강남 지역으로 모여들었지. 자연스레 강이나 운하의 나루터 같은 교통 요충지에 시장이 생겨났지. 이런 시장들을 중심으로 인구가 늘어나면서 시장은 다시 도시로 발전했어. 상업이 발달하자 거래에 본격적으로 화폐가 쓰이기 시작했지. 송나라에서는 주로 구리로 만든 동전을 사용했는데, 상업 발달과 더불어 동전 사용량이 폭발적으로 늘어났단다.”

“아하, 거래가 늘어나면서 돈이 더 많이 필요해진 거군요.”

“응. 그래서 송나라는 해마다 엄청난 양의 동전을 찍어 냈어. 전국의 구리를 긁어모아 동전을 만들어도 부족할 정도였지. 이 문제를 해결하기 위해 세계 최초로 지폐가 발행됐어. 유럽보다 무려 600년이나 앞섰지.”

◀ 송나라의 **동전**
송나라는 어마어마하게 많은 동전을 찍어 내서 요즘도 심심찮게 송나라 동전이 꾸러미로 발견되기도 한대.

▲ **교자를 찍어 내는 판**
교자는 송나라가 발행한 세계 최초의 지폐야. 표면에는 지폐의 금액과 다양한 그림이 인쇄돼 있어.

"그래도 동전이 그 정도로 부족했다니, 잘 이해가 안 되는데요?"

나선애가 고개를 갸웃거리며 진지한 표정을 지었다.

"송나라 동전은 오늘날 달러 같은 국제 화폐였어. 중국뿐만 아니라 동남아시아와 일본을 비롯한 주변 나라, 심지어 아랍 상인들까지 송나라 동전을 썼거든. 비단, 도자기, 차 같은 중국산 인기 상품들을 구하려면 송나라 동전이 있어야 했기 때문이지. 그래서 아무리 동전을 많이 찍어 내도 계속 부족했던 거야."

"송나라가 그 정도로 무역이 활발했어요?"

왕수재가 눈을 빛내며 말했다.

"사실 송나라 때에는 서하와 거란이 비단길을 차지하고 있어서 육상 무역은 예전만큼 활발하지 못했어. 그 대신 바다를 통한 무역이 활기를 띠었지. 항저우나 취안저우 같은 주요 항구 도시는 언제나 외

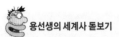
국 상인들로 북적였고 외국인이 모여 사는 마을과 각종 사원이 들어섰지. 너희들, 벽란도 기억하니?"

"그럼요. 고려 때 국제 무역이 활발히 이루어졌던 항구잖아요."

"그래. 그 벽란도가 번영을 누리던 때가 바로 송나라 때였어."

"아하, 그래서 벽란도에 아랍 상인들이 드나들었던 거군요."

선애의 말에 용선생이 고개를 끄덕이며 말을 이어 나갔다.

"그렇단다. 송나라는 주요 항구마다 시박사라는 관청을 설치해 배에 실린 상품을 일일이 확인하고 세금을 매겼어. 항구마다 드나드는 상인들이 워낙 많아서 시박사에서 거두는 세금도 엄청났지. 자연히 송나라는 대외 무역에 매우 개방적이었어. 그리고 그 덕분에 상업이 더욱더 눈부시게 발전했지."

용선생은 잠시 물로 목을 축이고 설명을 이어 갔다.

▶《동방견문록》에 실려 있는 취안저우 삽화
취안저우는 송나라와 원나라 때 세계에서 가장 큰 항구 중 하나로, 유라시아 각지의 상인들이 모여들었어.

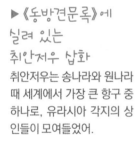

▲ 청진사 송나라의 주요 무역항이었던 취안저우에 세워진 이슬람 사원이야. 이 당시 중국에 얼마나 많은 아랍 상인들이 방문했는지 짐작하게 해 주는 유적이지.

▲ 물레바퀴
송나라 때에는 물레바퀴를 이용해 실을 뽑았어.

"이렇게 상업이 발달하면서 사회적으로도 많은 변화가 일어났어. 우선 농민들은 차나 목화, 뽕나무 잎 같은 상품 작물을 더욱 활발하게 재배했지. 쌀보다 훨씬 많은 수입을 올릴 수 있었기 때문이야. 또 수공업이 크게 발전했고, 상인과 수공업자들은 자기네 이익을 지키기 위한 단체를 조직하기도 했지."

"그럼 살기도 좋아졌겠어요. 일자리도 많아지고, 장사로 돈을 번 사람도 많을 테니까요."

"맞아. 사람들의 생활도 예전에 비해 한결 여유가 생겼지. 그러다 보니 사람들이 즐길 수 있는 다양한 오락거리들이 생겨났어. 그리고 때마침 종이가 대량으로 생산되고 새로운 인쇄술이 발명되면서 책값

 허영심의 상식 사전

상품 작물 시장에 내다 팔 아 돈을 벌 목적으로 재배하는 농산물을 말해.

이 크게 내려갔단다. 그래서 사람들이 좋아할 만한 가벼운 읽을거리나 '사(詞)'라는 시와 희곡의 중간 정도 되는 새로운 형식의 문학이 크게 유행했어. 그중에서 인기 있는 작품들은 가락을 붙여 찻집이나 주점에서 노래로 불리기도 했어. 송나라 때의 유행가 같은 거지. 출판사도 많이 생겨나서, 서당이나 학교에서 쓰는 교과서를 만들거나 과거 공부에 필요한 여러 유교 경전들을 찍어 냈어. 그래서 거리에서는 지나가는 사람을 상대로 책을 파는 상인도 심심찮게 볼 수 있었단다."

"그럼 송나라 사람들도 우리처럼 서점에서 참고서를 사서 본 거네요?"

"그런 셈이지. 천민을 제외한 모두에게 과거에 응시할 자격을 주었기 때문에 유학을 공부하는 사람이 폭발적으로 늘어났고, 서당이나 학교도 많이 생겨났어. 또 한 가지 주목할 점은 유학의 변화야."

"유학은 어차피 공자님 말씀을 공부하는 건데 뭐가 달라졌어요?"

송나라 최고의 인기 상품

왜 전 세계 상인들은 머나먼 송나라를 찾아왔던 걸까? 그건 송나라 상품을 구해 돌아가기만 하면 엄청난 이익을 남길 수 있었기 때문이야. 그렇다면 전 세계인을 홀린 중국의 인기 상품은 뭐였을까?

첫 번째 인기 상품은 비단이야. 중국 비단은 한나라 때부터 유럽에서 큰 인기를 누렸어. 비단이 오가던 교역로를 비단길이라고 부른 데서도 알 수 있지.

두 번째 인기 상품은 뜻밖에도 강철이야. 중국에서는 춘추 전국 시대부터 강남 지역을 중심으로 제철 기술이 매우 발달했어. 송나라 때에는 석탄을 이용해 강철을 만들어 내는 기술이 개발됐지. 당시 송나라는 세계 최대의 강철 생산량을 자랑했단다.

마지막 인기 상품은 도자기야! 송나라의 도자기는 은은한 빛깔과 단아한 생김새 때문에 아랍인을 비롯한 전 세계 사람들의 눈길을 빼앗았어. 송나라의 도자기는 색깔에 따라 백자와 청자로 나뉘는데, 그중에서도 청자를 가장 고급으로 쳤지. 우리나라의 유명한 고려청자도 송나라의 청자 만드는 기술을 배워 만든 거란다.

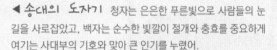

◀ **송대의 도자기** 청자는 은은한 푸른빛으로 사람들의 눈길을 사로잡았고, 백자는 순수한 빛깔이 절개와 충효를 중요하게 여기는 사대부의 기호와 맞아 큰 인기를 누렸어.

"예전에 유학은 공자님 말씀을 해석하는 데 그쳤어. 그런데 이때부터 '사람은 왜 사는 것일까?', '세상은 어떤 원리로 돌아갈까?' 같은 철학적인 문제를 탐구하는 새로운 유학이 나타났단다. 이 새로운 유학을 성리학이라고 하지."

중국의 3대 발명품

화약

당나라 때부터 화약을 사용했다는 기록이 있지만, 폭죽놀이 같은 데만 쓰였어. 화약을 이용해 총이나 대포 같은 무기를 만들기 시작한 건 송나라 때부터란다. 훗날 화약은 중국을 드나들던 아랍 상인들을 통해 유럽으로 전해진단다.

▶ 화약을 이용한 휴대용 로켓 화살을 발사하는 장면

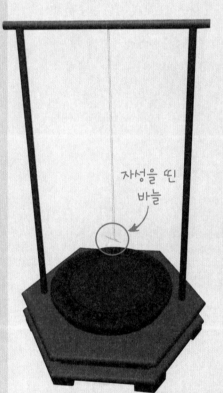

자성을 띤 바늘

나침반

중국에서 나침반이 사용된 건 한나라 때부터이지만, 본격적으로 나침반을 항해에 활용하기 시작한 건 송나라 때부터였지. 나침반 역시 아랍 상인을 거쳐 유럽에 전해졌어.

활판과 인쇄술

나무나 금속을 이용해 글자 하나하나를 새겨 두었다가 그때그때 글자들을 조합해서 인쇄하는 방법을 활판 인쇄라고 한단다. 활판 인쇄술이 개발되기 전에는 인쇄할 때마다 넓은 나무판자 같은 곳에 한 페이지씩 일일이 글자를 새겨 종이에 찍어 내야 했기 때문에 시간과 비용이 많이 들었어. 반면에 활판 인쇄술은 필요한 글자만 골라 찍어 내면 되니 인쇄에 드는 비용과 시간이 비교적 적었지. 활판 인쇄술의 발달로 책값이 싸져 많은 사람들이 책을 읽을 수 있게 되었단다.

▲ 나무 활자와 목판

용선생은 칠판에 '성리학' 세 글자를 쓰며 설명을 이어 나갔다.

"성리학을 집대성한 학자는 주희였어. 주희는 앞선 유학자들의 성과를 수집하고 정리해 성리학의 토대를 닦았지. 하지만 성리학은 중국보다 주변 나라에 더 큰 영향을 끼쳤어. 특히 조선은 '성리학의 나라'라고 불릴 만큼 성리학의 영향을 많이 받았지. 너희들이 잘 아는 퇴계 이황이나 율곡 이이 같은 분들이 조선의 대표적인 성리학자란다."

"아, 정말 중국 역사는 우리나라랑 떼어 놓을 수가 없나 봐요."

나선애가 고개를 끄덕이며 중얼거렸다.

 용선생의 핵심 정리

농업 기술의 발달에 힘입어 교통이 편리한 곳에 시장이 생기고 도시와 상업이 발달함. 국제 무역도 발달하여 많은 상인이 중국에 드나듦. 또한 서민 문화가 발달하고 성리학 같은 새로운 학문이 생겨나 동아시아 전역에 영향을 줌.

송나라의 속병과 왕안석의 개혁

"그런데 이렇게 번영을 누리던 송나라가 뜻밖의 문제를 겪게 된단다. 나라를 세운 지 100여 년 만에 나라의 곳간이 텅 비어 버린 거야."

"어머, 한창 잘나가다가 갑자기 왜요?"

"워낙 씀씀이가 헤펐거든. 가장 큰 이유는 어마어마한 군사비 부담이었어."

"어? 문치주의 정책을 펼쳤는데 군사비가 많이 들어요? 뭔가 앞뒤

 곽두기의 국어사전

집대성 모을 집(集) 큰 대(大) 이룰 성(成). 많은 훌륭한 것들을 모아 하나의 완전한 것으로 만들어 내는 것을 가리켜.

 장하다의 인물 사전

주희 (1130년~1200년) 성리학을 집대성한 학자야. 그래서 유학 발전에 엄청난 공을 세운 공자나 맹자처럼 주희도 주자라는 이름으로 불려. 주희는 평생 공부하고, 쓰고, 가르치는 일에 힘썼어. 심지어 죽기 3일 전까지도 글 쓰는 데 골몰했을 정도였단다.

가 안 맞는데요?"

왕수재가 고개를 갸우뚱거렸다.

"그건 군사 수가 지나치게 늘어났기 때문이란다. 송나라는 흉년이 들면 떠도는 백성들을 병사로 받아들여 반란을 미리 방지했어. 또 약한 군사력을 군사의 수를 늘려 보완하려고 했지. 그러다 보니 한창때는 군사가 120만 명이 넘었대. 이 많은 군사를 먹여 살리는 데만도 엄청난 비용이 들어갔지."

"그렇게 군사가 많은데 군사력이 왜 약해요?"

"문치주의 때문이었어. 무관을 시원찮게 대접하다 보니 장수들이 제대로 능력을 발휘할 수 없었거든. 병사의 수만 많았지 대부분 오합지졸에 지나지 않았던 거야."

"또 다른 이유는요?"

"관리들에게 주는 봉급도 큰 부담이었어. 송나라는 과거를 통해 관리를 매우 많이 뽑았어. 제2대 황제인 태종 때만 과거 합격자가 1만명이 넘을 정도였지. 이 많은 관리들에게 어마어마한 봉급을 주다 보니 나라 재정에 크게 무리가 간 거야."

"돈을 그렇게 물 쓰듯이 쓰니 문제가 생기지, 쯧쯧."

허영심이 혀를 찼다.

"한편 백성들은 나날이 늘어나는 빚에 쪼들리고 있었어. 농민들은 흉년이 들면 부자들한테 땅을 담보로 맡기고 높은 이자로 식량을 빌려 춘궁기를 넘겼어. 봄에 쌀 한 가마를 빌리면 가을에 두세 가마로 갚아야 할 만큼 이자가 엄청났지."

"헉, 그건 너무하잖아요!"

허영심의 상식 사전

담보 빚을 갚지 못했을 때를 대비해 맡기는 물건을 말해. 예를 들어, 1,000원을 빌리면서 공책을 담보로 잡으면, 1,000원을 갚지 못했을 때 돈을 빌려준 사람은 1,000원 대신 공책을 갖게 되는 거지.

곽두기의 국어사전

춘궁기 봄 춘(春) 궁할 궁(窮) 때 기(期). 작년에 수확한 곡식은 바닥났는데 올해 수확할 곡식은 아직 익지 않아 식량이 다 떨어진 봄철을 뜻하는 말이야.

"그래도 당장 굶어 죽을 수는 없으니 어쩌겠니? 그러다 결국 빚을 갚지 못하고 담보로 잡힌 땅을 넘겨주고 말았어. 이런 식으로 전국의 땅이란 땅은 모두 몇몇 부자들의 손으로 넘어갔지. 농민들은 집도 절도 없이 떠돌아다니거나 부자의 땅을 빌려 소작을 해야 했단다. 중소 상인들도 사정은 마찬가지였어. 급하게 돈을 빌렸다가 야금야금 늘어난 빚에 쫓겨 전 재산을 모두 날리는 상인들이 한둘이 아니었지."

"송나라가 겉으로는 화려해 보이지만 속으로는 병이 들고 있었다는 말씀이시네요."

나선애의 말에 용선생은 고개를 끄덕였다.

"그렇단다. 이렇게 속병이 단단히 든 송나라를 구하기 위해 등장한 인물이 바로 왕안석이었어. 왕안석은 20년간 지방관으로 지내며 경험과 명성을 쌓은 뒤 제6대 황제 신종에게 발탁돼 황제의 전폭적인 지원을 받으며 대대적인 개혁에 나섰지."

▲ 왕안석 (1021년~1086년) 위기에 빠진 송나라를 구하기 위해 여러 개혁을 실시한 사람이야.

◀ 양저우 도심의 원창거 양저우는 왕안석이 처음 지방관으로서 일을 시작한 곳으로 대운하가 지나는 중국 남부의 물류 요충지였어.

"황제의 전폭적인 지원을 받았다니 왠지 기대가 되는데요?"

"왕안석은 재정은 물론 군사 제도, 과거 제도에 이르기까지 나라의 모든 부문을 뜯어고쳤어. 개혁의 목표는 분명했지. 헤픈 씀씀이로 텅 빈 곳간을 다시 채우는 것과 군사력을 강화해 외적을 막아 내는 것. 한마디로 부국강병이었지!"

"그게 말처럼 쉬운가요?"

왕수재가 미심쩍은 표정을 지었다.

"자, 왕안석의 개혁을 하나씩 꼼꼼히 뜯어보자. 왕안석은 씀씀이를 줄이기에 앞서 전국에 흩어져 있는 황무지를 찾아냈어. 그러고는 이 땅에 개간 사업을 벌여 농지를 크게 늘렸지. 또 나라에서 가난한 백성들에게 낮은 이자로 곡식과 돈을 빌려주는 정책을 실시했어. 과도한 이자에 시달리는 농민과 중소 상인들의 부담을 덜어 주고 동시에 나라도 이자 수입을 얻는 일석이조의 효과를 노린 거지. 그뿐만 아니라 한 무제 때 실시했던 균수법을 실시해 물가를 안정시키고 재정 수입도 올렸단다."

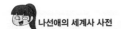
"와, 그런 방법이 있었구나. 머리 잘 썼는데요?"

곽두기가 고개를 끄덕였다.

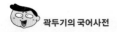
"흐흐, 이렇게 왕안석이 실시한 개혁 정책을 통틀어 '신법'이라고 해. 신법에는 지금 이야기한 것 말고도 일일이 나열하기도 어려울 만큼 수많은 개혁 정책들이 포함되어 있었단다. 그대로 잘 시행되기만 한다면 텅 빈 국고를 채우고 가난한 백성을 구제할 수 있는 정책들이었지. 하지만 안타깝게도 왕안석의 개혁은 순조롭게 진행되지 못했어."

"왜요? 다 훌륭한 정책 같은데!"

장하다가 고개를 갸우뚱했다.

"일단 구법당이라고 불리던 반대파의 반발이 심했어. 대부분 많은 땅을 가지고 있거나 고리대로 큰 이득을 보는 사람들이었지. 구법당은 나라가 백성한테서 이자를 받는 것은 유교 국가의 명분에 어긋난다는 이유를 내세워 강하게 반발했어. 이들은 나라 살림이 어려우면 절약을 통해 씀씀이를 줄이는 것이 우선이라고 주장했지."

"쳇, 결국엔 자기들의 이득이 줄어들까 봐 반대하는 거면서."

"그런데 구법당의 주장이 아주 근거가 없는 건 아니었어. 개혁을 실시하려는 과정에서 여러 가지 문제점이 드러났거든. 예를 들어, 식량을 빌릴 필요가 없는 사람들한테까지 억지로 식량을 빌려주고 이

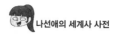

나선애의 세계사 사전

구법당 옛 법을 옹호하는 무리라는 뜻으로, 왕안석의 신법에 반대하는 사람들을 부르는 말이야.

곽두기의 국어사전

고리대 높을 고(高) 이로울 리(利) 빌릴 대(貸). 식량이나 돈을 빌려주고 높은 이자를 받는 걸 말해.

▲ 사마광 (1019년~1086년) 구법당의 우두머리인 사마광은 왕안석에게는 최대의 라이벌이었어.

▲ 자치통감 황제의 명령으로 사마광이 정리한 역사책이야. 전국 시대부터 5대 10국 시대에 이르는 1,362년 동안의 역사가 1년 단위로 꼼꼼하게 정리되어 있어 사료로서의 가치가 매우 높지.

자를 받아 내는가 하면, 개혁에는 별 관심도 없는 간신들이 신법당에 붙어 부정부패를 일삼았단다. 그래서 정작 백성들도 왕안석의 개혁을 달가워하지 않았지."

"에구. 아무리 뜻이 좋으면 뭘 해. 제대로 실행이 되어야지."

"신종이 죽은 뒤 왕안석은 구법당의 거센 비판에 밀려 재상 자리에서 쫓겨났고, 신법은 모두 폐지되었어. 하지만 그 후 조정 관리들은 신법당과 구법당으로 나뉘어 치열한 당쟁을 벌였어. 그런데 진짜로 황당한 건 이 중요한 시기에 새 황제가 사치에 빠져 돈을 물 쓰듯 썼다는 거야."

"나라가 위기에 빠져서 개혁을 하느냐 마느냐 하는 시기에 사치를 일삼았다고요?"

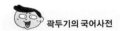 곽두기의 국어사전

당쟁 무리 당(黨) 다툴 쟁(爭). 사람들끼리 편을 갈라 서로 싸우는 걸 뜻해.

▲ 난징의 모습 왕안석은 재상 자리에서 물러난 뒤 강녕부, 즉 오늘날 난징 지사를 지내다가 세상을 떠났어.

허영심이 어이없다는 듯 말했다.

"응. 이 황제가 바로 송나라 제8대 황제 휘종이야. 휘종은 정치는 내팽개치고 글과 그림 같은 예술에 심취해 있었어. 휘종은 예술가 황제로 불릴 만큼 글과 그림에 매우 뛰어났고, 골동품에도 안목이 깊었는데, 그 정도가 너무 지나쳤던 거지. 휘종은 전국의 관리들에게 할당량을 정해 자연석과 진귀한 동식물을 수집해 바치게 하고, 할당량을 채우지 못한 관리는 가차 없이 처벌했어. 관리들은 열일 제쳐 두고 백성들을 닦달해 자연석과 희귀 동식물을 바쳤단다. 그렇지 않아

▲ 휘종 송나라 제8대 황제 휘종은 뛰어난 예술가였지만 나라의 위기를 불러온 황제였어.

▲ 휘종이 그린 그림 꽃이 핀 복숭아나무 가지에 비둘기가 앉아 있는 모습을 묘사했어. 휘종은 그림은 물론 서예에도 뛰어난 송나라 최고의 예술가였지.

도 매일이 힘겨웠던 백성들은 더 견디지 못하고 곳곳에서 반란을 일으켰지."

"반란?"

아이들의 눈이 번쩍 떠졌다.

"그래. 휘종 때문에 가장 큰 곤욕을 치른 강남 지역에서 시작된 반란은 삽시간에 전국으로 번져 나갔고, 약 반년 정도 지속되며 송나라에 적지 않은 타격을 주었단다."

"어휴, 송나라도 오래가진 못하겠군요."

"그런데 휘종이 저지른 정말 큰 실수는 따로 있었어. 바로 세폐를 바치며 아슬아슬하게 유지해 가던 북방 이민족과의 평화를 이어 가지 못한 거야."

"이민족들이라고요?"

 용선생의 핵심 정리

송나라는 중국 통일 100여 년 만에 국고가 비어 버리는 위기를 맞음. 이를 해결하기 위해 나선 왕안석의 신법당과 반대파인 구법당의 대결이 펼쳐짐. 그러나 제8대 황제 휘종의 사치와 뒤따른 반란으로 송나라는 큰 타격을 입음.

돈으로 산 평화의 끝

"왜요? 휘종이 세폐를 안 줘서 이민족이 화났던 모양이죠?"

장하다의 질문에 용선생은 어깨를 으쓱해 보였다.

"글쎄. 그렇게 단순한 문제가 아니야. 말 나온 김에 송나라의 적들에 대해서 살펴보도록 하자. 아까 거란의 요나라, 여진의 금나라, 그리고 비단길을 차지한 서하가 차례로 송나라를 괴롭혔다고 했지? 그 중에서도 맨 먼저, 그리고 가장 오랫동안 송나라를 괴롭힌 적은 거란의 요나라였단다."

"요나라가요?"

"중국에서 5대 10국 시대가 막 시작되었을 무렵, 거란의 부족장이었던 야율아보기가 랴오허강 상류에 살던 거란을 통일하고 요나라 황제를 자처했어. 요나라는 건국한 지 약 30여 년 만에 몽골 초원을 장악하고 동쪽의 발해를 멸망시키고 만주를 점령했지. 뒤이어 5대 왕조 중 하나인 후진의 건국을 도운 대가로 후진으로부터 만리장성 남쪽의 연운 16주까지 받아 냈어. 자연스레 요나라는 중국 북방의 대표적인 강국으로 떠올랐지. 기세가 오른 요나라는 나중에 한반도의 고려도 공격했는데……. 한국사에서 배웠던 거 기억나지?"

 용선생의 세계사 돋보기

연운 16주는 중국 북부, 만리장성 바로 남쪽의 농경 지역에 자리 잡은 16개의 주를 가리켜. 이곳은 인구도 많고 경작지가 넓어 세금 수입도 많은 편이었지. 북방 유목민들이 중국을 공격하려면 꼭 거쳐 가야 하는 길목이었기 때문에 전략적으로도 매우 중요한 곳이었단다.

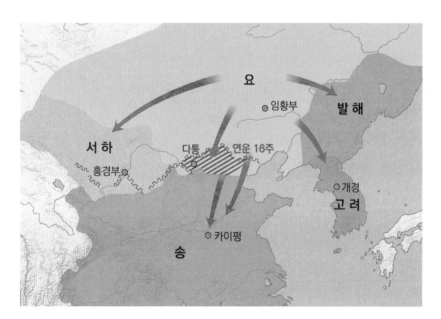

◀ 요나라의 확장

▲ 요나라의 은제 왕관

"네. 서희가 담판을 벌였던 나라, 맞죠?"

나선애의 말에 용선생은 고개를 끄덕였다.

"그래. 잘 기억하고 있구나. 요나라는 5대 10국을 통일한 송나라와 자주 충돌했어. 그러다 1004년에 전연이란 곳에서 크게 맞붙었지. 밀고 밀리는 지루한 싸움이 계속되다가 송나라가 싸움을 그만두고 요나라와 평화 조약을 맺기로 했어. 송나라는 해마다 은 10만 냥과 비단 20만 필을 세폐로 보내는 대신, 요나라 황제가 송나라 황제를 형님으로 모시라고 조건을 내걸었지. 이게 바로 전연의 맹이란다."

"아니, 그게 뭐예요? 해마다 돈을 줄 테니까 자기를 형님으로 모셔라?"

"묘하지? 전연의 맹은 요나라가 실익을 챙기는 대가로 송나라 황제의 자존심을 세워 주는 평화 조약이었던 거야. 이런 상황은 뒤이은 서하와의 싸움에서도 똑같이 되풀이된단다. 서하는 당나라와 송나라의 지배를 받던 탕구트가 반란을 일으켜 하서회랑 부근에 새롭게 세운 나라였어. 송나라는 100만 대군을 보내 4년 동안 서하와 싸웠지만 진압에 실패했지. 결국 송나라는 서하에 비단 13만 필, 은 5만 냥, 차 2만 근을 세폐로 보내는 대신 서하는 송나라를 황제국으로 받드는 조건으로 평화 조약을 맺는단다."

▼ 하서회랑의 일부인 다샤강 골짜기

"이번에도 역시 돈을 주고 자존심을 챙긴 거네요."

"그래. 그런데 1100년대로 접어들며 상황이 달라졌어. 요나라 땅인 만주에서 여진이 강력한 세력으로 새롭게 부상한 거야. 1115년, 아골타라는 여진족 부족장이 황제를 자처하고 금나라를 세웠거든. 반면 금나라의 기세에 밀린 요나라는 예전 같지 못했지. 눈치를 살피던 송나라 황제는 은밀히 금나라에 사람을 보내 요나라를 양쪽에서 공격하자고 제안했어."

"우아, 간만에 머리 좀 썼네요?"

▲ 금나라를 건국한 아골타

"문제는 이런 꾀를 쓰기엔 송나라가 너무 허약했다는 거야. 금나라가 송나라와의 약속에 따라 요나라를 공격했지만 송나라는 강남의 농민 반란을 진압하느라 거의 손을 놓고 있었거든."

"그럼 송나라가 약속을 어긴 거네요."

"맞아. 금나라는 혼자 힘으로 요나라를 멸망시켰지만 약속을 지키지 않은 송나라에 단단히 화가 났지. 더구나 송나라는 요나라에 보내던 세폐를 금나라로 보내기로 한 약속마저 헌신짝처럼 내다 버렸어. 심지어 요나라 잔당들을 지원해 금나라를 공격하려고 했어. 결국 분노한 금나라는 대군을 이끌고 송나라의 수도 카이펑으로 들이닥쳤고, 송나라 황제와 황족, 고위 관료 3,000명을 포로로 끌고 갔지."

"송나라가 망한 건가요?"

"그건 아냐. 황제의 동생 중 한 명이 강남으로 도망쳐 지금의 항저

▶ 금나라의 확장

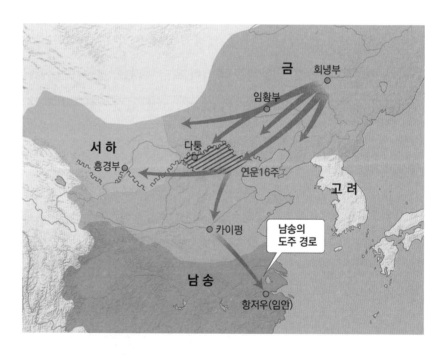

◀ 금나라 군대와 싸우는 악비
악비는 금나라에 맞서 끝까지 싸운 남송의 대표적인 영웅이자 중국을 대표하는 충신 중 한 명이야. 훗날 '악왕'으로 불리며 중국 곳곳에 악비를 모시는 사당이 생겨나기도 했지.

우를 임시 수도로 삼아 송나라를 이어 갔단다. 이때부터 송나라를 남송이라고 해. 금나라는 남송마저도 멸망시키기 위해 끊임없이 공격했어. 하지만 악비를 비롯한 장군들의 끈질긴 저항에 가로막혀 결국 실패했지. 그 뒤 남송의 권력을 장악한 주화파들이 악비를 비롯한 주전파를 제거하고 금나라와 평화 조약을 맺었어. 남송의 황제는 금나라 황제에게 신하의 예를 취하고 해마다 세폐로 은 25만 냥과 비단 25만 필을 바친다는 조건이었지."

"완전 굴욕이네요. 콧대 높은 중국 황제가 야만족이라고 깔보던 금나라 황제에게 엄청난 세폐를 바치고 신하를 자처하다니."

장하다의 반응에 용선생이 손가락을 흔들며 말했다.

"사실 이때쯤이면 요나라, 서하, 금나라는 그저 싸움만 잘하는 무식한 야만족이 아니었단다. 자기들만의 문자를 만들어 쓸 만큼 문명화된 사람들이었지. 그리고 돈을 주고 평화를 산 송나라의 선택도 그리 나쁘지만은 않았단다. 비록 강남으로 쫓겨 가는 굴욕을 당했지만, 남송은 그 이후로도 150년 넘게 번영을 누렸거든."

"하긴, 무리해서 군사 대결을 벌이기보다 돈을 좀 쓰더라도 평화롭게 사는 것이 나을 수도 있겠네요."

 용선생의 세계사 돌보기
카이펑을 수도로 삼던 시기를 북송, 항저우를 수도로 삼던 시기를 남송이라고 해.

 곽두기의 국어사전
주화파 주인 주(主) 화목할 화(和) 갈래 파(派). 적과 전쟁을 피하고 협상을 통해 평화롭게 지내자고 주장하는 이들을 가리켜. 반대로 적극적으로 전쟁을 하자고 주장하는 이들을 주전파라고 하지.

"하지만 세상에는 돈으로 움직일 수 없는 적도 있단다."

"돈으로 움직일 수 없는 적? 그게 누군데요?"

"바로 몽골 초원에서 바람처럼 나타난 새로운 유목민이었지. 이들은 1234년에 금나라를 무너트리더니, 뒤이어 한창 번영을 누리던 남송을 공격해 왔어. 남송은 끈질기게 저항했지만 1279년에 이 무시무시한 적의 말발굽 아래 완전히 멸망당하고 말지. 남송의 멸망으로 중국 역사상 최초로 중국 전체가 유목민에게 지배당하는 시대가 시작되었단다."

"와, 그게 대체 누구예요?"

영심이가 깜짝 놀라며 물었지만 용선생은 자료들을 가방에 주섬주섬 챙겨 넣었다.

"하하, 그게 누군지는 다음 시간에 알아보자꾸나. 얘들아, 안녕!"

 용선생의 핵심 정리

송나라는 평화 조약을 맺고 세폐를 바쳐 요나라와 서하의 잇따른 침략을 막아 냄. 그러나 금나라의 침략으로 화베이를 빼앗기고 강남으로 도망쳐 송나라를 이어 감. 이때부터 남송이라고 부름.

나선애의 정리노트

1. 송나라의 중국 통일과 문치주의

- 절도사 출신 조광윤이 5대 10국 시대의 혼란을 끝내고 중국을 통일
- 송나라의 문치주의
  → 무관의 수를 줄이고 문관을 뽑아 역할을 대체함.
  → 과거 제도를 강화하고 사대부 계층 육성
- *∗ 사대부: 관리가 되기 위해 유학을 공부하는 사람들!

2. 세계 제일의 상업 국가 송나라

- 강남의 쌀이 전국으로 팔려 나가며 시장과 도시 형성, 상업 발달
- 비단과 도자기 등 특산물을 중심으로 국제 무역도 활발히 이루어짐.
- 서민 문화 발달: 도시의 각종 오락거리와 서민 문학 등

3. 속병이 든 송나라와 왕안석의 개혁

- 비효율적인 군대, 지나치게 많은 관리 → 잇따른 전쟁 패배와 과도한 씀씀이
- 왕안석과 그를 따르는 신법당 등장, 대대적인 개혁 시작
  → 이에 반대하는 구법당이 등장하고 개혁은 실패함.

4. 이민족의 침략과 남송 시대의 시작

- 송나라는 요나라와 서하 등 북방 이민족과의 대결에서 연패
  → 세폐를 바치며 평화를 유지함.
- 금나라의 침입으로 화베이를 빼앗기고 강남으로 도주
  → 항저우(임안)를 수도로 한 남송 시작

세계사 퀴즈 달인을 찾아라!

달인을 찾아라!

01 다음 중 송나라에 대해 잘못된 이야기를 하고 있는 사람은 누구일까?

( )

 ① 송나라는 무관보다는 문관을 우대했어.

 ② 국제 무역에도 매우 적극적이었지.

 ③ 송나라 군대는 많은 전투에서 승리를 거두며 승승장구했어.

 ④ 송나라의 도자기는 세계 제일의 명품이었지!

02 다음은 어떤 정책에 대한 설명인지 써보자. ( )

송나라는 절도사의 수를 대폭 줄이고, 절도사가 꼭 필요한 자리에도 무관이 아니라 문관을 임명했다. 한편으로는 과거 제도를 대폭 강화하고 관리에 대한 대우도 높여 주었다.

03 다음 그림에 묘사된 도시에 대한 설명으로 알맞은 것을 골라 보자.

( )

① 당나라 때부터 중국의 수도였다.
② 강남에서 가장 큰 항구 도시였다.
③ 밤이면 성문을 닫고 사람들의 통행을 금지했다.
④ 전국의 상인과 상품이 모여드는 송나라의 상업 중심지였다.

04 다음은 어떤 학문에 대한 설명일까?
( )

주희가 집대성한 학문으로, '사람은 왜 사는
가?', '세상은 어떤 원리로 돌아가는가?' 같은
철학적인 주제를 탐구했다. 고려와 조선, 일
본 등 동아시아 전역으로 퍼졌다.

① 훈고학
② 성리학
③ 천인감응설
④ 황로 사상

05 다음 빈칸에 들어갈 말을 차례대로 써
보자. (, ,)

( )은 20년 동안 지방관으로 지내며 경
험과 명성을 쌓은 뒤, 황제의 지원을 받아 송
나라의 속병을 고칠 개혁을 진행했다. 이 사람
이 진행한 개혁 정책을 ( ), 이 개혁 정책
을 지원하며 실행에 옮긴 사람들을 ( )
이라고 부른다.

06 다음 중 잘못된 이야기를 하고 있는
사람은 누구일까? ( )

 ① 송나라는 이민족에 세폐를 바치며
평화를 유지했어.

 ② 송나라는 금나라의 공격으로 화베이
를 빼앗겼어.

 ③ 송나라는 서하의 반란을 손쉽게 제
압했어.

④ 남송은 150년 이상 평화와 번영을
누렸어.

달인 트로피

• 정답은 374쪽에서 확인하세요!

카이펑의 생생한 모습을 담은 〈청명상하도〉

〈청명상하도〉는 송나라의 화가 장택단이 중국 4대 명절 중 하나인 청명절의 카이펑 풍경을 그린 그림이야. 청명절은 4월 5일 전후로, 조상님께 성묘하러 가는 날이란다. 날도 따뜻하고 봄볕도 좋은 계절이어서 나들이 가는 사람이 많은 날이기도 하지.

다리 위에 들어선 노점이야. 노점에서 파는 물건은 먹을 것부터 주방용 칼과 가위까지 매우 다양했어.

이 강은 변하(汴河)라고 해. 수 양제가 만든 운하 중 하나로 화이허강과 황허강을 잇는 물길이지. 그래서 송나라 수도 카이펑을 변경(汴京)이라고 부르기도 한단다.

강남에서 대운하를 따라 물건을 싣고 온 배야. 송나라는 수 양제가 만든 대운하를 이용해 강남의 물자를 화베이로 옮겨 왔지. 수도 카이펑에서는 강남의 물자와 화베이의 물자가 모이는 커다란 시장이 열렸단다.

카이펑에는 온갖 물건들을 파는 가게들이 즐비했고, 손님을 끌기 위한 호객꾼이 많았어. 이 그림에도 행인 양쪽에 호객꾼 둘이 붙어서 서로 자기 가게로 끌어당기고 있지.

각점(脚店)이라 불리는 식당이야. 카이펑에 사는 사람들은 이런 곳에서 외식을 하곤 했대. 식당에서는 소고기와 양고기, 닭고기 같은 각종 고기와 두부, 국수 같은 음식과 귤, 배, 복숭아 같은 과일도 팔았어. 오늘날의 식당과 꽤 비슷하지?

▲ 카이펑의 위치 송의 수도 카이펑은 수나라 때 건설된 대운하 변에 세워진 도시였어.

대도시에는 수공업 공장과 상인들의 사무실도 있었어. 수공업자들과 상인들은 자신들의 이익을 지키기 위해 동업자 단체들을 만들었는데, 수공업자들의 단체를 작(作), 상인들의 단체를 행(行)이라고 해.

정점(正店)이라는 고급 술집이야. 화려한 장식과 길가 쪽으로 발코니와 난간이 나 있는 것으로 보아 한눈에도 귀한 손님들이 찾는 가게같지?

수레에 짐을 실어 옮기고 내리느라 바쁜 이 사람들은 노동자들이야. 카이펑을 비롯한 송나라의 대도시에는 관청뿐 아니라 가게들과 수공업 공장들이 많았어. 땅이 없는 가난한 농민들은 일거리를 찾아 도시로 몰려들었고, 도시는 급속히 인구가 늘어났어. 북송의 수도 카이펑과 남송의 수도 항저우는 인구가 100만 명이 훌쩍 넘었대.

낙타에 짐을 싣고 가는 상인들. 카이펑에는 중앙아시아나 서아시아에서 온 상인도 많았어.

3교시

몽골 제국, 유라시아 대륙을 아우르다

1200년대 몽골 초원에서는 여러 유목민 부족들이
치열한 생존 경쟁을 펼치고 있었어. 이 경쟁의 최종 승자는
바로 칭기즈 칸이었지. 몽골 초원을 통일한 칭기즈 칸은
이어서 유라시아 초원 전체를 통일했고 칭기즈 칸의 후예들은
유럽, 서아시아 세계를 정복하고 거대한 제국을 건설했지.
오늘은 칭기즈 칸과 그 후예들의 정복 전쟁과 몽골 제국이
세계사에 끼친 영향에 대해 알아보자.

몽골 초원 오르콘강 유역 오브르항가이 지구의 유목민들이 말 떼에게 물을 먹이고 있어.

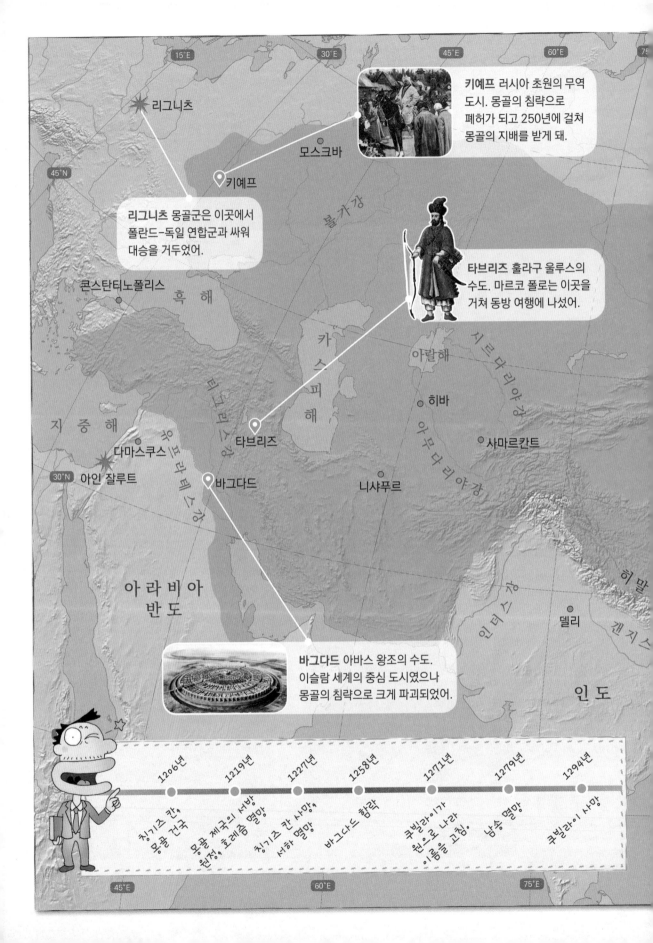

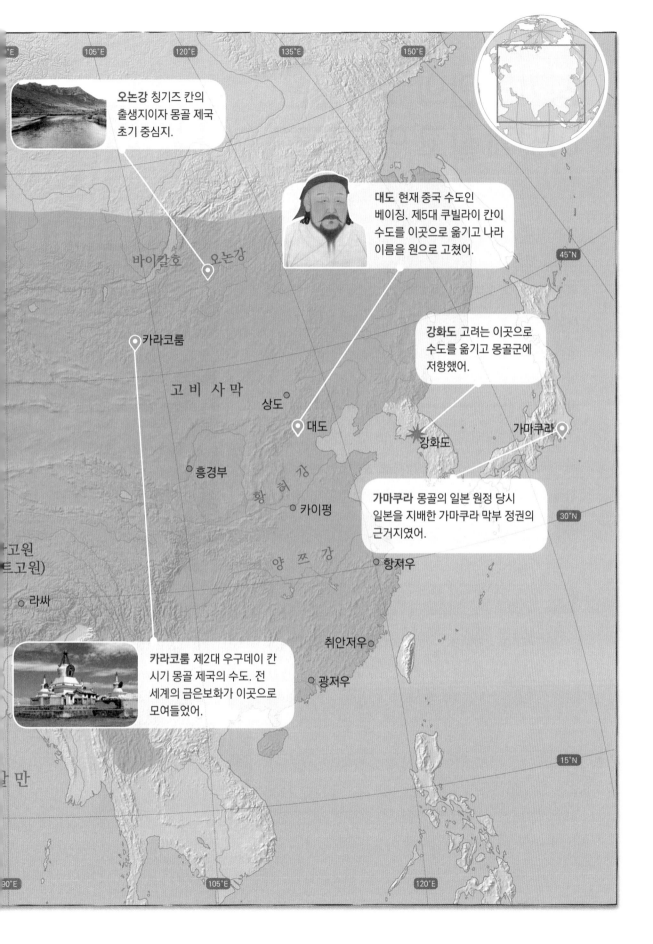

오논강 칭기즈 칸의 출생지이자 몽골 제국 초기 중심지.

대도 현재 중국 수도인 베이징. 제5대 쿠빌라이 칸이 수도를 이곳으로 옮기고 나라 이름을 원으로 고쳤어.

강화도 고려는 이곳으로 수도를 옮기고 몽골군에 저항했어.

가마쿠라 몽골의 일본 원정 당시 일본을 지배한 가마쿠라 막부 정권의 근거지였어.

카라코룸 제2대 우구데이 칸 시기 몽골 제국의 수도. 전 세계의 금은보화가 이곳으로 모여들었어.

바이칼호   오논강

카라코룸

고 비 사 막

상도

대도

흥경부

황 허 강

카이펑

양 쯔 강

항저우

라싸

고원
(트고원)

취안저우

광저우

강화도

가마쿠라

105°E   120°E   135°E   150°E
45°N
30°N
15°N
90°E   105°E   120°E

칭기즈 칸의 후예들은 어떻게 살고 있을까?

몽골인의 터전인 몽골 초원은 현재 외몽골과 내몽골로 나뉘어 있어. 외몽골은 몽골 공화국, 내몽골은 중국의 지배를 받는 네이멍구 자치구란다. 역사상 대체로 외몽골은 중국으로부터 독립적이었고, 내몽골은 중국과 타협하는 경우가 많았어. 그래서 서로 깔보고 무시하는 경향이 있었지. 이런 감정은 지금까지도 이어져 같은 몽골인이어도 서로 사이가 좋지 않대. 오늘날 외몽골에는 300만 명, 내몽골에는 400만 명가량의 몽골인이 살아가고 있어. 그 외에도 약 200만 명이 러시아, 100만 명가량이 세계 각지에 흩어져 있단다. 한때 세계를 정복했던 칭기즈 칸의 후예들은 지금 어떻게 살아가고 있을까? 두 곳을 중심으로 오늘날 몽골인의 삶을 살펴보기로 하자.

▲ 몽골 공화국의 수도 울란바토르
울란바토르는 몽골 전체 인구의 절반인 150만 명이 사는 도시야.

몽골 공화국

몽골은 세계에서 두 번째로 큰 내륙 국가야.
인구는 300만 명에 지나지 않지만 면적은
한반도의 8배나 되지. 북으로는 시베리아,
남으로는 고비 사막에 둘러싸여 있는 춥고
건조한 초원 지대란다.

1921년 독립 이후 줄곧 공산당 독재
국가였던 몽골은 1990년대에 대통령 중심의
민주주의 체제를 받아들였어. 오늘날에는
수도 울란바토르를 중심으로 빠른 경제
성장을 거듭하고 있지.

▲ 칭기즈 칸 광장
울란바토르 한복판에 자리 잡은 광장. 광장 주변에 정부 종합 청사를
비롯한 몽골의 주요 기관들이 모여 있어.

123

대초원의 유목 생활

몽골 초원에는 여전히 유목을 하며 사는 사람이 많고, 이와 관련된 축제도 많아. 특히 매년 7월 11일 울란바토르에서 사흘 동안 펼쳐지는 '나담 축제'가 유명해. 나담 축제는 칭기즈 칸이 몽골 초원을 통일한 뒤 여러 부족의 단합과 전투 훈련을 위해 매년 실시했던 운동 경기에서 유래한 축제로 씨름, 말달리기, 활쏘기 시합이 열리지.

▲ 나담 축제에 나선 아이들의 승마 경기 열다섯 살 이하의 어린이들이 참가하는 승마 경기야.

▼ 이동 가옥 게르 예전에는 소나 말이 끄는 수레를 이용했지만, 지금은 보통 이렇게 자동차에 싣고 이동한대.

▲ 울란바토르 외곽의 천막촌 가난한 사람들은 도시 변두리에 이동식 천막인 게르를 치고 살아가고 있어.

네이멍구 자치구

현재 중국에 속해 있으며, 몽골보다 더 많은 400만 명가량의 몽골인이 살고 있어. 메마른 불모지인 고비 사막이 대부분을 차지하며, 외몽골과 마찬가지로 유목이 경제의 큰 부분을 차지하고 있어. 하지만 석탄을 비롯한 천연자원이 풍부해서 중국에서 네 번째로 소득이 높은 지역이란다. 인구는 약 2400만 명, 면적은 한반도의 6배 정도야.

▲ 네이멍구 자치구의 성도 후허하오터
인구 200만 명 가운데 10퍼센트 정도가 몽골인이래.

◀ 양과 염소를 돌보는 유목민들

▶ 네이멍구 자치구의 칭기즈 칸 사당
칭기즈 칸을 모신 사당이야. 하지만 진짜 칭기즈 칸의 무덤이 어디 있는지는 여전히 아무도 모른대.

칭기즈 칸이
몽골 초원을 통일하다

"몽골이라면 고려 때 우리나라에 쳐들어왔던 그 몽골 말씀하시는 거죠?"

나선애가 용선생을 쳐다보며 물었다.

"그래, 바로 그 몽골이야. 1200년대에 등장한 몽골 제국은 옛날 흉노 제국과 돌궐 제국처럼 초원의 유목민들이 똘똘 뭉쳐서 세운 나라로 순식간에 세계 역사상 유래가 없는 대제국을 건설했단다."

"그럼 중국이나 페르시아 제국, 로마 제국보다 더 커요?"

"그럼. 몽골 제국은 유라시아 대륙 전체를 아우르는 대제국이었는걸. 거기에 비하면 중국은 몽골 제국의 동쪽, 페르시아 제국은 서쪽 일부분에 불과했지. 로마 제국 역시 면적으로만 따지면 몽골 제국의

4분의 1 정도밖에 되지 않았어."

"와, 로마 제국이 겨우 몽골 제국의 4분의 1 정도라고요?"

용선생의 말에 아이들의 눈이 튀어나올 것처럼 커졌다.

"어마어마한 영토도 영토지만 그것보다 더 놀라운 것은 이 넓은 땅을 정복하는 데 걸린 시간이야. 칭기즈 칸이 몽골을 통일한 해가 1206년, 사망한 해가 1227년인데 이 20년 사이에 만주에서 러시아에 이르는 유라시아 대초원을 모조리 정복했거든. 또 칭기즈 칸의 후예들은 그 후 약 50년에 걸쳐 중국과 서아시아를 차례로 정복해 인도와 유럽, 동남아시아를 제외한 유라시아 전역을 아우르는 대제국을 완성한단다."

"그야말로 유목민다운 속도네요."

왕수재가 감탄을 내뱉었다.

"그런데 몽골 제국의 정복 전쟁에는 속도 못지않게 무서운 점이 한 가지 있었어. 바로 잔인함이었지."

▲칭기즈 칸
(1162년?~1227년) 몽골 제국을 세운 칭기즈 칸. 칭기즈 칸은 '위대한 지배자' 혹은 '우주의 지배자'라는 뜻이래.

◀칭기즈 칸 기념상
몽골의 수도 울란바토르 외곽에 세워져 있어.

"잔인함? 그건 뭐 다른 제국들도 마찬가지였잖아요."

나선애가 팔짱을 낀 채 말했다.

"물론 많은 제국들이 잔혹한 방식으로 정복 전쟁을 치르거나 공포 정치를 폈어. 하지만 몽골 제국의 잔인함은 역사상 유례가 없을 정도였단다. 순순히 항복하는 경우에는 관대한 조치를 내리기도 했지만 항복을 거부하고 끝까지 저항하거나, 항복했다가 배신하고 반란을 일으킨 경우에는 가차 없는 살육으로 보복했지. 그런 뒤 도시를 불태우고 성벽을 무너뜨리는 것은 물론 농사를 짓던 땅은 말을 기르는 초지로 바꿔 버렸어."

"세상에! 무시무시하네요."

"몽골군의 잔인함은 삽시간에 유라시아 전체로 퍼져 나갔어. 그래서 몽골군이 쳐들어온다는 소문만 들려도 사람들은 두려움에 떨며 저항할 엄두도 내지 못한 채 항복하기도 했지. 사실 몽골군의 잔인함은 이런 효과를 노린 전략이었단다."

"선생님, 근데 몽골 제국은 어떻게 단숨에 이렇게 거대한 제국을 건설할 수 있었던 거예요?"

곽두기가 궁금하다는 듯 물었다.

"하하, 아주 좋은 질문이야. 지금부터 우리가 알아볼 내용이 바로 그거거든. 몽골 제국의 팽창에 대해 알아보기 전에, 우선 몽골 제국이 등장하기 직전 유라시아 세계가 어떤 상황이었는지부터 알아보도록 하자."

용선생은 지도를 펴 놓고 몽골 초원과 주변에 있는 나라들을 하나씩 짚었다.

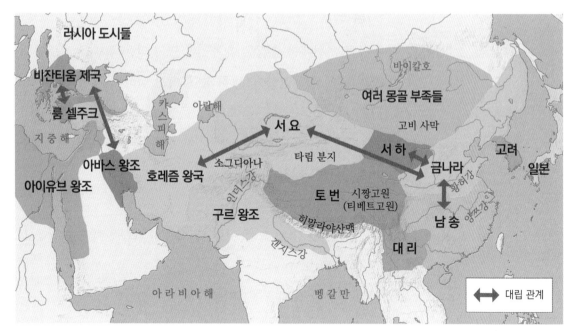

▲ 몽골 등장 직전의 유라시아

"먼저 당시 동아시아 정세가 어땠는지를 살펴보자. 1200년대 무렵 동아시아에서 가장 강한 나라는 송나라를 몰아내고 화베이를 차지한 금나라였어. 송나라는 금나라에 밀려나 강남 지역에 자리 잡았지. 또 금나라의 서쪽에는 비단길을 따라 서하와 서요가 있었단다."

"금나라랑 서하는 지난 시간에 들은 것 같은데, 서요는 어떤 나라인가요?"

"서요는 금나라의 공격을 받아 서쪽으로 쫓겨난 요나라 사람들이 세운 나라야. 서쪽에 있는 요나라라고 해서 서요라는 이름이 붙었지. 서요는 비록 금나라에 패배하고 도망가서 세운 나라이지만, 비단길의 주요 도시들을 지배하며 꽤 강력한 세력을 유지했단다. 한창때는 비단길을 두고 중앙아시아의 호레즘 왕국과 치열한 대결을 펼치기도 했지."

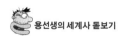 용선생의 세계사 돋보기

서요는 '카라 키타이'라고도 해. 서요를 세운 거란인이 스스로를 키타이라고 불렀거든. 카라 키타이는 '검은 거란'이라는 뜻이야.

"흠, 그럼 몽골 초원에는 어떤 나라가 있었어요?"

"이때 몽골 초원에는 수많은 유목민이 크고 작은 집단을 이루어 유목 생활을 하며 살고 있었어. 딱히 눈에 띄는 나라나 강자는 없는 상태였지. 오늘의 주인공인 몽골족 역시 몽골 초원의 숱한 유목민 가운데 하나일 뿐이었단다. 하지만 테무친이 부족장이 된 이후 몽골족은 본격적으로 세력을 넓히기 시작했어."

"테무친? 테무친이 누구예요?"

"칭기즈 칸 맞죠? 칭기즈 칸 어릴 때 이름이 테무친이라는 말을 들은 기억이 나요."

허영심의 질문에 장하다가 끼어들었다.

"그래, 테무친이 바로 칭기즈 칸이야. 칭기즈 칸은 '태종'이나 '세종'처럼 군주를 부르는 호칭이고, 테무친은 이름이란다. 테무친의 아버지는 한 작은 몽골 부족의 지도자였는데, 테무친이 어릴 적에 그만 타타르인에게 독살을 당했어. 그 뒤 테무친은 소년 가장으로 온갖 고생을 하며 자랐지. 심지어 먹을 게 없어 들쥐와 물고기를 잡아먹고 겨우 살아갈 정도로 고생을 심하게 했대."

"아버지가 부족의 지도자였는데, 아무도 돌봐 주지 않았어요?"

"부족 사람들은 테무친을 돌봐 주기는커녕 오히려 테무친의 가족들까지 집단에서 쫓아내 버렸어. 테무친의 아버지와 경쟁 관계였던 사람이 새로운 지도자로 뽑히면서 이웃 부족과 모의해 테무친의 가족들을 내친 거야."

"어쩜 그럴 수가 있죠!"

허영심이 벌컥 화를 냈다.

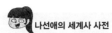

나선애의 세계사 사전

타타르 몽골 초원에 살던 유목민 부족이야. 러시아인들은 아시아에서 온 유목민들을 통틀어 타타르라고 불렀어.

곽두기의 국어사전

모의 꾀할 모(謀) 의논할 의(議). 여러 사람이 함께 범죄를 계획하고 실행 방법을 의논하는 걸 말해.

▲ 몽골 정부 종합 청사 정문의 동상들

정문 앞에 있는 동상 중 가운데가 칭기즈 칸, 좌우에 있는 동상이 칭기즈 칸의 심복들이야. 모두 칭기즈 칸의 몽골 통일에 큰 공을 세웠지. 좌측의 동상은 보오르추란 사람의 동상으로, 말 도둑을 쫓던 칭기즈 칸을 우연히 만나 도움을 준 인연으로 칭기즈 칸의 부하가 되었대.

▶ 보오르추

"테무친은 갖은 고초를 겪으면서도 꿋꿋하게 버티며 끈질기게 살아남았어. 또 그 와중에 자신에게 도움을 준 사람들과는 의형제를 맺는 등 한 발 한 발 앞으로 나아갔지. 이 중에는 절체절명의 위기에서 테무친의 목숨을 구해 준 사람도 있었고, 힘들게 장만한 말 여덟 마리를 도둑맞았을 때 말을 되찾는 데 힘을 보태 준 사람도 있었어. 특히 아버지의 친구였던 케레이트 부족의 옹 칸은 테무친의 후원자 역할을 하며 테무친이 초기 기반을 닦는 데 큰 도움을 주었지. 옹 칸의 도움을 받으며 테무친은 초원의 여러 부족을 제압해 나갔어. 그러다 테무친의 힘이 어느 정도 커졌을 때 그만 옹 칸과의 사이가 틀어지고

 나선애의 세계사 사전

케레이트 몽골 초원의 여러 유목민 부족 가운데 하나. 1200년대 초반에는 타타르, 메르키트, 나이만 등과 함께 꽤 유력한 부족이었어.

말았어. 하루가 다르게 세력을 키워 가는 테무친에 대해 옹 칸이 두려움을 느꼈거든."

"그래서요?"

"옹 칸은 자신의 딸과 테무친의 아들을 혼인시키겠다며 테무친을 불러들인 뒤 결혼식에 온 테무친을 습격해 살해하기로 음모를 꾸몄어. 다행히 테무친은 도중에 음모를 알아차린 덕분에 목숨을 건졌지만 이때 테무친의 일행 중에 살아남은 사람은 테무친을 포함해 고작 19명뿐이었어. 이들은 흙탕물을 마시며 평생 형제가 되기로 군건히 맹세했지. 무사히 도망친 테무친은 군사를 모아 옹 칸의 케레이트 부족을 공격했고, 옹 칸은 테무친에게 무릎을 꿇고 말았단다."

"휴~ 테무친이 큰 고비를 넘겼네요."

허영심이 한숨을 내쉬었다.

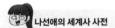
나선애의 세계사 사전

쿠릴타이 '집회'라는 뜻이야. 초원의 유목민들은 여러 부족의 대표들이 모여 합의를 통해 중요한 일을 결정하는 전통이 있었는데, 이 모임을 쿠릴타이라고 해.

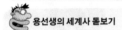
용선생의 세계사 돋보기

예케 몽골 울루스는 몽골 제국의 정식 명칭이야. 큰 몽골 나라, 즉 대몽골국이라는 뜻이지. '울루스'는 나라라는 뜻을 가진 단어란다.

"이 일은 테무친의 힘이 더욱 강해지는 계기가 되었어. 옹 칸의 영향에서 벗어나 홀로서기에 성공한 테무친은 머지않아 나머지 부족들마저 제압하고 몽골 초원을 통일했어. 그리고 몽골 초원의 모든 부족 지도자들이 참여하는 쿠릴타이를 열어 예케 몽골 울루스의 건국을 선언했지. 이 쿠릴타이에서 테무친은 칭기즈 칸이라는 이름으로 칸 중의 칸, 즉 카간 자리에 올랐어. 몽골 초원의 여러 부족들이 마침내 칭기즈 칸의 깃발 아래 하나가 된 거야."

"쿠릴타이를 열어서 칸을 정해요?"

"응. 제아무리 테무친 본인의 힘이 막강하다고 하더라도 몽골 초원의 정식 지배자로 인정받기 위해선 이 절차를 반드시 거쳐야만 했어. 쿠릴타이를 통해 모든 부족장들의 동의를 얻는 것이 유목민 고유의 전통이었거든. 이후로도 몽골의 부족장들은 전쟁을 하러 멀리 떠났다가도 쿠릴타이가 열린다는 소식을 들으면 만사를 제치고 쿠릴타이가 열리는 곳으로 돌아가곤 했지."

"회의에 참석하려고 전쟁을 멈추다니 신기하네요."

"몽골 초원을 통일한 칭기즈 칸은 이듬해인 1207년 서하를 침공했어. 본격적으로 몽골 제국의 팽창이 시작된 거야."

▲ 쿠릴타이를 통해 칸으로 즉위하는 테무친

 용선생의 핵심 정리

1200년대에 등장한 몽골 제국은 빠른 속도로 유라시아 전역을 정복하고 대제국으로 성장함. 몽골 제국을 세운 칭기즈 칸의 본명은 테무친으로, 테무친은 어린 시절의 고난을 딛고 착실히 힘을 키워 몽골 초원을 통일하고 쿠릴타이를 통해 몽골 제국의 카간이 됨.

칭기즈 칸의 정복 전쟁

"얘들아, 서하가 어떤 나라인지는 기억나지?"
용선생의 질문에 아이들은 다들 앞다퉈 대답했다.
"네. 비단길이 지나는 곳에 자리 잡은 부유한 나라예요."
"송나라를 상대로 끈질기게 싸워 세폐를 받아 내기도 했어요."
"그래. 그만큼 서하는 절대 얕볼 수 있는 나라가 아니었어. 하지만

막강한 기병대를 앞세운 몽골군에게는 전혀 상대가 안 됐지. 성문을 굳게 걸어 잠그고 버티던 서하의 황제는 도저히 이겨 낼 재간이 없자 칭기즈 칸에게 항복하고 말았어. 항복의 조건으로 엄청난 양의 물품을 바치고, 칭기즈 칸의 신하가 되기로 약속했지. 서하의 항복을 받아 낸 칭기즈 칸은 이제 금나라로 말 머리를 돌렸어."

"헉! 금나라는 요나라를 멸망시키고 송나라도 남쪽으로 쫓아 버렸을 정도로 강한 나라잖아요."

"하지만 금나라는 칭기즈 칸이 반드시 넘어야 할 산이었어. 금나라를 꺾어야 진정한 몽골 초원의 주인이 될 수 있었거든. 그뿐만 아니라 칭기즈 칸에게는 반드시 금나라를 쳐야 할 이유가 있었어."

"무슨 이유였는데요?"

"칭기즈 칸의 아버지를 살해하도록 뒤에서 사주한 나라가 바로 금

곽두기의 국어사전

사주 시킬 사(使) 부추길 주(嗾). 좋지 않은 일을 부추겨 시킨다는 뜻이야.

▼ 칭기즈 칸의 정복 전쟁

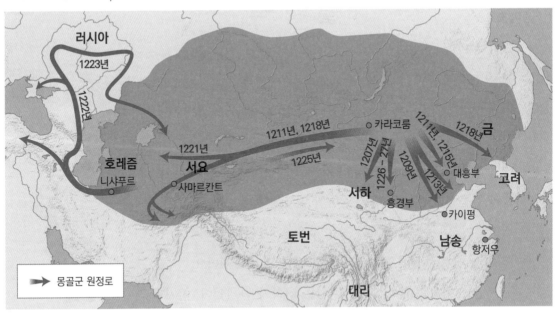

나라였거든. 금나라는 줄곧 몽골 초원의 여러 부족들을 이간질해 서로 물어뜯고 싸우도록 조종했어. 그 과정에서 타타르를 부추겨 칭기즈 칸의 아버지를 죽이도록 한 거야. 그뿐만 아니라 암바가이 칸이라는 몽골 부족의 칸을 잔인하게 살해한 것도 금나라였어. 그래서 몽골인들은 금나라라면 치를 떨었지. 칭기즈 칸은 몽골 사람들의 공공의 적인 금나라를 공격해 여러 부족들을 결속시키고, 서하보다 훨씬 부자인 금나라를 약탈해 전리품을 챙기기로 했단다."

"아버지의 복수도 하고, 민족의 원수도 갚고, 전리품도 챙기고."

나선애가 연신 고개를 끄덕거렸다.

"물론 칭기즈 칸도 금나라가 만만한 상대가 아님을 잘 알고 있었어. 그래서 자신에게 항복한 서하의 군사들을 동원해 사방으로 금나라를 포위했지. 몽골군에 맞섰다가 패배를 당한 금나라 황제는 성문을 잠그고 버티기로 작정했어."

"또 버티기에 들어간 건가요?"

장하다의 인물 사전

암바가이 칸 몽골 부족의 칸이었어. 암바가이 칸은 타타르를 쳐부수고 아내를 구하기 위해 돌아다니다 타타르 잔당에게 붙잡혀 금나라로 넘겨졌어. 금나라에서 손톱을 뽑히는 고문을 당한 끝에 잔인하게 살해당했지.

◀ 몽골군과 금나라 군대의 전쟁을 묘사한 그림 금나라는 몽골에 맞서 치열하게 싸웠지만 1234년 몽골군에 의해 멸망했어.

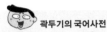
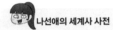
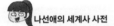
"일단은 그럴 수밖에. 하지만 성을 포위한 채 몽골군이 무지막지한 학살과 약탈을 벌이자 견디지 못한 금나라 황제가 칭기즈 칸에게 엄청난 양의 비단과 곡물을 바칠 테니 제발 물러가 달라고 사정사정했어. 결국 이번에도 승리는 칭기즈 칸의 차지로 돌아간 거지. 칭기즈 칸은 금나라 황제의 제안에 못 이긴 척 군대를 물렸어. 하지만 몽골군이 물러가자 금나라는 남쪽의 카이펑으로 수도를 옮기고 본격적으로 몽골에 저항하기 시작했단다."

"역시 금나라는 만만치 않은 적이었군요."

"응. 금나라와 싸우면서 몽골군은 공성의 중요성을 절감했어. 그래서 중국과 서역 기술자들을 동원해 투석기와 쇠뇌를 만들고, 화약 무기를 이용해 성문을 부술 방법을 연구했지. 마침내 성을 공략하는 방법까지 터득한 몽골군은 이제 거칠 게 없었어. 더 이상 몽골군을 상대로 성에 들어가 버티는 전략도 통하지 않게 된 거야. 이 점에서 금나라와의 전쟁은 앞으로의 정복 전쟁에서 중요한 전환점이 되었단다."

▲ 몽골의 공성전 투석기를 이용해 몽골군이 성을 공격하고 있어. 몽골군의 공성 기술은 금나라 원정을 계기로 크게 발전했지.

"그럼, 칭기즈 칸의 다음 목표는 어디였는데요?"

허영심의 질문에 용선생은 지도의 화살표를 짚어 보였다.

"바로 서요였어. 칭기즈 칸에게 패배한 나이만 부족의 왕자가 서요의 공주와 결혼해 서요의 왕이 되었거든. 이대로 가만

두었다가는 언제 서요의 왕이 칭기즈 칸에게 복수의 칼날을 들이밀지 알 수 없었지.”

“칭기즈 칸도 찜찜했나 봐요.”

“그래서 칭기즈 칸은 서요로 군대를 보냈어. 그런데 묘한 일이 일어났단다. 서요의 백성들이 성문을 활짝 열고 몽골군을 대대적으로 환영한 거야.”

“아니, 도대체 왜요?”

“서요는 왕족을 비롯한 지배층은 불교를 믿고 백성들은 대부분 이슬람교를 믿었는데, 불교를 믿는 왕이 이슬람교를 박해했던 거야. 여기에 분노한 백성들이 자신들을 탄압하는 왕을 몰아내 달라며 칭기즈 칸을 맞아들인 거지. 이렇게 힘들이지 않고 서요를 정복한 칭기즈 칸의 칼끝은 더 서쪽을 향했어.”

“비단길에 대해 배울 때 나왔던 그 소그디아나요?”

“그래. 이때 소그디아나 지방은 호레즘 왕국이 지배하고 있었어. 칭기즈 칸은 일단 호레즘에 무역을 하자며 대규모 상단을 보냈어. 그런데 호레즘 왕국에서 칭기즈 칸이 보낸 상단을 첩자로 몰아 모조리 죽여 버린 거야. 소식을 들은 칭기즈 칸은 호레즘 왕국으로 사신을 보내 항의했어. 하지만 호레즘 왕국은 칭기즈 칸이 보낸 사신마저 수염을 잘라 모욕한 뒤 추방시켜 버렸지. 1219년, 단단히 화가 난 칭기즈 칸은 몽골의 전 병력을 이끌고 호레즘 왕국 정복에 나섰어. 몽골군은 단숨에 사마르칸트를 비롯한 소그디아나의 주요 도시들을 휩쓸었고, 호레즘 왕국은 제대로 손 한 번 쓰지 못한 채 허무하게 멸망하고 말았지.”

잠깐! 호레즘 왕국에 대해서는 5교시에서 배우게 될 거야.

▲ 호레즘을 공격하는 몽골군 몽골군의 잔인한 학살은 사람들의 입에서 입으로 오랜 세월에 걸쳐 전해졌지. 이 그림은 호레즘 왕국이 멸망한 지 300년이나 지난 후 인도에서 그려졌어.

"에구, 진작 좋은 말로 무역을 하자고 할 때 들어주지."

"호레즘의 비극은 이게 끝이 아니었어. 칭기즈 칸은 호레즘 땅에 있는 모든 도시를 파괴하고 사람은 물론 짐승 한 마리도 살려 두지 말라고 명령했어. 교역 도시로 번영을 누려 온 소그디아나의 유서 깊은 도시들은 잿더미로 변하고 말았지. 몽골군의 파괴가 얼마나 철저했는지 이 지역 곳곳에는 아직도 그때 입은 상처의 흔적이 남아 있대."

"와, 아무리 화가 났어도 그렇지……."

나선애가 말끝을 차마 잇지 못했다.

"아까도 잠깐 말했지만, 몽골군의 잔인한 학살과 파괴는 일종의 심리전이었어. 한 지역을 본보기로 잔인하게 짓밟아 버림으로써 사람들이 함부로 저항하지 못하게 하려는 의도였지."

용선생은 다시 지도를 향해 몸을 돌리고 설명을 이어 나갔다.

"몽골군은 이번에는 러시아로 향했어. 호레즘 왕국의 잔당을 쫓다 보니 여기까지 흘러들어 가게 된 거야. 그런데 이 무렵 러시아에는 키예프를 비롯해 교역으로 부유해진 무역 도시들이 많았어. 이를 계기로 몽골군의 유럽 원정이 시작된 거야."

"유럽까지 갔다고요? 어떻게 됐는데요?"

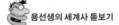

용선생의 세계사 돋보기

대표적으로 키예프와 노브고로드 등이 있었어. 자세한 내용은 6권에서 러시아 역사를 배우면 알게 될 거야!

▲ 서하의 왕릉 한때 비단길을 장악하고 번영을 누렸던 서하에는 오늘날 이렇게 황량한 무덤 몇 개만 남아 있단다.

"결론부터 말하자면 러시아 역시 몽골의 상대가 되지 못했어. 몽골 군은 러시아의 도시들을 순식간에 약탈한 뒤 전리품을 가득 싣고 몽 골 초원으로 돌아갔단다."

"정말 몽골군이 전 세계를 휩쓸다시피 했네요. 이제 정복 전쟁은 끝난 거죠?"

"아니. 아직 한참 멀었어. 칭기즈 칸은 먼저 서하를 확실히 짓밟아 버리기로 했지. 칭기즈 칸이 서하와 호레즘 정복에 몰두한 사이 서하 가 태도를 바꾸어 칭기즈 칸의 명령을 거부했거든."

"칭기즈 칸이 무슨 명령을 내렸는데요?"

"호레즘 왕국을 공격할 때 칭기즈 칸은 서하 왕에게 군사를 보내라

▲ 러시아를 공격하는 몽골군 교회를 불태우고 사람들을 위협하는 몽골군의 모습이 생생히 그려져 있어.

고 명령했어. 하지만 서하 왕은 '자기 힘으로 호레즘 왕국을 공격할 능력이 없다면 그게 어디 대국이라 할 수 있겠습니까?' 하고 어깃장을 놓으며 군사를 보내지 않았단다. 칭기즈 칸은 호레즘 원정이 끝나자마자 바로 서하 원정에 나섰어. 하지만 칭기즈 칸은 끝내 서하를 응징하지 못했지."

"왜요?"

"서하 원정 도중 칭기즈 칸이 말에서 떨어져 크게 다쳤거든. 칭기즈 칸은 시름시름 앓다 1227년 눈을 감고 말았지."

"우아, 서하는 죽다가 살아났네요."

"안심하긴 일러. 죽기 전에 칭기즈 칸은 반드시 서하를 멸망시키라고 유언을 남겼어. 그리고 서하 사람은 단 한 명도 살려 두지 말라고 덧붙였지. 서하로 쳐들어간 몽골군은 칭기즈 칸의 유언대로 서하의 군사들은 물론 백성들까지 모조리 죽였고, 서하라는 나라는 지구상에서 영원히 사라지고 말았단다."

아이들은 서로의 얼굴을 바라보며 혀를 내둘렀다.

 용선생의 핵심 정리

몽골 초원을 통일한 칭기즈 칸은 정복 전쟁에 나섬. 칭기즈 칸은 서하, 금, 서요, 호레즘 왕국을 차례로 정복하고 러시아까지 원정군을 보냄. 칭기즈 칸은 1227년 두 번째 서하 원정길에서 세상을 떠남.

러시아와 이슬람 세계가 몽골군에 무릎을 꿇다

"칭기즈 칸이 세상을 떠난 뒤 쿠릴타이에서 칭기즈 칸의 셋째 아들 우구데이가 칸으로 선출되었어."

"어? 첫째가 아니라 셋째 아들이 칸이 되었다고요?"

"유목민에게는 반드시 첫째 아들이 후계자여야 한다는 법칙이 없었거든. 여러 가지 점을 고려해 가장 적합한 아들을 후계자로 선택했지. 우구데이는 온화한 성격으로 많은 사람들에게 존경을 받았고, 정복 전쟁에서도 많은 공을 세웠어. 그래서 칭기즈 칸은 살아 있을 때 셋째 아들을 미리 후계자로 점찍어 두었단다."

"아하, 우구데이가 훌륭한 사람이니까 다들 두말없이 받아들인 거구나."

"그렇지. 새로이 칸이 된 우구데이는 먼저 수도를 건설했어. 칭기즈 칸은 몽골 초원을 통일하자마자 바로 정복 전쟁에 나섰어. 그 뒤 평생 전쟁터에만 머물렀기 때문에 몽골 제국에는 아직 제대로 된 수도가 없었거든. 칭기즈 칸이 머무는 이동식 천막이 군사 사령부 겸 수도였던 거야. 우구데이는 제국을 효과적으로 통치하기 위해 몽골

▲ 몽골의 제2대 칸 우구데이 (1186년~1241년) 우구데이 역시 아버지 칭기즈 칸 못지않게 활발한 정복 활동을 벌였어.

▼ 오르콘강 상류의 초원 칭기즈 칸은 이곳을 군사 집결지로 삼았고, 제2대 우구데이 칸은 이곳에 몽골 제국의 수도인 카라코룸을 건설했어.

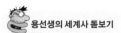

초원의 한복판에 있는 오르콘강 상류 카라코룸이란 곳에 궁궐을 지었어. 그리고 카라코룸을 기반으로 삼아 아버지가 못다 한 정복 전쟁을 완수하려고 했단다.”

“못다 한 정복 전쟁이라니…… 아직 멀었단 말이에요?”

“물론이지. 화베이에서는 원수인 금나라가 아직 끈질기게 저항하고 있었고, 강남에는 남송이 버티고 있었어. 서아시아와 유럽도 아직 멀쩡했고. 1234년, 우구데이는 마침내 금나라를 완전히 멸망시켰어. 그리고 남송과 고려에도 원정군을 보냈지. 또 비슷한 시기에 자신의 조카인 바투를 서방 원정 총사령관으로 임명해 본격적으로 유럽 원정을 시작했어.”

“와, 이제는 동시에 정복 전쟁을 펼치는 건가요?”

“그래. 그만큼 우구데이가 자신감이 넘쳤던 거야. 바투가 이끄는 서방 원정군은 단숨에 러시아 평원을 손아귀에 넣었고, 내친김에 동유럽으로 진격했어. 몽골군의 기세에 놀란 폴란드와 신성 로마 제국

▶ 리그니츠 전투

바투의 서방 원정군(왼쪽)은 폴란드 남부 리그니츠에서 폴란드와 신성 로마 제국의 연합 기사단(오른쪽)을 상대로 대승을 거두었어. 유럽 최고의 정예군이 패하자 유럽인들은 큰 충격에 빠졌단다.

의 기사들이 연합군을 구성해 맞섰지만 결과는 참패였지. 몽골군은 승승장구하며 오늘날 오스트리아의 빈으로 향했단다."

"와, 이러다 몽골군이 유럽까지 정복하는 거 아니에요?"

허영심이 놀란 눈으로 쳐다보았다.

"하하, 그럴 뻔했지. 그런데 유럽의 심장부를 목전에 둔 찰나에 난데없이 우구데이

▲ 러시아에서 세금을 걷는 몽골 관리 러시아는 250년 가까이 몽골의 지배를 받았어. 러시아인들은 이 시기를 역사상 가장 치욕스럽고 고통스러운 시절로 기억한단다.

칸이 세상을 떠났다는 소식이 전해졌어. 바투는 원정을 중단하고 쿠릴타이에 참석하기 위해 몽골 초원으로 돌아갔단다. 몽골의 유럽 원정은 이것으로 끝났어. 하지만 러시아는 이때부터 250년 가까이 몽골의 지배를 받게 된단다."

"휴~, 유럽 입장에선 한숨 돌리게 됐네요."

"우구데이가 사망한 뒤 잠시 잠잠하던 몽골은 제4대 몽케 칸 때 다시 정복 전쟁에 나섰어. 몽케는 막냇동생 훌라구에게 군사를 주고 서아시아와 이집트를 정복하라고 명령했지. 훌라구의 원정대 역시 파죽지세로 페르시아와 메소포타미아 등 서아시아 대부분을 정복했어. 이집트를 제외한 이슬람 세계의 대부분이 몽골 제국의 손아귀에 들어간 거야. 이렇게 해서 몽골 제국의 정복 전쟁은 대충 마무리되었어. 남은 건 남송 정도였는데, 그마저도 제5대 쿠빌라이 칸이 멸망시켰지. 쿠빌라이 칸은 기세를 몰아 바다 건너 일본 원정에 나서기도 했단다. 자, 여기서 몽골 제국의 영토가 어느 정도였는지 지도를 한번 볼까?"

"세상에! 이 넓은 땅이 다 몽골 제국의 영토란 말이에요?"

장하다의 인물 사전

몽케 (1209년~1259년) 칭기즈 칸의 막내아들 툴루이의 장남. 제5대 칸인 쿠빌라이의 맏형이기도 해.

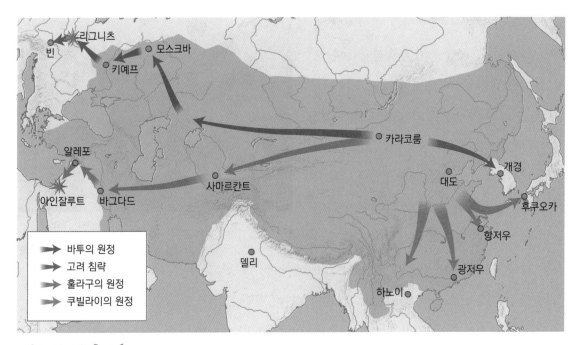

▲ 칭기즈 칸 후예들의
정복 전쟁

"그렇단다. 유라시아 대륙 전체를 아우르는 역사상 세계 최대의 대
제국이 등장한 거야."

용선생의 핵심 정리

칭기즈 칸의 후계자들은 서아시아, 러시아, 중국을 잇따라 정복하며 유라시아 전체
를 아우르는 대제국을 건설함.

몽골 제국은 왜 그토록 강했을까?

"그럼 처음 질문으로 돌아가 보자. 몽골 제국이 짧은 시간에 이렇
게 넓은 땅을 정복한 비결이 뭘까?"
용선생의 질문에 아이들은 서로를 바라보았다.

"뭐니 뭐니 해도 유목민 하면 기마술! 기마술 아니겠어요?"

"그래, 맞아. 지금도 몽골 아이들은 걸음마만 떼면 말 타는 법을 배우기 시작한대. 그래서 예나 지금이나 몽골 사람들은 말 위에서도 마치 땅 위에서처럼 자유자재로 움직일 수 있지. 몽골 제국의 기병은 전쟁에 나설 때 여러 마리의 말을 한꺼번에 끌고 다녔어. 그리고 타고 있는 말이 지치면 곧장 다른 말로 갈아타고 전장을 휘저었지. 또 몽골 기병은 적군에게 화살 비를 퍼붓고는 바람처럼 사라졌다가 적이 추격하면 뒤에서 들이쳐 기습하는 전술을 썼어. 적군은 몽골군의 신출귀몰한 전술에 말려 맥도 못 추고 쓰러지기 일쑤였지."

"흠. 그거야 다른 유목민도 마찬가지였잖아요. 스키타이도 그랬고, 튀르크도 그랬고."

"호호. 잘 기억하고 있구나. 그런데 몽골에는 천호제라는 독특한 제도가 있었어."

"천호제? 그건 또 뭐죠?"

"천호제는 유목민들을 1,000호, 즉 1,000가구 단위로 조직해 두었다가 전쟁이 벌어졌을 때 그대로 군사 조직으로 동원하는 제도야. 가령 한 가구에서 한 명씩 군사로 동원한다면 1,000호는 바로 1,000명의 기병을 거느린 군대가 되지. 그리고 1,000호 아래 100호, 100호 아래 10호 단위로 다시 가구들을 묶어 각각 호를 통솔하는 우두머리를 두고 부족의 모든 일상생활을 통제하도록 했어. 그래서 칸의 명령에 따라 전 부족이 일사불란하게 움직였단다. 그러니까 몽골 제국은 전 국민이 군인이고, 일상생활 조직이 그대로 군사 조직이 되는 사회였던 거지."

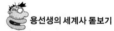
용선생의 세계사 돋보기

칭기즈 칸은 유목민을 95개의 천호로 나누고, 95명의 천호장을 임명했어. 천호장은 자신의 아래에 100가구 단위의 우두머리인 백호장과 10가구 단위의 우두머리인 십호장을 임명했지. 또 칭기즈 칸은 천호장과 백호장의 아들을 모아서 자신을 호위하는 친위대를 만들었어.

"우아, 들고 보니 무시무시한데요?"

"또 하나의 비결은 칭기즈 칸이 만든 '야사'라는 법이야. 몽골은 야사에 따라 살인이나 강도 같은 범죄는 물론 윗사람의 명령에 따르지 않는 사람을 엄격하게 처벌했어. 야사는 대부분 처벌이 사형일 정도

로 무서운 법이었기 때문에 몽골인들은 법을 철저하게 지켰어. 그 덕분에 몽골 제국은 그 어떤 나라보다 질서가 잘 유지되었단다.”

“헐, 죽지 않으려면 법을 지킬 수밖에요.”

“몽골 제국이 가진 뛰어난 정보 수집 능력도 빼놓을 수 없지. 몽골 제국은 비단길을 오가는 상인들로부터 유라시아 전역의 정보를 많이 수집했어. 상인들은 자신들의 안전을 보장해 주는 몽골 제국에 매우 우호적이어서 기꺼이 정보를 제공했단다. 몽골군은 상인들을 통해 얻은 정보를 정복 전쟁에 적극 활용했지.”

용선생의 설명에 아이들이 고개를 끄덕였다.

“선생님, 그런데 몽골 제국같이 큰 나라들은 꼭 도로부터 만들었잖아요? 몽골 제국도 마찬가지였나요?”

“물론이지. 그런데 몽골 제국이 길을 낸 방법은 약간 달라. 사실 대초원에는 따로 길을 낼 필요가 없었어. 말이 달릴 수만 있다면 그곳이 곧 길이 되기 때문이지. 그 대신 말을 갈아타고 휴식을 취할 수 있는 곳이 필요했어. 이걸 역참이라고 하는데 요즘으로 치면 여관과 우체국, 마구간을 합친 거야. 예전에 역참에 대해 설명한 적이 있는데, 혹시 기억하니?”

“네. 페르시아 제국에서 역참을 설치했다고 하셨어요.”

나선애의 대답에 용선생은 고개를 끄덕거렸다.

“몽골 제국은 말을 타고 하루 동안 달릴 수 있는 거리마다 역참을 설치하고, 통행증을 가진 사람은 누구나 역참을 이용할 수 있게 했어. 그 덕분에 통행권만 있으면 누구든지 마음 놓고 여행할 수 있었지. 또 관리나 군인, 칸의 명령을 전하는 전령들은 필요하면 역참에서 계

▲ 역참 이용자에게 발급됐던 통행증

속 말을 갈아타며 쉬지 않고 달려갈 수 있었어. 역참 덕분에 몽골 제 국의 동쪽 끝에서 서쪽의 러시아까지 보름이면 갈 수 있었다니 역참 이 얼마나 잘 갖춰져 있었는지 알 만하지? 몽골 제국 이전에는 상상 도 할 수 없는 일이었어."

"저렇게 넓은 땅을 어떻게 지배했나 했더니……. 그런 비결이 있었 군요."

"자, 그리고 한 가지 더! 칭기즈 칸이 어릴 때 부족으로부터 버림받 았지만 다른 부족 사람들의 도움을 받아 위기를 넘긴 거 기억하지? 그래서인지 칭기즈 칸은 사람을 쓸 때 혈연보다 충성심과 능력을 중 요하게 여겼어. 칭기즈 칸의 장수들 중에는 칭기즈 칸의 종이었던 사 람도 있고, 심지어 한때 칭기즈 칸에게 칼을 겨눴던 적군 장수도 있 었지. 칭기즈 칸이 세상을 떠난 뒤에도 이 원칙은 바뀌지 않았어. 이 민족 출신이라도 능력과 충성심만 있다면 얼마든지 출세할 수 있었 지. 중국 기술자를 고용해 공성 무기를 개발하고, 페르시아와 위구 르의 유능한 상인을 등용해 몽골 제국의 재정을 맡기는 식이었지. 몽

▼ 몽골 제국의 교통로

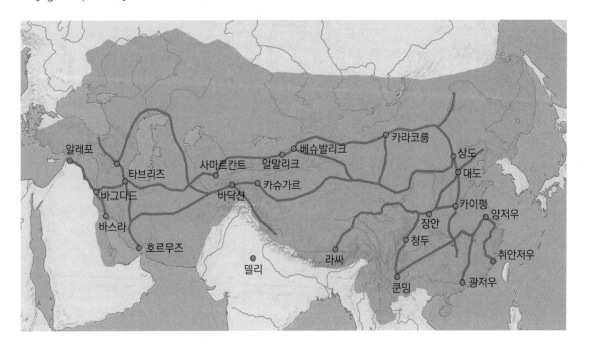

골 제국의 명재상으로 손꼽히는 야율초재도 원래는 금나라 출신이었
단다."

"그렇게 열린 자세가 몽골 제국의 성공 비법이었다는 말씀이시네요."
나선애가 메모를 하며 고개를 끄덕였다.

용선생의 핵심 정리

몽골 제국의 성공 비법은 크게 네 가지임. 뛰어난 기마술과 강력한 기병, 천호제로
조직된 사회와 엄한 법인 야사, 잘 갖추어진 교통로와 역참, 출신을 가리지 않고 능
력에 따라 인재를 쓰는 열린 자세.

유라시아의 도시들을 지킨 야율초재

몽골 제국의 조정에서는 많은 이민족 출신 관리들이 활약했어. 그중에서 가장 돋보이
는 인물이 금나라 출신의 야율초재야. 몽골 제국의 칸들은 전쟁에는 뛰어났지만 정복
한 땅을 효과적으로 다스리는 방법을 몰랐어. 그저 도시를 약탈한 뒤 파괴하는 게
전부였지. 금나라를 정복했을 때도 마찬가지였어. 몽골 제국은 금나라를 멸망시
킨 뒤 도시를 파괴하고 사람들을 모두 죽인 다음 재물을 약탈하고 농경지는 가축을
기를 초지로 만들 생각이었지. 야율초재는 이 소식을 듣고 칸에게 달려가 이렇게 말
했어.

"칸이시여, 사람들을 살려 주고 계속 농사를 짓거나 장사를 하게 하면 해마다 은
50만 냥과 비단 8만 필, 곡식 40만 석을 거둘 수 있습니다."
한참 생각하던 칸은 고개를 끄덕이며 야율초재의 의견을 받아들였어. 이때부
터 몽골 제국은 파괴와 살인을 자제하고 도시를 보존해 관리를 파견해 세금
을 걷는 쪽으로 정책이 바뀌었지. 야율초재는 우구데이 칸 시절까지 칸에게
적절한 조언을 하며 몽골 제국 백성들이 조금이라도 안심하고 살 수 있도록
노력했어. 결국 야율초재의 안목과 출신을 가리지 않고 인재를 곁에 두었던
몽골 제국의 열린 자세가 유라시아의 도시들을 지켜 낸 거야.

▲ 야율초재 야율초재는 원래
요나라 황족 출신의 금나라 관리였어.

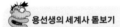

▲ 쿠빌라이
(1215년~1294년) 몽골 제국
제5대 칸이자 원나라 첫 번
째 황제야.

용선생의 세계사 돋보기

쿠빌라이 칸이 직접 다스리
던 카안 울루스는 몽골 초원
과 중국을 비롯한 몽골 제국
동부 지역이었어. 중국인들
은 쿠빌라이의 친척들이 다
스리던 다른 울루스를 한국
(汗國)이라고 불렀지. 한(汗)
은 '칸'을 한자로 적은 거야.
주치 울루스는 킵차크한국,
우구데이울루스는 우구데이
한국, 차가타이 울루스는 차
가타이한국, 훌라구 울루스
는 일한국이라 부르기도 해.

쿠빌라이가 남송을 정복하고 원나라를 세우다

"자, 이제 몽골 제국의 남송 정복 과정을 살펴보자꾸나. 남송을 정복한 사람은 칭기즈 칸의 손자이자 몽골 제국의 제5대 칸인 쿠빌라이였어. 칸이 되기 전 쿠빌라이는 제4대 칸이었던 형 뭉케와 함께 남송을 공격하고 있었지. 그런데 전쟁 중에 뭉케 칸이 갑작스럽게 세상을 떠난 거야. 그래서 쿠빌라이는 현지에서 쿠릴타이를 열어 칸 자리에 올랐어. 칸 자리를 놓고 경쟁하던 동생 아릭부케는 쿠릴타이는 전통에 따라 카라코룸에서 열려야 하므로, 쿠빌라이가 연 쿠릴타이는 불법이라고 주장했어. 그리고 카라코룸에서 별도의 쿠릴타이를 열어 스스로 칸 자리에 올랐단다."

"헐, 그럼 칸이 두 명이 된 건가요?"

"맞아. 이 바람에 몽골군 전체가 쿠빌라이 편과 아릭부케 편으로 갈라져 싸웠어. 4년에 걸친 싸움 끝에 쿠빌라이가 승리했지. 쿠빌라이는 자신이 직접 다스리는 울루스의 이름을 중국식 이름인 원으로 고치고, 1272년 제국의 수도를 카라코룸에서 베이징으로 옮겼어. 그리고 수도 이름을 대도로 고쳤지."

"쿠빌라이가 직접 다스리는 울루스라뇨? 쿠빌라이가 몽골 제국을 전부 다스리는 게 아니었어요?"

"사실 몽골 제국은 칭기즈 칸의 후손들이 나누어 다스렸어. 영토가 너무 넓어서 칸 혼자서 다스릴 수 없었기 때문이지. 그래서 몽골 제국은 쿠빌라이 칸이 직접 통치하는 카안 울루스와 칭기즈 칸의 다른 후손들이 다스리는 네 개의 울루스로 나뉘어 있었단다. 쿠빌라이

◀ 몽골 제국의
분할 통치
각 울루스의 이름은 그 지역
을 다스리던 칭기즈 칸의 후
손 이름에서 유래했어.

가 직접 다스린 지역은 몽골 초원과 중국을 비롯한 제국 동부 지역이
었지."

"어, 그럼 몽골 제국이 분열된 건가요?"

"그건 아니야. 쿠빌라이는 중국을 지배하는 원나라의 황제이면서,
다른 네 개의 울루스까지 포함하는 몽골 제국 전체의 칸이었지. 다른
울루스들도 쿠빌라이를 칸으로 인정하고 복종한 거야. 하지만 차츰
쿠빌라이 칸은 원나라, 특히 중국을 다

▼ 중국의 심장 베이징
쿠빌라이는 오늘날 베이징
지역에 제국의 크기에 걸맞
은 수도를 건설하고 이름을
대도라 붙였어. 이때부터 베
이징은 줄곧 중국의 중심 도
시였지.

스리는 데 집중하게 돼. 그러자 다른 네
개의 울루스도 조금씩 몽골 제국의 간
섭에서 벗어나 독립적인 나라로 살아가
게 된단다."

"중국이 제일 살기가 좋았나 봐요. 다
른 땅들은 신경도 안 쓰다니?"

"그보다는 아직 중국에 남송이 버티

고 있었기 때문이었어. 남송은 군사력은 약해도 몽골 제국이 상대한 어떤 적보다 까다로운 상대였지. 국경에 세워진 수많은 성과 강남의 질퍽질퍽한 늪 때문에 몽골 제국이 자랑하는 기병이 제대로 맥을 못 추었거든. 쿠빌라이 칸은 전 세계 공성 기술자들을 데려와 남송의 성을 하나하나 무너트리기로 했어. 그리고 기병 대신 중국인으로 구성된 보병을 적극 활용해 전쟁을 펼쳤지. 그리하여 1279년, 몽골 제국은 남송을 멸망시키고 중국 전역을 정복하는 데 성공한단다. 몽골 제국은 이 정복을 끝으로 팽창을 멈추었어. 일본과 베트남 원정에 실패한 뒤 더 이상 정복 전쟁을 펼치지 않았거든.”

“사실상 세계를 전부 차지한 거랑 마찬가지 아녜요?”

곽두기의 말에 용선생이 고개를 끄덕였다.

“쿠빌라이 칸도 그쯤 하면 됐다고 생각했는지 중국인 관료들의 조언을 받아들여 중국 땅을 다스리는 데 몰두했어. 쿠빌라이 칸은 오랜

▼ 베트남에서 벌어진 바익 당 전투
1288년, 베트남을 공격한 몽골군은 바익 당 전투에서 대패해 해군을 잃고 후퇴했어.

전쟁으로 황폐해진 농경지를 복구하고, 농민들에게 씨앗과 농기구를 나눠 줘 농사를 짓게 했지. 전쟁으로 버려졌던 대운하를 수리해 강남에서 대도까지 연결하기도 했어. 그런데 쿠빌라이 칸은 다른 곳에서와 달리 원나라에서만큼은 철저히 몽골인 제일주의 정책을 폈단다."

"어? 왜요? 아까는 차별 없이 인재를 뽑아 쓴 덕분에 몽골 제국이 강해질 수 있다고 하셨잖아요."

"그랬지. 하지만 그렇게 하기에는 몽골인에 비해 중국인의 수가 너무 많았어. 몽골인은 기껏해야 100만 명 정도가 고작인데, 중국인은 송나라 때 이미 1억 명이 넘었거든. 만약 예전처럼 차별 없이 인재를 발탁했다가는 중국인들이 모든 관직을 휩쓸어 버릴 게 뻔했지. 그래서 원나라는 출신 민족에 따라 사람들을 네 등급으로 나누었단다. 1등급은 몽골인, 2등급은 색목인, 3등급은 한인, 4등급은 남인이었지. 나라의 중요한 직책은 모두 1등급인 몽골인이 차지하고, 2등급인 색목인은 주로 재정과 상업을 맡아 몽골인을 돕도록 했어. 이 두 계급이 바로 원나라의 지배층이야."

"색목인이 누군데요?"

"색목인은 중앙아시아나 서아시아 출신 사람들을 가리켜. 이들은 주로 무역에 종사했는데, 숫자에 밝고 세계 정세에도 훤했지. 특히 페르시아계 색목인은 관리로서도 뛰어난 능력을 발휘했을뿐더러 몽골인에게 우호적이었어. 자연히 몽골 지배층들도 이들에게 호의를 베풀었지."

"그럼 한인이랑 남인은 누군데 차별 대우를 해요?"

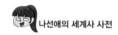
나선애의 세계사 사전
색목인 '다양한 민족'이라는 뜻을 가진 제색목인(諸色目人)의 준말이야.

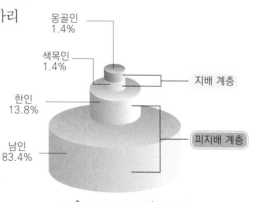

몽골인 1.4%
색목인 1.4%
지배 계층
한인 13.8%
피지배 계층
남인 83.4%

▲ 원나라의 지배 체제

"한인은 동아시아에서 비교적 빨리 몽골군에 항복한 지역 출신 사람들이야. 화베이 지역의 중국인, 여진, 거란, 고려인을 묶어서 한인이라고 불렀지. 그리고 남인은 마지막까지 몽골에 저항한 남송 지역 출신 사람들이야. 남인은 수가 가장 많았지만, 사회적으로 모든 면에서 차별을 당했지."

"에구, 한인이랑 남인들은 살기 힘들었겠다."

"관직에 진출할 길이 막힌 사대부들은 답답했겠지만, 평범한 농민이나 장인, 상인들이 살아가는 데는 별 차이가 없었어. 오히려 원나라의 지배로 좋아진 점도 있었지. 원나라는 물건을 만드는 장인을 잘 대우해 주었거든. 그래서 피지배 계층인 한인과 남인들은 수공업에 많이 종사했어. 그덕분에 원나라에서는 상업이 계속 번성할 수 있었단다."

"어, 진짜요? 그럼 몽골의 지배가 꼭 나쁘기만 한 것도 아니었네요?"

내가 3등이라니! 체면이 말이 아니구먼!

우리 고려인은 부마국인데 겨우 3등?

그래도 우리보단 낮잖아. 우리는 제일 늦게 항복한 죄로 꼴찌라네, 꼴찌!

몽골인

색목인

거란인

여진인

한인

고려인

한인

남인

◀마르코 폴로의 《동방견문록》에 실린 취안저우의 모습
베네치아 출신 상인이자 모험가인 마르코 폴로는 《동방견문록》에서 취안저우를 세계에서 가장 큰 항구라고 소개했어.

"응. 송나라 때부터 활발해진 해상 무역은 원나라 때 더욱 활기를 띠었어. 동남 해안의 취안저우, 항저우, 광저우 같은 항구 도시들은 세계 각지에서 몰려든 배들로 북새통을 이루었고, 제국의 수도인 대도는 비단과 보석, 곡식을 가득 실은 수레들이 하루에도 수천 대씩 오갈 만큼 붐볐지. 해안의 항구 도시와 대도 곳곳에는 외국인들이 사는 마을이 들어섰고, 원나라 조정에서는 이민족 출신 관료들이 활약했지. 세계 각국에서 원나라 황제를 알현하러 온 사신들의 발길도 끊이질 않았단다."

"듣고 보니 이제 세계가 다시 평화로워진 거 같은데요!"

"맞아. 몽골 제국이 유라시아의 대부분을 정복하면서 유라시아에 평화가 찾아왔어. 서로 아웅다웅 다투던 여러 세력들이 모두 몽골군에 제압됐기 때문이지. 몽골이 이룩한 평화는 마치 로마가 지중해 세

▲ 몽골 제국 시대 서아시아의 금화
'칭기즈 칸'이라는 이름이 새겨져 있어.

허영심의 상식 사전

팍스(Pax) 라틴어로 '평화'라는 뜻이야. '팍스 로마나'는 '로마에 의한 평화', '팍스 몽골리카'는 '몽골에 의한 평화'라는 뜻이지.

계를 장악하면서 지중해 세계에 평화가 찾아온 것과 비슷해. 그래서 몽골 제국이 가져온 평화를 '팍스 몽골리카'라고 불러."

 용선생의 핵심 정리

남송을 정복한 몽골은 제국을 원나라와 4개의 울루스(한국)로 분할하여 통치함. 원나라 조정은 몽골인 제일주의 정책을 펴며 중국인을 차별 대우함. 한편으로 원나라에서는 상업이 크게 발달하여 취안저우, 광저우 같은 항구 도시가 발달.

신안 앞바다에서 발견된 원나라 보물선

1975년, 전라남도 신안 앞바다에서 한 어부가 생선을 잡기 위해 쳐 놨던 그물을 끌어 올리자 이상한 물건이 딸려 올라왔어. 바로 바다 밑바닥에 묻혀 있던 도자기들이었지. 정부와 학자들은 바닷속을 샅샅이 뒤져 2만 점이 넘는 도자기 유물과 28톤이 넘는 동전, 그리고 이 모든 것을 실었던 배를 찾아냈어.

이 배는 1323년 중국 남부 저장성 닝보라는 항구에서 출발해 일본으로 향하던 도중 풍랑을 만나 신안 앞바다에 침몰한 원나라 배로 밝혀졌어. 700년 가까운 시간이 흘렀지만 배가 펄 속에 묻힌 덕분에 유물들이 아주 잘 보존돼 있었지. 이 유물들은 원나라의 무역이 얼마나 활발했는지 알 수 있게 해 주었어.

▲ 신안 앞바다에서 유물을 건져 올리는 모습
신안 앞바다에서 건져 올린 유물을 검사하고 있어.

▲ 보물선에서 발견한 도자기 신안 보물선에서 2만여 점의 도자기가 발견됐어. 배에 실린 도자기의 양은 얼마나 무역이 활발히 이루어셨는지 짐작할 수 있게 해 주지.

몽골 제국이 최초의 지구촌 시대를 열다

"이제 몽골 제국이 가져온 평화가 유라시아에 어떤 영향을 미쳤는지 자세히 알아보도록 하자."

"음, 상인들이 장사하기가 좋았을 것 같아요. 상인들이 안심하고 물건을 사고팔러 유라시아를 이리저리 돌아다닐 수 있게 됐으니까요."

선애의 말에 용선생이 크게 고개를 끄덕였다.

"그래. 몽골 제국은 상인들이 안전하게 교역을 할 수 있도록 비단길 같은 교역로 주변의 도적들을 몰아내고, 여행자들이 불편을 겪지 않도록 곳곳에 역참을 설치했어. 그래서 대도를 찾아온 이탈리아 상인 마르코 폴로와 아랍 여행가 이븐바투타 같은 사람들은 몽골 여행이 정말 안전하고 편리하다고 입에 침이 마르도록 칭찬했단다. 또 육로만이 아니라 바닷길을 통한 교류도 매우 활발했는데, 동남아시아는 물론 인도와 아라비아반도에서도 바닷길을 따라 많은 상인들이 원나라를 찾아왔어. 원나라는 송나라의 시박사 제도를 그대로 이어받아 항구를 드나드는 선박과 물품을 통제하고 세금을 거두어서 큰 수입을 올렸지."

"우아, 그러고 보니 정말 몽골 제국을 통해 세계가 하나로 이어진 거네요."

"응. 그래서 흔히 몽골 제국이 최초로 지구촌 시대를 열었다고 한단다. 상업이 발달하면서 화폐의 필요성이 커지자 몽골 조정에서는 '교초'라는 지폐를

잠깐! 마르코 폴로에 대한 자세한 이야기가 용선생 세계사 카페에 실려 있어.

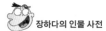
장하다의 인물 사전

이븐바투타 (1304년~1368년) 아랍의 유명한 여행가야. 아프리카 북부와 동부 지역을 탐험했을 뿐 아니라 인도와 동남아시아를 거쳐 몽골 제국 수도까지 여행했어.

▼ 원나라의 지폐 교초
오른쪽은 원나라에서 발행한 지폐인 교초, 왼쪽은 교초를 인쇄하기 위한 원판이야.

발행했어. 원나라 조정에서 교초의 가치를 보장해 주었기 때문에 상인들은 몽골 제국 어디서나 안심하고 교초를 사용했지."

"이야, 지폐까지 만들어 널리 사용했다고요?"

"그래. 이 외에도 몽골 제국에서는 최초의 지구촌 시대란 이름에 걸맞은 풍경이 펼쳐졌어. 대도나 항구 도시에서는 한인, 고려인, 거란인은 물론 색목인과 파란 눈의 백인들이 바삐 오갔고, 세계 각지의 언어들이 귓전을 울렸단다. 문화 교류도 매우 활발해서 여러 사상과 종교가 함께 어우러졌어. 몽골 제국에서는 그리스도교와 이슬람교, 불교, 도교 신자들이 칸 앞에서 종교 대토론을 벌이기도 했지."

용선생의 설명을 들은 곽두기가 손을 들고 물었다.

"선생님, 여러 나라 사람들이 모여서 일하면 말이 안 통할 텐데, 그건 어떻게 해요?"

"그래서 몽골 제국에서는 다양한 언어로 된 회화 책과 사전을 만들었어. 튀르크어 사전, 페르시아어 사전, 심지어 독일어와 라틴어 사전까지 만들었지. 게다가 외국어를 통역하는 통역관들도 활발하게 활동했단다."

"우아! 정말이에요?"

허영심의 눈이 동그래졌다.

"동서 교류도 어느 때보다 활발해서 로마의 교황이 보낸 사신이 역참을 이용해 카라코룸이나 대도를 찾아와 칸을 알현했어. 또 칸의 사신이 칸이 직접 쓴 편지를 가지고 수천 킬로미터를 달려 로마의 교황을 방문하기도 했지. 페르시아의 재상 라시드웃딘이 펴낸 최초의 세계사 책인 《집사》가 쓰인 것도 이때였어. 《집사》는 몽골은 물론 중국과 인도, 아랍, 튀르크, 유대인의 역사까지 모두 다루고 있단다."

장하다의 인물 사전

라시드웃딘 (1247년~ 1318년) 훌라구 울루스의 명재상으로, 몽골, 중국, 인도, 아랍, 튀르크, 유럽의 역사를 정리한 《집사》를 썼어. 《집사》는 최초의 세계사 책으로 여겨지고 있단다.

▲ 《집사》의 삽화 일부 왼쪽은 금나라의 사신을 맞이하는 칭기즈 칸의 모습, 오른쪽은 천사에게서 계시를 받는 무함마드의 모습이야.

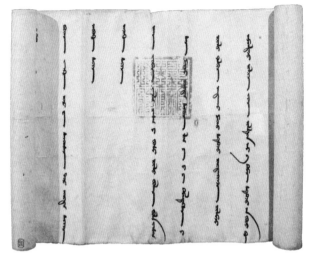
◀ 몽골의 칸이 교황에게 보낸 편지
1246년 몽골 제국의 구육 칸이 교황 인노켄티우스 4세에게 보낸 편지야.

▲ 훌라구 울루스의 칸이 프랑스의 왕에게 보낸 편지

"이제 보니 몽골 제국이 단순한 유목민 제국은 아니었네요. 절대 무시하면 안 되겠어요."

아이들이 고개를 끄덕였다.

"물론이지. 그런데 1300년대에 접어들면서 100년 동안 지속된 몽골의 평화에 서서히 금이 가기 시작한단다. 몽골 제국을 이루고 있던 여러 울루스들이 후계자를 둘러싼 내분으로 휘청거리다가 무너졌거든. 맏형인 원나라 역시 고질적인 황제 계승 문제로 골치를 앓곤 했지."

"쯧쯧, 후계자 문제는 어느 시대나 문제였나 봐요."

왕수재가 팔짱을 낀 채 고개를 내저었다.

"궁궐 안에서는 늘 보이지 않는 싸움과 음모가 벌어졌어. 심지어 황제 자리를 놓고 각자 군대를 동원해 전쟁을 벌이기도 했지. 그러다 보니 황제가 자주 바뀌어서 정치가 매우 혼란해졌어. 원나라 말기에는 26년 동안 황제가 여덟 번이나 바뀌었다고 하니 말 다 했지.”

“어휴, 거의 3년에 한 번씩 황제가 바뀐 셈이네요.”

허영심이 고개를 절레절레 저었다.

“황족들의 지나친 사치도 큰 문제였어. 황족들은 자신의 지위를 과시하기 위해 전 세계의 사치품들을 아낌없이 사들였어. 황실 창고가 텅텅 비었는데도 황족들은 정신을 차리지 못하고 세금을 더 거두고 교초를 마구 발행해 물건을 사들였지. 백성들은 무거운 세금에 짓눌려 허덕였고, 마구 찍어 낸 교초 때문에 돈의 가치는 떨어지고 물가는 치솟아 경제가 엉망이 됐어.”

“결국 백성들만 죽어나는군요.”

“설상가상으로 자연재해까지 겹쳤어. 황허강에 큰 홍수가 나 수만 명의 백성들이 목숨을 잃었고 논밭이 쓸려 나갔지. 그런데도 황제는 백성들의 고통은 아랑곳하지 않고 대도로 식량과 물자를 운송하던 대운하부터 수리하기로 결정했어. 가족과 논밭을 잃고 고통받던 수십만 명의 백성들은 강제로 운하를 보수하는 데 동원됐단다. 당연히 백성들의 원성은 하늘을 찔렀고, 쌓이고 쌓인 불만은 결국 반란으로 터져 나왔지.”

“올 것이 왔군요.”

왕수재가 팔짱을 끼고 고개를 끄덕였다.

“반란 세력의 중심은 원나라에서 가장 차별 받았던 강남의 남인들이었어. 반란은 들불처럼 번졌고, 1368년 원나라는 결국 반란군에 내

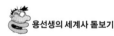

용선생의 세계사 돋보기

돈을 마구 찍어 내면 돈의 가치가 떨어져서 며칠 전에는 1,000원을 주고 살 수 있던 물건을 2,000원을 주고도 못 사는 일이 벌어져. 이렇게 돈이 많아져서 모든 물건값이 꾸준히 오르는 현상을 인플레이션이라고 해. 인플레이션이 심해지면 생필품을 사서 쓰는 사람들의 생활은 갈수록 힘들어지지.

쫓겨 몽골 초원으로 돌아가고 말았지. 원이 물러간 자리에는 한족이 세운 새로운 왕조인 명나라가 들어선단다. 이 이야기는 다음 시간에 이어서 하자꾸나. 오늘 수업은 여기까지!"

용선생의 핵심 정리

몽골 제국의 지배 아래 상업이 발달하며 지구촌 시대가 찾아옴. 그러나 황제 계승 갈등과 황족의 사치 등 여러 문제가 겹쳐 몽골 제국은 100여 년 만에 쇠퇴하기 시작. 원나라는 1368년에 남인들의 반란에 쫓겨 몽골 초원으로 돌아감.

나선애의 정리노트

1. 칭기즈 칸의 등장과 몽골 통일

- 몽골족 부족장 테무친이 몽골 초원을 통일, 칭기즈 칸으로 즉위
  - → 테무친은 부족에게 버림받아 죽을 고비를 여러 번 넘김.
  - → 경쟁자들을 제압하고 쿠릴타이를 통해 몽골족의 지배자로 등장
- ** 쿠릴타이: 유목민들이 중요한 일을 결정할 때 여는 집회

2. 몽골 제국의 팽창

- 칭기즈 칸은 서하, 서요, 호레즘 왕국을 차례로 정복함.
- 칭기즈 칸의 후계자들은 서아시아, 러시아, 금, 남송을 정복하고 일본까지 공격함.
- 몽골군은 특유의 잔인함으로 악명을 떨침. → 공포를 이용한 통치 전략

3. 몽골 제국의 성공 비법

- 강력한 기병, 천호제로 조직된 사회, 엄한 율법인 야사
- ** 천호제: 1,000가구를 하나로 묶어 생활 조직과 군대로 활용
- 잘 갖추어진 교통로와 역참, 출신을 가리지 않고 인재를 쓰는 열린 자세

4. 몽골 제국의 번영과 최초의 지구촌 시대

- 몽골 제국은 칸이 다스리는 원나라와 네 개의 울루스(한국)로 구성
- ** 한국(汗國): '칸'이 다스리는 나라라는 뜻의 한자어
- 몽골 제국의 보호 아래 상인들의 활동이 활발해지며 상업이 크게 발달함.
- 여러 민족들의 문화 교류가 활발해지며 지구촌 시대가 열림.

세계사 퀴즈 달인을 찾아라!

01
다음은 누구에 대한 설명인지 써 보자.

이 인물은 훗날 칭기즈 칸이 되어 몽골 제국을 세우지만, 어렸을 적에는 부족으로부터 버림받고 들쥐와 물고기를 잡아 연명할 정도로 비참한 생활을 했다.

(   )

02
다음 중 몽골 제국에 대해 잘못 이야기하고 있는 아이는 누구인지 골라 보자. (   )

 ① 몽골 초원의 유목민들이 세운 나라야.

 ② 흉노나 돌궐 제국의 뒤를 잇는다고 할 수 있지.

 ③ 중국과 인도, 서아시아를 모두 정복하며 대제국을 이룩했어.

 ④ 한반도의 고려를 공격하기도 했어.

03
다음 중 몽골 제국의 정복 전쟁에 대한 설명으로 알맞지 않은 것을 골라 보자. (   )

① 서하는 성문을 굳게 닫아걸었지만 끝내 몽골군에 항복하고 말았다.
② 몽골군은 역사상 유례 없는 잔인함으로 악명이 높았다.
③ 남송은 몽골에 패배해 화베이를 빼앗기고 강남으로 도망갔다.
④ 호레즘 왕국은 몽골의 사신을 모욕하고 추방했다.

달인 트로피

04 관계있는 것끼리 연결해 보자.

① 쿠릴타이 •　　• ㉠ 몽골 제국 최초의 수도

② 카라코룸 •　　• ㉡ 원나라의 수도

③ 대도　　 •　　• ㉢ 유목민의 집회

④ 쿠빌라이 •　　• ㉣ 원나라의 첫 번째 황제

05 다음 지도를 보고 알맞지 않은 설명을 골라 보자.　　(　)

① 몽골 제국은 한 사람의 칸이 다스리기엔 너무 넓었어.

② 몽골 제국은 네 개의 울루스와 원나라로 나뉘어 있었어.

③ 제국의 중심은 차가타이 울루스였어.

④ 원나라는 중국을 다스렸어.

06 다음 그림의 빈칸에 들어갈 말을 써 보자.　　(　　　　　)

• 정답은 374쪽에서 확인하세요!

마르코 폴로와 《동방견문록》

《동방견문록》이라는 책에 대해 들어 본 적 있니? 베네치아 출신의 상인이자 모험가인 마르코 폴로가 25년 동안 몽골 제국을 여행하며 겪은 체험담을 루스티첼로라는 작가가 듣고 기록한 책이야. 원래 제목이 《세계 불가사의에 관한 책》일 만큼 당시 서양 사람들로서는 도저히 믿기 힘든 놀라운 내용으로 가득 차 있었지. 어디 우리도 마르코 폴로의 여행을 한번 뒤따라가 볼까?

아버지를 따라나선 동방 여행

마르코 폴로의 아버지 니콜로 폴로는 이탈리아와 주치 울루스를 오가는 상인이었어. 마르코 폴로는 어느 날 아버지와 삼촌이 몽골 제국의 쿠빌라이 칸을 만나러 간다는 말을 듣고 아버지를 졸라서 함께 모험을 떠나게 됐단다. 1271년, 마르코 폴로의 나이 17세 때였지.

배를 타고 고향 베네치아를 떠난 마르코 폴로는 지중해 동부 해안을 거쳐 서아시아로 향했어. 그리고 육로를 따라 본격적으로 몽골 제국 여행을 시작했지. 마르코 폴로 일행은 훌라구 울루스의 수도 타브리즈를 지나 비단길을 따라 덥고 건조한 타클라마칸 사막을 건넜어.

옛날이라면 물과 식량이 떨어질까, 혹은 언제 도적이 나타나 물건과 목숨을 빼앗아 갈까 불안에 떨며 가야 했던 길이었지만, 이젠 밤에는 역참의 숙소에서 편히 쉬고 낮에는 역참에서 빌려주는 낙타와 말을 갈아타며 안전하게 갈 수 있었지.

▲ 마르코 폴로

원나라 관리가 된 마르코 폴로

베네치아를 출발한 지 4년이 지난 1275년, 마르코 폴로 일행은 원나라의 수도인 대도에 도착했어. 쿠빌라이 칸은 머나먼 유럽에서 온 손님

마르코 폴로를 잘 대접해 줬을 뿐 아니라 놀랍게도 마르코 폴로에게 원나라 관리로 일할 기회를 주었지. 먼 나라에서 다양한 경험을 해 보고 싶었던 마르코 폴로는 냉큼 그 제안을 받아들였어. 베네치아 출신의 젊은 모험가가 세계를 지배하는 몽골 제국의 관리가 된 거야.

마르코 폴로는 쿠빌라이의 명령을 받아 중국 곳곳을 다니며 그곳에서 무슨 일이 일어나는지, 사람들이 어떻게 살고 있는지 상세하게 보고했어. 마르코 폴로는 원나라는 물론 동남아시아의 미얀마와 베트남까지 둘러보았고, 강남의 양저우에서는 3년간 관리로 머물기도 했대.

▲ 베네치아를 떠나 여행길에 오르는 마르코 폴로

▼ 마르코 폴로의 동방 여행 경로

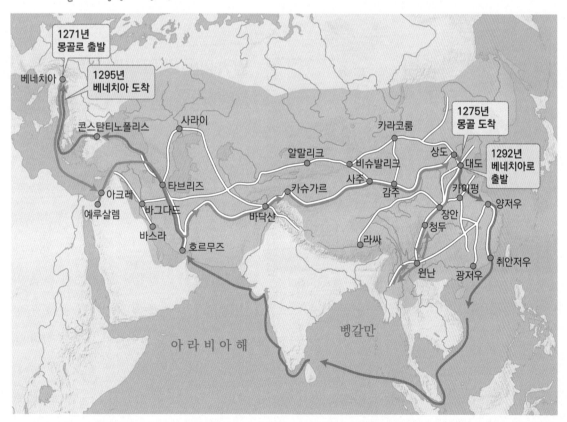

25년 만에 고향에 돌아가다

이렇게 17년이라는 세월이 훌쩍 지났어. 마르코 폴로는 쿠빌라이에게 몇 번이나 고향 베네치아로 돌아가게 해 달라고 요청했지만 쿠빌라이는 번번이 마르코 폴로의 요청을 들어주지 않았단다. 그러던 터에 마르코 폴로에게 절호의 찬스가 찾아왔어. 바로 원나라 공주가 훌라구 울루스의 칸과 결혼하기 위해 먼 길을 떠난다는 거야. 마르코 폴로는 공주 일행의 길잡이를 하겠다고 나섰어. 마침내 쿠빌라이는 마르코 폴로에게 길안내가 끝나면 고향으로 돌아가도 좋다고 허락했단다.

마르코 폴로는 기쁜 마음을 안고 공주 일행과 함께 길을 떠났어. 배를 타고 중국을 떠난 마르코 폴로 일행은 동남아시아와 인도를 거쳐 아라비아해 입구에 있는 호르무즈섬에 도착했지. 마르코 폴로는 훌라구 울루스의 칸에게 공주를 무사히 안내한 뒤 꿈에 그리던 고향 베네치아로 돌아갔어.

▲ 중세 유럽의 지도 위에 그려진 마르코 폴로 일행
《동방견문록》의 대히트 이후 마르코 폴로는 동방을 여행하는 모험가의 대명사가 되었어.

믿기 힘든 불가사의한 이야기

1295년, 고향 사람들은 먼 곳을 여행하고 25년 만에 돌아온 마르코 폴로를 따뜻하게 맞아 줬어. 하지만 기쁨도 잠시, 동지중해 무역을 둘러싸고 베네치아와 제노바 사이에 전쟁이 벌어졌어. 마르코 폴로는 이 전쟁에 참전했다가 그만 제노바군에 포로로 잡히고 말았단다. 감옥에 갇힌 마르코 폴로는 지루함을 견디다 못해 감방에서 만난 작가 루스티첼로에게 몽골 제국을 여행하며 보고 들었던 내용을 이야기했어.

세계 최대의 도시인 항저우의 규모, 황금으로 가득한 나라 지팡구, 사람을 잡아먹는 괴물 새 로크 등 마르코 폴로가 하는 이야기는 신기하기도 하고 믿기 힘들 만큼 황당했지. 감옥에서 나온 루스티첼로는 마르코 폴로가 해 준 이야기들을 엮어 책으로 냈어. 그 이야기가 너무나 놀라운 나머지 마르코 폴로의 친구들조차 마르코 폴로가 허풍쟁이라고 생각했대. 하지만 마르코 폴로는 "책 속의 이야기들은 내가 직접 보고 들은 이야기들의 절반도 안 된다."며 절대 거짓말이 아니라고 주장했단다.

유럽 사람들의 동방 여행 가이드 《동방견문록》

마르코 폴로의 말이 거짓말이건 사실이건 간에 《동방견문록》은 유럽 각국의 언어로 번역되어 당대 최고의 베스트셀러가 되었어.

《동방견문록》에는 동양에 대한 편견과 허구도 분명 들어 있어. 하지만 당시 유럽인에게 동양을 처음으로 자세하게 설명했다는 점에서 매우 큰 역사적 의미를 지니고 있지. 《동방견문록》에는 도시와 지역의 방위와 도시들 간 거리와 같은 지리 정보도 꼼꼼하게 실려 있어. 또 각 지역 주민들의 언어, 종교, 생활 모습과 그 지역의 지방 특산물에 대한 정보도 담겨 있단다. 수백 년 뒤 유럽의 모험가들이 미지의 세계를 찾아 나설 때도 《동방견문록》이 준 정보와 영감이 큰 역할을 했어.

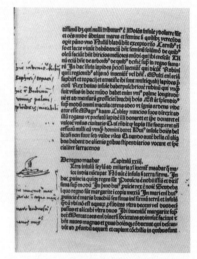

▲ 콜럼버스가 읽던 《동방견문록》
크리스토퍼 콜럼버스가 책을 읽으며 자신의 생각을 쓴 메모가 보여.

171

초원의 외톨이에서
세계의 정복자가 된 칭기즈 칸

부족민으로부터 버림받은 소년 가장

몽골 초원 북동쪽 오논강 근처에서 어린 소년 하나가 작살을 들고 물고기를 잡고 있었어. 이번에도 못 잡으면 오늘 한 끼도 먹지 못할 게 분명했지. 소년은 자신이 굶는 건 상관없었지만 가족들이 굶는 모습은 볼 수 없었기에 눈에 불을 켜고 강물 속 물고기를 노려봤어. 이 소년의 이름은 테무친. 훗날 칭기즈 칸이라 불리며 유라시아 대륙을 벌벌 떨게 만든 정복자야. 하지만 아직은 물고기와 들쥐를 잡아 가족을 먹여 살려야 하는 소년 가장일 뿐이었지. 부족장이었던 아버지가 타타르족에게 독살당하고 아버지의 경쟁자가 부족장이 되면서 테무친의 가족을 부족에서 내쳐 버렸거든.

고생 중에 만난 동료들

타타르족과 손을 잡은 새 부족장은 테무친을 죽이기로 했어. 언젠가 테무친이 자신에게 복수할까 봐 두려웠던 거지. 테무친은 땔감을 구하기 위해 숲으로 갔다가 그만 새 부족장의 부하들에게 붙잡히고 말았어. 하

▼ 오논강 상류 칭기즈 칸이 태어나 어린 시절을 보낸 오논강 상류야. 오늘날 몽골 사람들은 이곳을 각별한 성지로 생각한대.

지만 테무친을 가엾게 여긴 한 부족민의 도움으로 겨우 탈출에 성공했어. 탈출을 도와준 부족민의 아들인 칠라운은 훗날 칭기즈 칸의 가장 충실한 부하 장수가 된단다.

테무친은 갖은 고생 끝에 유일한 재산인 말을 아홉 마리까지 불리는 데 성공했어. 그러던 어느 날 도둑이 말 여덟 마리를 훔쳐 갔어. 테무친은 급히 도둑들을 뒤쫓았지만 그만 도둑들을 놓치고 말았어. 테무친은 우연히 마주친 한 청년에게 도둑이 어디로 갔는지 물었어. 그 청년은 도둑이 간 곳을 알려 주며 자기도 돕겠다고 나섰지. 다행히 둘은 힘을 합쳐 말을 되찾았고, 테무친은 청년에게 감사의 뜻으로 말 네 마리를 주겠다고 했어. 하지만 청년은 곤경에 처한 친구를 돕는 건 당연하다며 사양했단다. 두 사람은 의형제를 맺고 헤어졌는데, 이 청년이 훗날 칭기즈 칸의 충실한 부하 장수가 되는 보오르추야.

▲ 칭기즈 칸의 아버지 예수게이

테무친의 결혼과 납치된 아내

어느 정도 안정을 찾은 테무친은 아버지 친구의 딸과 결혼했어. 아버지가 생전에 사돈을 맺기로 약속했던 배필이었지. 그런데 테무친이 결혼한 지 얼마 되지 않았을 때 또 한 번 큰 시련이 닥쳤어. 메르키트 부족이 쳐들어와 아내를 납치해 간 거야.

이 무렵 테무친은 아버지의 의형제로 몽골 초원에서 큰 세력을 가지고 있던 케레이트 부족의 옹 칸 밑에서 빠르게 힘을 키워 가고 있던 중이었어. 테무친은 결혼을 하고 나서 바로 옹 칸을 찾아가 "칸께서는 제 아버지와 의형제셨으니 제 아버지나 다름없습니다. 이번에 제가 혼례를 올려 인사드리러 왔습니다."라고 말했어. 그리고 결혼 선

▲ 《동방견문록》에 그려진 옹 칸 마르코 폴로는 옹 칸을 마치 그리스도교를 믿는 유럽의 왕처럼 묘사했어.

물로 받은 검은 담비 가죽 외투도 바쳐 옹 칸의 신임을 얻었지. 옹 칸은 기뻐하면서 "너는 내 의형제의 아들이니 내 아들이나 마찬가지다. 흩어진 너의 부족을 다시 모아 주겠다." 하고 약속했대.

테무친은 바로 옹 칸에게 도움을 청했어. 테무친의 아내가 납치당했다는 소식을 들은 옹 칸은 아내를 반드시 되찾아 주겠다며 힘을 빌려주었지. 메르키트 부족을 상대하기에 힘이 부족했던 테무친에게 옹 칸의 도움은 천군만마와도 같았어.

아내를 되찾고 몽골 부족의 지도자가 되다

옹 칸은 테무친에게 병력 2만을 빌려줬어. 그리고 자다란 부족의 지도자였던 자무카를 불러 테무친과 동맹을 맺게 했지. 이와 함께 테무친을 떠났던 친척들과 몽골 부족민들도 하나둘 모여들었어. 이로써 테무친은 처음으로 자기 세력을 갖추게 되었지. 준비를 마친 테무친은 자무카와 함께 메르키트 부족을 공격해 아내를 되찾는 데 성공했어. 부부는 서로 얼싸안고 기쁨의 눈물을 흘렸고, 얼마 후 맏아들 주치가 태어났단다. 이 일을 계기로 테무친은 자신을 도와준 자무카와 의형제를 맺었어.

천막에 사는 모든 이들의 칸이 되다

메르키트 부족과의 전쟁은 테무친의 인생에 커다란 전환점이 됐어. 이 전쟁을 계기로 테무친은 더 이상 버림받은 소년 가장이 아니라 자신의 부족을 이끄는 당당한 전사이자 지도자로 자리 잡았지. 이때 몽골족은 여러 개의 작은 부족으로 나누어져 있었어. 자무카가 이끄는 자다란 부족 역시 몽골족의 한 부족이었지. 어느 정도 세력을 회복한 몽골족은 칸을 선출하기로 했어. 후보들 중 테무친과 자무카가 가장 강력한 후보였어. 경쟁 끝에 테무친이 칸으로 선출되었어. 하지만 자무카는 이 결과에 반발해 테무친의 적으로 돌아섰단다. 몽골의 칸이 된 테무친의 다

▲ 성을 공격하는 몽골군

음 목표는 몽골 초원의 통일이었어. 케레이트 부족과 테무친이 이끄는 부족이 한편, 메르키트와 타타르, 자무카가 이끄는 부족이 한편으로 나뉘어 몽골 초원의 주인 자리를 두고 승부를 벌였지. 이 싸움의 승자는 결국 케레이트와 테무친이었어. 이제 테무친이 초원의 완전한 주인이 되기 위해 남은 세력은 한때 같은 편이었던 케레이트의 옹 칸 뿐이었단다. 옹 칸은 자신을 위협할 정도로 세력이 커진 테무친을 경계했는데, 결국 테무친을 암살하려고 계략을 세웠어. 자신의 딸과 테무친의 아들을 혼인시키겠다며 테무친을 불러들여 암살하려는 계획이었지. 하지만 중간에 음모를 눈치 챈 테무친이 무사히 탈출했고, 얼마 뒤 옹 칸을 공격해 케레이트를 멸망시켰어. 이렇게 해서 테무친은 몽골 부족뿐 아니라 몽골 초원에 사는 모든 유목민들의 칸이 되었단다. 테무친은 스스로를 '천막에 사는 모든 사람들의 칸'이라 선언했어. 몽골 사람들은 테무친을 칭기즈 칸으로 불렀어. 몽골 초원의 모든 부족을 이끌고 세계 정복에 나선 칭기즈 칸은 유라시아 전역을 아우르는 거대 제국을 만들었어. 몽골 초원의 통일이야말로 칭기즈 칸이 벌인 거대한 정복 전쟁의 시작이었단다.

4교시

무사의 나라 일본

:

몽골이 유라시아 대륙을 휩쓰는 동안 바다 건너 일본에서는
새로운 시대가 시작됐어. 바로 귀족과 천황을 대신해 무사가
권력을 장악한 무사 정권이 등장한 거야. 이번 시간에는 무사가
어떤 사람인지, 무사가 어떻게 권력을 잡게 되었는지, 또 그것이
일본 사회에 어떤 영향을 미쳤는지 알아보기로 하자.

몽골군이 상륙했던 일본 후쿠오카 시와 하카다만의 모습

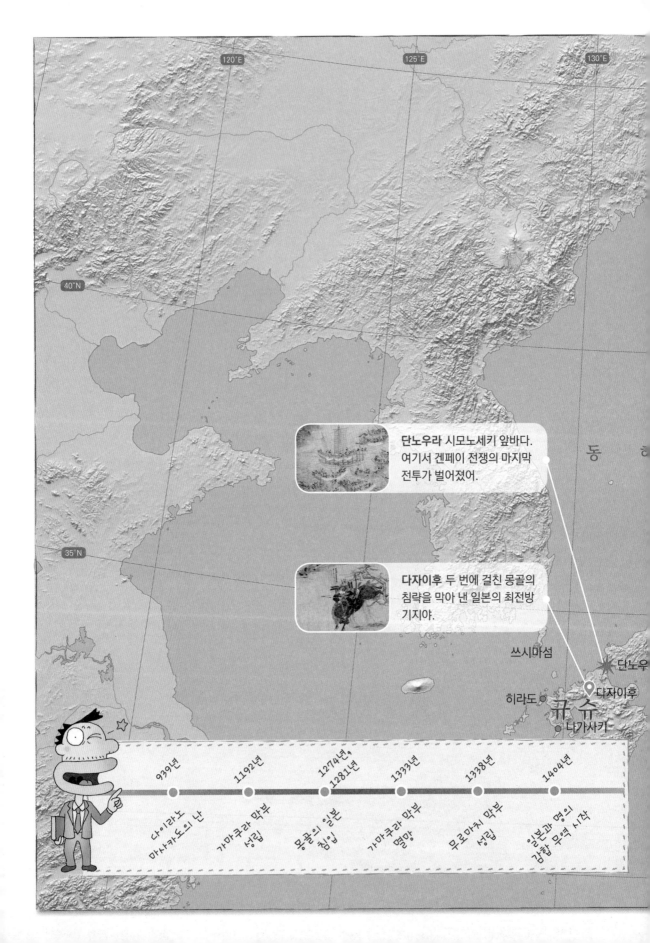

단노우라 시모노세키 앞바다.
여기서 겐페이 전쟁의 마지막
전투가 벌어졌어.

다자이후 두 번에 걸친 몽골의
침략을 막아 낸 일본의 최전방
기지야.

동 ㅎ

쓰시마섬

히라도 ○

단노우

다자이후

규 슈

나가사키

939년
다이라노
마사카도의 난

1192년
가마쿠라 막부
성립

1274년,
1281년
몽골의 일본
침입

1333년
가마쿠라 막부
멸망

1338년
무로마치 막부
성립

1404년
일본과 명의
감합 무역 시작

교토 헤이안 시대 이후 천 년 이상 일본의 수도였어. 무로마치 막부도 이곳에 있었어.

히다치 900년대 중반, 이곳에서 다이라노 마사카도가 반란을 일으켰어.

가마쿠라 가마쿠라 막부가 이곳에 있었어.

요시노 교토 남쪽으로 도망간 천황이 약 50년 동안 이곳을 근거지로 삼아 무로마치 막부에 대항했어.

홋카이도

삿포로

혼 슈

히다치

도쿄

교토 나고야 가마쿠라

오사카

요시노

시코쿠

태 평 양

135°E 140°E 145°E

40°N

35°N

30°N

과거의 모습이 온전히 남아 있는 천 년 고도 교토를 가다

교토는 794년 이후 천 년이 넘게 천황이 머물렀던 일본의 수도였어. 오늘날 천황은 도쿄로 거처를 옮겼지만, 교토는 여전히 일본을 대표하는 대도시들 가운데 하나야. 사방이 산으로 둘러싸인 분지 지형이라 여름에는 몹시 덥고 겨울에는 추워. 인구는 150만 명 정도.

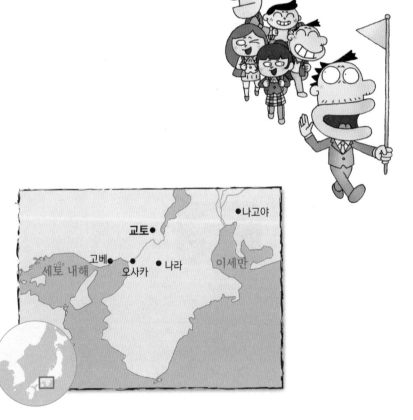

▲ 교토의 전경

높은 방송탑과 목조 건축물이 동시에 보여.

현재와 과거가 공존하는 도시 교토

천 년 동안 일본의 수도였던 교토는 일본의 전통을 가장 잘 느낄 수 있는 도시야. 도시 전체가 관광지라고 해도 과언이 아니지. 교토는 첨단 산업이 발달한 현대적인 도시이기도 하단다.

▲ 교토 타워
1964년에 세워진 교토의 상징이야.
높이는 131미터 정도 된대.

▲ 닌텐도 게임을 즐기는 사람들
게임업체로 유명한 닌텐도는 교토를 대표하는 기업이야.

181

천황의 궁궐 교토 고쇼

교토 고쇼는 헤이안 시대부터 천황이 살던 궁궐의 일부야. 교토의 과거를 대표하는 유적이지. 나무로 지어진 건물이라 여러 차례 불이 나고 다시 짓기를 되풀이했어. 현재의 건물은 1855년에 다시 지은 거래.

▶ 교토 고쇼의 전경

▲ 꽃구경하는 사람들
오늘날 교토 고쇼 일부는 공원으로
개방되어 있어.

아름다운 절 기요미즈데라

기요미즈데라는 798년 헤이안 시대에 지어진 절이야. 아름다운 경치 덕분에 오늘날에도 많은 사람들이 찾고 있지.
그런데 기요미즈데라로 올라가는 언덕에서 넘어지면 3년 안에 죽는다는 무시무시한 전설이 있어.
하지만 전설은 전설일 뿐! 실제로는 각종 기념품을 파는 상점과 사진을 찍으려는 관광객들로 늘 붐비는 골목이란다.

▲ 기요미즈데라로 올라가는
언덕길 산넨자카

▲ 석양 무렵의 기요미즈데라 전경

▶ 본당 아래에 있는 세 줄기의 약수
각각 지혜, 연애, 장수를 의미한대.

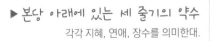

건물에 금박을 입힌 절 로쿠온지

로쿠온지는 건물 외벽이 얇은 금박으로 씌워진 것으로 유명해. 이 금박 때문에 본래 이름보다
킨카쿠지(금각사)라는 별명으로 더 많이 알려져 있을 정도지. 1397년에 무로마치 막부의 3대 쇼군인 아시카가
요시미쓰가 여름 별장으로 지었는데, 현재는 불교 사원으로 쓰이고 있어.

◀ 로쿠온지의 전경

일본에서 손꼽히는 교육 도시 교토

교토는 무려 38개의 대학이 자리 잡고 있는 교육 도시이기도 해. 1897년에 설립된 교토 대학과 1875년에
세워진 도시샤 대학은 일본에서 손꼽히는 명문 대학이지. 도시샤 대학으로 우리나라의 정지용, 윤동주 같은
시인들이 유학을 가기도 했어.

▲ 도시샤 대학의 윤동주 시비
◀ 교토 대학 전경

183

무사의 등장

"선생님, 무사라면 싸움하는 사람을 말씀하시는 거예요?"

장하다의 질문에 용선생은 고개를 끄덕이며 입을 열었다.

"응. 바로 그 무사야. 무사들은 900년대 중반부터 서서히 힘을 키우더니 급기야 귀족과 천황 대신 권력을 장악해 일본을 지배하게 된단다. 오늘은 먼저 일본에서 어떻게 무사가 출현했는지, 어떻게 권력을 장악하게 되는지 알아보자."

"근데 지난번에 천황은 허수아비였을 뿐이고 실제로는 후지와라 가문이 나라를 다스렸다고 하셨잖아요. 그럼 무사들이 후지와라 가문을 내쫓았던 모양이죠?"

나선애의 말에 용선생은 흐뭇한 표정을 지었다.

▲ 무사의 모습
무사의 기본 소양을 이르는 말이 바로 '궁마(弓馬)의 도'야. 활쏘기와 말타기에 얼마나 능숙하냐가 무사의 능력을 알려 주는 기준이었지.

"그렇단다. 100년이 넘도록 후지와라 가문이 멋대로 권력을 주무르면서 천황을 중심으로 한 일본의 사회 질서는 와르르 무너졌어. 지방에서는 무법자들이 나타나 힘없는 농민들을 공격해 재물을 빼앗고, 심지어 떼를 지어 몰려다니며 관청을 습격하기도 했지."

"헐, 관청을 공격하다니…… 완전히 무법천지네요."

"나라꼴이 이렇게 되자 세금 걷기가 어려워졌어. 그래서 천황은 믿을 만한 사람을 지방관으로 파견해 세금을 거둬 오게 했지. 주로 권력이 없는 천황 가문의 먼 친척과 중하급 귀족들이 지방관으로 임명됐는데, 천황은 세금만 잘 거두어 바친다면 이들이 지방에서 무슨 일을 하든 상관하지 않겠다며 막강한 권한을 쥐어 주었단다. 그래서 지방관들은 싸움깨나 하는 사람들을 모아 사병을 조직했어. 사병을 이용해 질서를 유지하고 세금도 거둘 생각이었던 거야."

"그럼 사병들 덕택에 나라가 안정됐나요?"

곽두기의 국어사전

사병 개인 사(私) 군사 병(兵). 권력이 있는 개인이 스스로의 힘으로 조직해서 사사로이 부리는 병사를 말해.

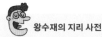
왕수재의 지리 사전

세토 내해 내해(內海)는
육지로 둘러싸인 바다를 뜻
하는 말이야. 세토 내해는 혼
슈, 규슈, 시코쿠로 둘러싸
인 바다로, 옛날 일본의 해상
운송에서 매우 중요한 교통
로 역할을 했대.

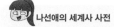
나선애의 세계사 사전

사무라이 '높은 분을 받들
어 모시는 사람'이라는 뜻이
야. 처음에는 수도의 높은 귀
족이나 천황을 호위하는 사
람들을 가리키던 말이었지
만, 차츰 무사와 같은 뜻으로
변했어.

"응. 사병 집단들은 명령에 따라 일본 곳곳에서 질서를 잡아 나갔
어. 특히 939년부터 941년까지 2년 동안은 사병이 두드러지게 활약
을 펼쳤지. 오늘날 도쿄 동쪽의 히타치와 세토 내해 지역에서 동시다
발적으로 반란이 일어났거든. 히타치에서 반란을 일으킨 다이라노
마사카도는 자신이 새로운 천황 자리에 오르겠다며 한껏 기세를 올
렸고, 천황과 중앙 귀족들은 이 반란 때문에 간담이 서늘할 정도였
단다. 그래서 반란이 모두 진압되자 천황과 중앙의 귀족들은 큰 공을
세운 사병 대장들을 불러 중요한 일을 맡기기로 했지."

"중요한 일이라고요?"

"응. 바로 자신들의 바로 옆에서 시
중을 들며 궁정 경비나 개인 호위를
하도록 한 거야. 이들을 사무라이라
고 불러. 한 번쯤은 들어 봤지?"

"어? 사무라이는 갑옷 입은 일본
무사들을 부르는 말 아닌가요?"

장하다의 말에 용선생은 빙긋 웃
었다.

"맞아. 나중에 말뜻이 변해서 일반

▲ 다이라노 마사카도 황족 출신
인 다이라노 마사카도는 새로운 천황
이라 자칭하며 반란을 일으켜 새로운
나라를 세우려 했어.

▼ 세토 내해 모습
지금은 혼슈와 시코쿠 사이
가 다리로 이어져 있어.

무사들을 가리키는 말이 된 거지. 천황과 귀족들은 지방의 유력한 무사들을 자신의 사무라이로 삼아 크고 작은 분쟁에 동원했어. 이때 지방에서는 무사들의 세력이 점점 커지고 있었거든."

"지방에서 무슨 일이 있었는데요?"

"지방에서는 막강한 권한을 가진 지방관들이 사병을 앞세워 지주들을 괴롭히고 있었어. 세금을 혹독하게 거두어서 자기 배를 채우려고 했던 거지. 그러자 지주들은 세금을 피하려고 후지와라 가문 같은 힘센 중앙 귀족에게 자기 땅을 기부해 버렸단다."

"아! 그리고 보니 지난 시간에도 말씀하신 거 같아요. 그렇게 하면

용선생의 세계사 돋보기

이런 일은 이미 예전부터 널리 퍼져 있었어. 후지와라 가문도 많은 땅을 기부받았지.

세금을 안 내도 된다고 하셨죠?"

"그래. 이렇게 땅을 기부하면 귀족들은 약간의 공납을 받는 대신
원래의 지주에게 경작권을 보장해 주었거든. 그 대신 지방관에게 내
는 세금은 면제돼. 후지와라 가문처럼 힘센 귀족 가문은 면세권을 가
지고 있었기 때문이지. 게다가 귀족은 막강한 사병 집단을 거느리고
자기 땅을 지켰기 때문에, 지방관이 사병을 앞세워서 세금을 억지로
뜯어낼 수도 없었어. 기세등등한 귀족 가문들은 자신들이 거느린 강
력한 사병을 동원해 아예 지방관들이 얼씬도 못 하게 막아 버리기도
했단다."

"천황의 명령을 받은 관리를 그렇게 대해도 되는 건가요?"

"당연하지. 천황보다야 후지와라 가문 같은 귀족 가문의 위세가 훨
씬 강력했으니까. 이런 식으로 세금을 면제 받으면서 나라가 아니라
개인이 소유권을 가지게 된 땅을 장원이라고 해. 실제로 수많은 중소

지주들이 중앙 귀족에게 땅을 기부했고, 또 중앙 귀족들은 더 힘센 귀족에게 자신의 땅을 기부해 장원으로 만들었지. 결국 일본의 거의 모든 땅이 이런 식으로 극소수 귀족 가문의 수중에 넘어갔어. 후지와라 가문도 이런 방법으로 어마어마하게 넓은 땅을 갖게 된 거야."

"그럼 이제 지방관들은 세금을 못 걷어요?"

"응. 근데 더 놀라운 건 지방관들마저 자신의 땅을 귀족들에게 기부해 장원으로 만들었다는 거야."

"지방관은 또 왜요?"

나선애가 의아한 표정을 지었다.

"농민들에게서 강탈하거나 불법으로 가로챈 나라의 땅이라고 해도 귀족에게 기부해 장원으로 만들면, 약간의 공납만 바치고 경작권을 받아 마치 원래 자기 땅이었던 것처럼 이용할 수 있었거든. 지방관들은 이런 식으로 장원을 다스리는 지주로 변해 갔단다. 천황의 명령은 완전히 뒷전이 되었지."

"나라꼴 한번 완전히 엉망이네요. 쯧쯧."

"호호. 그런데 이렇게 천황이 임명한 지방관들마저 천황의 말을 무시하자, 이제 일본은 점점 말이나 법보다는 힘이 중요한 세상이 되었어. 내 장원을 지켜 내려면 일단 무장을 갖추고 군대를 꾸려야 했지. 이런 이유 때문에 무사 세력이 점점 성장했던 거야. 애초에 지방관들이 조직했던 사병 집단은 무사단으로 성장했고, 지방의 중소 지주들도 직접 무장을 갖추고 무사단을 조직했어."

"그런데 무사단이 뭐예요?"

장하다의 물음에 용선생이 눈을 빛냈다.

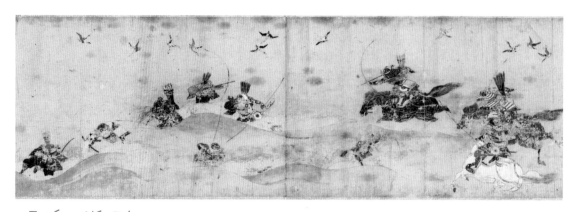

▲ 무사들의 전투 모습
무사들은 특히 말을 타고 적을 기습하거나 1 대 1로 상대하는 소규모 싸움에 능했어.

"말 그대로 무사들이 모여서 만든 단체란다. 무사단은 보통 유력한 무사가 자신의 일가친척과 함께 여러 부하 무사들을 거느리는 형태로 꾸려졌어. 이들은 자기들끼리 규칙을 정해 집단생활을 하면서 무예를 닦고, 농사일을 하는 장원의 농민들을 감독했지. 또 다른 무사단과 동맹을 맺거나 지방의 유력한 호족들과 정략결혼을 하는 방식으로 세력을 키워 나갔어. 나중에는 무사단이 농민과 함께 땅을 개간하고 장원으로 만들어 직접 지주가 되기도 했지. 일본은 이렇게 100여 년에 걸쳐 차츰 무사의 나라로 변해 갔단다."

"그러다가 나중에는 무사가 권력을 잡게 되는 거군요."

"그렇지. 그럼 어떻게 그런 일이 벌어졌는지 한번 알아볼까?"

용선생은 헛기침을 하며 책을 한 장 넘겼다.

 용선생의 핵심 정리

후지와라 가문의 권력 장악이 이어지며 곳곳에 무법자들이 등장함. 지방관은 이에 대응하고자 무사를 고용하거나, 때로는 자신이 무사로 나서기도 함. 장원이 증가하면서 무사의 힘도 커짐.

무사가 일본의 최고 권력자가 되다

"무사들의 세력이 한창 성장하고 있던 1068년, 수도 헤이안에서 뜻
밖의 일이 벌어졌어."

"어떤 일이 벌어졌는데요?"

"천황에게 시집간 후지와라 가문의 딸들이 모두 아들을 낳지 못하
는 바람에 180년 만에 처음으로 후지와라 가문의 피가 섞이지 않은
사람이 천황 자리에 오른 거야. 바로 고산조 천황이지. 고산조 천황
은 후지와라 가문의 힘을 약화시키기 위해 후지와라 가문이 불법으
로 손에 넣은 장원을 몰수했어. 그리고 후지와라 가문의 장원에 부여
했던 면세 혜택도 없앴단다."

"후지와라 가문의 기세가 한풀 꺾인 거네요!"

곽두기의 국어사전

면세 면할 면(免) 세금 세
(稅). 세금을 면제해 준다는
뜻이야.

◀ 혼슈섬의 최북단
아오모리 지역
고산조 천황은 후지와라 가
문의 세력을 누르며 혼슈섬
최북단인 시모키타반도까지
수중에 넣었어.

"그래. 그런데 개혁을 밀어붙이던 고산조 천황이 즉위 5년 만에 갑자기 저세상으로 가 버렸어. 그리고 우여곡절 끝에 고산조 천황의 장남이 다음 천황이 되었지. 바로 시라카와 천황이야. 근데 시라카와 천황은 즉위한 지 14년 만에 묘한 결정을 내렸어. 겨우 여덟 살밖에 안 된 아들에게 천황 자리를 물려주고 자신은 뒷전으로 물러나 버렸거든."

"네? 도대체 왜요?"

영심이가 이해가 안 된다는 표정을 지었다.

"여기엔 시라카와 천황의 교묘한 계산이 숨어 있었어. 그동안 후지와라 가문은 천황이 어릴 때는 섭정, 성인이 되면 관백의 자격으로 사실상 천황 대신 나랏일을 주물렀어. 시라카와 천황은 천황 자리에서 물러나 상황으로서 섭정 역할을 맡아 후지와라 가문이 천황에게 영향력을 미치지 못하게 막아 버리려고 한 거야. 이렇게 상황이 천황 대신 나랏일을 처리하는 걸 원정이라고 해. 시라카와 상황은 아들인 천황이 스물아홉 살의 젊은 나이에 세상을 떠나자 이번에는 네 살밖에 안 된 손자를 천황 자리에 앉혀 놓고 원정이라는 이름으로 천황 대신 정치를 했어. 시라카와 상황의 원정을 계기로 일본에서는 천황 대신 상황이 나랏일을 맡는 걸 자연스럽게 여기게 되었단다."

"모양이 좀 이상하긴 하지만, 어쨌든 천황 가문이 권력을 되찾은 셈이네요."

선애가 메모를 하며 말했다.

"일단은 그런 셈이지. 하지만 원정도 문제가 있었어. 천황이 어릴

▲ 시라카와 상황
(1053년~1129년) 고산조 천황의 장남으로, 만 스무 살에 천황에 즉위했지만 14년 만에 아들에게 천황 자리를 물려주고 퇴위했어. 나중엔 불교에 귀의해 스님이 되었기 때문에 법황이라고도 불러.

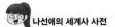
나선애의 세계사 사전

상황 황제 자리를 물려주고 퇴위한 황제를 부르는 말이야.

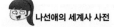
나선애의 세계사 사전

원정 상황이 머무는 집을 원(院)이라고 부른 데에서 유래한 말이야. 원에서 정치를 한다고 해서 원정이라고 부르지.

때면 몰라도 성인이 되어서까지 상황의 꼭두각시 노릇을 하려 하진 않았거든. 1156년, 결국 천황 가문 내부에서 상황을 지지하는 세력과 천황을 지지하는 세력이 충돌했어."

"어느 편이 이겼죠?"

"천황의 승리로 끝났어. 하지만 승리한 천황 역시 자기 아들에게 천황 자리를 물려주고 상황이 되어서 원정을 이어 나갔기 때문에 모든 것은 그대로였지. 천황에게는 여전히 실권이 없었단다."

"에이, 그게 뭐예요? 이상해."

"흐흐. 하지만 무사들 사이에서는 큰 변화가 일어났단다. 내전에서 큰 공을 세운 무사들에게 권력의 칼자루가 서서히 넘어갔거든. 그중에서도 다이라 가문의 무사단과 미나모토 가문의 무사단이 급성장했는데, 먼저 두각을 나타낸 것은 다이라 가문이었어. 내전이 끝난 뒤 공을 따지는 과정에서 푸대접을 받았다고 느낀 미나모토 가문이 반란을 일으키자, 다이라 가문이 반란을 진압했거든. 유일한 라이벌마저 제거하고 나자 이제 다이라 가문을 말릴 자는 아무도 없었어. 후지와라 가문이 그랬던 것처럼 다이라 가문도 천황에게 딸을 시집 보내 외척 자리를 꿰차고 제멋대로 권력을 휘둘렀지."

"와, 그럼 이제 무사들이 최고 권력자가 된 거네요?"

"그래. 고작 20여 년 만에 천황도, 상황도, 후지와라 가문도 모두 다이라 가문 무사들의 눈치를 보는 상

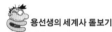
용선생의 세계사 돋보기

다이라는 이 가문의 성으로, 한자로는 평씨(平氏)라고 써. '평(平)'을 일본어로는 '헤이'라고 읽기 때문에 다이라 가문을 '헤이시 가문'이라고 부르기도 해.

용선생의 세계사 돋보기

미나모토는 이 가문의 성이야. 한자로는 원씨(源氏)라고 하는데, 이것을 일본어 발음으로는 겐지라고 읽는단다.

▶ 다이라노 기요모리 (1118년~1181년)
다이라 가문의 수장으로 무사로서는 최초로 일본 최고의 권력을 거머쥐었던 사람이야.

▶ 미에현의 이세 신궁
미에현은 다이라 가문의 근거지였어. 일본 천황 가문의 조상신을 섬기는 이세 신궁을 찾는 순례길이 지나는 길목이자 일본 동·서 지역을 연결하는 교통의 요충지이기도 했지.

 곽두기의 국어사전

안하무인 눈 안(眼) 아래 하(下) 없을 무(無) 사람 인(人). 자기 눈 아래에 사람이 없는 것처럼 거만하게 행동하는 걸 뜻하는 말이야.

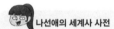 나선애의 세계사 사전

겐페이 전쟁 미나모토(源, 겐) 가문과 다이라(平, 헤이) 가문의 전쟁이라는 뜻이야.

 왕수재의 지리 사전

간토 지방 '간토'는 지금의 도쿄를 중심으로 한 일본의 동쪽 지방을 부르는 말이야. 교토와 오사카를 중심으로 한 서쪽은 간사이 지방이라고 부르지.

황이 되어 버렸어. 그런데 문제는 다이라 가문이 너무 안하무인으로 권력을 휘둘렀다는 거야. 그 탓에 다이라 가문은 많은 사람들의 반발을 샀지. 급기야 불만을 품은 천황 가문에서 전국의 무사들에게 다이라 가문을 몰아내라고 명령을 내렸어. 그러자 그렇지 않아도 불만에 차 있던 전국의 무사단들이 기다렸다는 듯이 들고일어났지. 주역은 과거 다이라 가문에 처참한 패배를 당했던 미나모토 가문이었단다."

"흠. 라이벌인 두 가문이 또 한 번 대결을 펼친 거네요."

"그래. 이 대결을 두 가문의 성을 따서 '겐페이 전쟁'이라고 불러. 동부의 간토 지방을 근거지로 한 미나모토 가문의 무사단은 삽시간에 수도 헤이안쿄를 점령하고 다이라 가문을 몰아냈어. 다이라 가문은 천황과 함께 혼슈 서쪽 끝에 있는 단노우라라는 곳까지 도망쳤지만, 결국 바다에 몸을 던져 최후를 맞이했지. 이렇게 해서 겐페이 전쟁은 미나모토 가문의 승리로 돌아갔어."

"그럼 이제 다이라 가문 대신 미나모토 가문이 권력을 장악하게 되

겐페이 전쟁의 영웅, 미나모토노 요시쓰네

미나모토노 요시쓰네는 겐페이 전쟁 당시 최전선에서 미나모토 가문의 무사단을 통솔한 인물이야. 기습 공격과 과감한 돌격 작전을 통해 다이라 가문을 무찌르는 데에 큰 공을 세웠어. 특히 겐페이 전쟁의 마지막 전투인 단노우라 해전에서의 활약으로 미나모토 가문 최고 영웅으로 우뚝 섰지.

하지만 막상 전쟁이 끝나자 요시쓰네는 다른 동료 무사들의 모함에 시달렸단다. 권력을 거머쥔 쇼군 역시 영웅으로 떠오른 요시쓰네를 견제해 요시쓰네의 재산을 몰수하고 암살을 시도했지. 생명의 위협을 느낀 요시쓰네는 일본 동북쪽 오슈로 도망가 그곳의 영주에게 보호를 요청했어. 하지만 쇼군이 오슈로 군대를 보내 항복하라고 협박하자 오슈의 영주는 그 협박에 굴복하고 말았지. 오슈의 영주는 암살자를 보냈고, 요시쓰네는 부인, 네 살 난 딸과 함께 자살로 생을 마감하고 말았어.

▲ 미나모토노 요시쓰네

요시쓰네의 최후는 전설이 되어 일본인의 입에 오르내렸어. 유라시아를 정복한 칭기즈 칸이 요시쓰네라는 이야기가 퍼질 정도였지. 요시쓰네가 실은 죽은 게 아니라 바다 건너 대륙으로 도망가 위대한 왕이 되었다는 거야.

요시쓰네가 죽은 지 수백 년이 지났지만, 여전히 일본에서는 요시쓰네를 주인공으로 한 연극, 인형극, 소설 등이 일본 사람들에게 사랑받고 있어.

◀ 항해 중에 만난 다이라 가문의 원령들을 퇴치하는 요시쓰네 겐페이 전쟁에서 많은 다이라 가문 사람들을 죽인 요시쓰네는 쇼군 요리토모한테서 도망치던 중에 다이라의 원령들에게 괴롭힘을 당했대.

▲ 겐페이 전쟁 병풍 그림 겐페이 전쟁의 주요 전투 장면을 그린 병풍이야. 겐페이 전쟁은 무사 계급이 일본 역사의 전면에 등장하는 중요한 계기로, 일본의 사극과 역사 소설의 단골 소재란다.

었겠군요."

"맞아. 그런데 미나모토 가문은 천황을 이용해 권력을 휘두르는 게 아니라 아예 무사들이 직접 나라를 다스리는 새로운 시대를 열었단다. 바야흐로 막부 시대가 시작된 거야."

용선생의 핵심 정리

180년에 걸친 후지와라 가문의 권력 독점이 끝나고 상황이 나라를 다스리는 원정이 시작됨. 천황과 상황 사이의 내전에서 공을 세운 다이라 가문과 미나모토 가문이 급성장함. 경쟁 끝에 미나모토 가문이 권력을 잡고 막부 시대를 엶.

막부 시대가 열리다

"막부? 막부가 뭐죠?"

나선애의 질문에 용선생은 빙긋 미소를 지으며 이야기를 시작했다.

"막부는 원래 총사령관이 전쟁터에서 머무는 막사를 뜻하는 말이지만 여기서는 무사들이 만든 일종의 군사 정부를 가리킨단다."

"무사들이 정부를 만들다니요?"

"미나모토 가문의 우두머리였던 미나모토노 요리토모는 천황의 외척이 되거나 고위 관직을 차지하지 않고 직접 일본을 통치하고자 했어. 이를 위해 천황으로부터 '쇼군'으로 임명받은 뒤 부하 무사들과 함께 새로운 정부를 구성했어. 이렇게 쇼군을 우두머리로 해서 무사들로 구성된 정부를 막부라고 해. 이때 미나모토 가문의 근거지가 간토 지방의 가마쿠라였기 때문에 이 시기를 가마쿠라 막부 시대라고 부른단다. 가마쿠라 막부 시대가 열리면서 자연스럽게 천황이 중심이던 헤이안 시대는 막을 내렸어. 가마쿠라

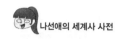

쇼군 정식 명칭은 '정이대장군'이라고 해. 일본 동북부에 사는 이민족들을 토벌하기 위해 파견된 군사령관의 명칭이었단다. 일본어로 세이타이쇼군, 줄여서 쇼군이라고 했지.

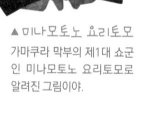

▲ 미나모토노 요리토모
가마쿠라 막부의 제1대 쇼군인 미나모토노 요리토모로 알려진 그림이야.

◀ 쓰루가오카하치만궁
가마쿠라에 세워진 거대한 사당이야. 원래는 미나모토 가문의 수호신인 '하치만'을 모시는 곳으로, 가마쿠라 막부의 제1대 쇼군인 요리토모가 세웠어. 가마쿠라 막부 시대에는 이 사당을 중심으로 막부의 주요 건물들이 들어서 있었지.

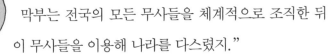

막부는 전국의 모든 무사들을 체계적으로 조직한 뒤 이 무사들을 이용해 나라를 다스렸지."

"이제 무사들이 나라를 다스리는 시대가 시작됐군요."

"그렇단다. 가마쿠라 막부는 무사들로 이루어진 무사 정부였어. 대장은 당연히 미나모토 가문의 쇼군이었고, 그 아래로는 쇼군에게 충성하는 부하 무사들이 있었지. 이 부하 무사들은 충성의 대가로 장원을 갖게 되었어. 겐페이 전쟁 때부터 미나모토 가문은 부하들이 빼앗은 적군의 장원을 차지하는 걸 허용했거든. 그리고 원래 부하들이 가지고 있던 장원도 공식적으로 인정해 주었지."

"우아, 그 정도면 충성을 바칠 만한데요."

장하다가 중얼거렸다.

"물론 여기에는 의무가 따랐어. 쇼군이 부르면 당장 군사를 이끌고 달려가야 하는 의무! 이 의무를 어기면 쇼군은 땅을 몰수해 다른 무사들에게 나눠 주었지. 그러니 무사들은 쇼군의 명령에 절대 복종했단다."

"잠깐만요. 그러니까 쇼군은 부하들에게 땅을 나눠 주고, 부하는 쇼군에게 충성을 바친 거죠? 무사는 당연히 전쟁에 나갈 의무가 있었던 거고요? 이거 어디서 많이 본 거 같은데요?"

나선애가 손을 들며 이야기하자 용선생은 고개를 끄덕였다.

"그래. 중국의 봉건 제도나 중세 유럽의 봉건 제도와 비슷하지? 그래서 일본에서도 이런 제도를 봉건 제도라고 부른단다. 쇼군을 중심

중국 주나라	중세 유럽	일본 막부 정권
차이점 주나라 천자는 혈연관계인 신하에게 전국의 땅을 나눠 준다. 땅을 다스리는 신하를 제후라고 한다.	왕이 기사에게 땅을 나눠 주고 보호를 약속하며, 기사는 왕에게 충성을 바치고 군사를 지원하는 계약 관계다.	쇼군이 무사에게 땅을 나눠 주고 그 대신 무사는 쇼군에게 충성을 바치고 전쟁에 참전할 의무를 지는 주종 관계다.

공통점
교통과 통신이 발달하지 않았던 시절 넓은 땅을 다스리기 위해 만들어진 제도이다.
윗사람이 아랫사람에게 땅을 나눠 주는 대신 충성과 군사 지원을 얻는다.
땅을 받은 사람은 자손에게 땅을 대대로 물려줄 수 있다.

으로 한 일본의 봉건 제도는 가마쿠라 막부 이후 거의 600년 이상 유지됐지."

"천황은 허수아비나 다름없고, 사실상 쇼군이 일본을 다스린 거네요?"

"응. 그런데 쇼군이 처음부터 전국을 다스린 건 아니었어. 가마쿠라 막부 초기에는 일본의 동쪽 지방은 막부가, 서쪽 지방은 천황과 귀족들이 나누어 다스리기도 했거든. 하지만 40여 년이 지난 1200년대 중반 무렵이 되면 사실상 막부가 전국을 다스리게 되지. 그런데 바로 이 무렵, 일본은 역사상 처음으로 외부의 침략이라는 커다란 위험에 맞닥뜨리게 돼."

"외부의 침략? 누가 침략해 오는데요?"

"바로 몽골 제국이었어. 원나라를 세우고 남송을 멸망시킨 쿠빌라이가 기세를 몰아 일본 원정에 나섰거든."

▲ 일본에 쳐들어온 몽골-고려 연합군 오른편에서 말을 탄 일본의 무사가 왼편에서 활을 든 몽골-고려 연합군과 맞서 싸우고 있어.

"아하. 그런데 지난 시간에 몽골 제국의 베트남 원정이랑 일본 원정이 모두 실패로 돌아갔다고 말씀하셨잖아요."

나선애가 정리 노트를 뒤적거리며 말하자 용선생은 고개를 끄덕였다.

"응, 결과적으로 실패했지. 몽골군이 두 차례에 걸쳐 일본 규슈 북쪽에 상륙해 전투를 벌였지만 모두 실패했거든. 때마침 불어닥친 태풍에 휘말린 몽골군 함선들이 산산이 조각나 버렸고, 그 바람에 몽골군은 제대로 싸워 보지도 못한 채 전멸했어."

"부럽다. 정말 운도 좋네요."

"하지만 몽골군의 침략은 일본에 심각한 후유증을 남겼단다."

 용선생의 핵심 정리

미나모토 가문이 가마쿠라 막부를 엶. 막부의 지도자는 쇼군이라 불림. 막부 정권은 봉건 제도를 바탕으로 무사들을 조직해 일본을 다스림. 이때 일본은 몽골군의 원정으로 위기에 놓이나 갑작스러운 폭풍우와 태풍 덕택에 위기를 벗어남.

끝없는 혼란으로 흔들리는 막부 정권

"후유증? 전쟁에서 이겼는데 무슨 후유증이 생겨요?"

허영심이 의아한 눈초리로 물었다.

"태풍의 덕을 보긴 했지만 어쨌든 일본의 무사들은 규슈에 상륙한
원정군과 필사적으로 싸웠고, 승리를 거두었어. 당연히 무사들은 막
부가 상을 내려 주기를 기대했지. 하지만 막부는 무사들에게 아무런
상을 내려 줄 수가 없었단다. 그 전까지는 적과 싸워서 빼앗은 땅을

몽골 침략과 신국 사상

몽골 제국의 쿠빌라이 칸은 1274년, 1281년 두 차
례에 걸쳐 일본 원정을 단행했어. 하지만 두 번 모
두 때마침 폭풍우와 태풍 때문에 실패하고 말았지.
이때부터 일본인 사이에서는 '일본은 신이 보호해
주는 신성한 나라'라는 생각이 퍼졌어. 이런 생각
을 신국 사상이라고 해.

일본인들은 태풍을 일본을 지키기 위해 보내 준 바
람이라는 뜻으로 신풍(神風), 즉 '가미카제'라고 불
렀지. 이런 분위기 속에 자연히 토착 종교인 신토
가 크게 유행하고, 천황을 신성한 존재로 여기는
분위기가 형성되었어. 일본인들은 천황을 신토의
으뜸신인 태양신 아마테라스의 후예로 여겼거든.
이처럼 몽골의 침략은 '신성한 천황'과 신토 신앙이
더욱 깊이 뿌리내리는 계기가 되었단다.

◀ 가미카제 폭풍우와 태풍이 몰아쳐 몽골군의 함선이
가라앉는 모습을 묘사한 그림이야.

상으로 내려 줬지만 이번에는 새롭게 땅을 얻은 게 아니니까. 하지만 상을 받지 못한 무사들은 막부에 은근히 불만을 가지게 되었단다."

"그것참. 몽골군한테 정복당하지 않은 것만도 천만다행으로 여겨야지, 별걸 다 바라네."

"그렇게 간단하지 않아. 무사들이 저마다 목숨을 바쳐 싸운 건 사실이었으니까. 게다가 막부는 몽골군이 언제 또 쳐들어올지 모르니 무사들에게 다시 돈과 병사를 내놓으라고 다그쳤단다. 결국 무사들은 분통을 터뜨렸어. '이미 전쟁에 나가 싸우느라 손해가 막심한데, 또 돈과 병사를 내놓으라니 아무런 보상도 없이 막부가 요구하는 대로 하면 우린 다 망한다!' 하고 말이야."

"흠. 좀 억울할 수도 있겠네요."

"무사들의 불만이 커지면서 가마쿠라 막부가 흔들리기 시작했어. 자, 이렇게 막부가 흔들리는 상황을 가장 좋아했던 게 누굴까?"

"천황 아닐까요? 막부를 몰아낼 좋은 기회잖아요."

왕수재가 얼른 대답을 했다.

"정답! 천황은 이 틈을 노려 권력을 되찾으려고 막부에 반기를 든 무사들과 손을 잡고 가마쿠라 막부를 공격했지. 이때 천황편에 서서 반란군을 이끈 인물이 아시카가 다카우지였어. 결국 가마쿠라 막부는 1333년에 문을 닫고 말았단다. 천황은 막부를 폐지하고 헤이안, 즉 교토에서 직접 나라를 다스리겠다고 나섰지."

▲ 고다이고 천황
천황권 강화를 노렸던 고다이고 천황은 무사들의 반발로 교토 남쪽 요시노로 도망가 남조 정권을 세우는 것으로 만족해야 했어.

▼ 아시카가 다카우지
원래 가마쿠라 막부의 장수였다가 쇼군을 배반하고 무로마치 막부를 세워 두 번째 무사 정권의 쇼군이 됐어.

"다카우지도 속셈이 있을 거 같은데요."

"그렇단다. 다카우지는 자기가 쇼군이 되어 교토를 차지하고 천황을 꼭두각시로 만들 생각이었어. 결국 다카우지에게 밀려난 천황은 교토 남쪽 요시노라는 곳으로 도망가 50년 가까이 다카우지에 맞섰단다. 그사이 다카우지는 새로운 천황을 꼭두각시로 앉히고 새로운 막부를 열었어. 막부가 설치된 곳이 교토의 '무로마치'라는 거리였기 때문에, '무로마치 막부'라고 부르지."

"잠깐만요. 그럼 천황이 둘이잖아요?"

나선애가 손을 들고 말했다.

"한동안은 그랬어. 하지만 1392년, 무로마치 막부가 일본 전체를 장악하고 요시노로 도망갔던 천황의 후손은 교토로 돌아와 무로마치 막부를 인정하게 된단다."

"그럼 막부가 승리한 거네요."

"응, 이때부터 쇼군이 왕처럼 일본을 사실상 통치하지. 중국 황제도 쇼군을 '일본의 국왕'으로 인정할 정도였어. 일본 정치에 천황이 다시 등장하는 건 거의 500년이 지난 1800년대 중반 이후야. 그러니 당분간 천황은 잊어버려도 좋아."

"이제 쇼군이 일본을 완전히 지배하게 되겠군요!"

"그런데 한 가지 변수가 있었어. 오랜 내전을 거치면서 지방 영주의 세력이 부쩍 성장한 거야. 전쟁이 한창일 때, 쇼군을 위해 싸웠던 영주들은 자기 맘대로 장원을 늘렸어. 심지어 막부로 보낼 세금을 빼돌리고 막부의 허락 없이 무사단을 키우기도 했지.

 용선생의 세계사 돋보기

교토의 무로마치 거리에 막부 건물을 본격적으로 세운 인물은 제3대 쇼군인 아시카가 요시미쓰였어.

 용선생의 세계사 돋보기

제3대 쇼군 아시카가 요시미쓰는 중국을 좋아하기로는 당대 최고였어. 그래서 원을 무너트리고 중국에 들어선 명과 국교를 맺어 감합 무역을 하고 '일본 국왕'으로 인정받았지. 명나라 황제 주원장은 요시미쓰에게 왜구 단속을 조건으로 감합 무역을 허락했단다.

▼ 아시카가 요시미쓰
무로마치 막부의 제3대 쇼군. 50여 년에 걸친 분쟁을 마무리하고 무로마치 막부의 전성기를 이끌었어.

▲ 로쿠온지 아시카가 요시미쓰가 아들에게 쇼군 자리를 물려주고 자신이 머물 별장으로 지은 건물이라고 해. 건물 전체에 금박을 입혀 금각사(金閣寺), 일본어로 킨카쿠지라고 불러. 무로마치 막부의 영광을 상징하는 건물이기도 해.

하지만 쇼군은 못 본 척했어. 일단 전쟁에서 이기는 게 우선이었기 때문이지. 당장 영주들이 반란을 일으키는 것이 아닌 한 눈감아 준 거야. 그러다 보니 어느새 막부의 쇼군 못지않게 강력한 세력을 갖춘 영주들이 등장했어."

"에구구, 한 치 앞을 못 본 거네요."

"그러게 말이다. 전쟁이 끝난 뒤 쇼군은 뒤늦게 지방 영주의 세력을 억누르려 했지만 끝내 실패했어. 그로 인해 일본은 겨우 70여 년의 평화를 누린 뒤 또다시 혼란에 빠지게 된단다."

◀지쇼지
무로마치 막부의 제8대 쇼군이 지은 건물이야. 킨카쿠지를 모방해 건물을 지었어. 은은한 달빛을 받으면, 마치 은처럼 반짝인다고 하여 일명 은각사(銀閣寺), 일본어로 긴카쿠지라고 부르기도 해.

용선생의 말에 나선애가 고개를 절레절레 흔들었다.

"아유, 이렇게 혼란이 되풀이되면 어떻게 산담?"

"다행히 전쟁은 어디까지나 무사들의 몫이었고, 평민들은 전쟁에서 살짝 비켜 나 있었지. 오히려 새로운 농업 기술이 도입되고 상업이 크게 발달하게 돼. 일본 사회가 전반적으로 크게 발전하는 시기였던 거지."

"맨날 전쟁만 한 줄 알았더니, 뜻밖인데요."

"흐흐. 말 나온 김에 막부 시대에 일본 사람들이 어떻게 살았는지 조금 더 자세히 알아볼까?"

용선생의 핵심 정리

가마쿠라 막부가 막을 내리고 새로운 막부인 무로마치 막부가 교토에 들어섬. 1392년에 전 일본을 장악했으나 70여 년의 짧은 평화 후 다시 혼란이 시작됨.

상업이 발달하고 왜구가 들끓다

용선생은 목소리를 가다듬고 말을 이어 나갔다.

"우선, 막부 정권이 등장할 무렵 일본에는 새로운 벼 품종과 함께 모내기법이 널리 보급되었어. 또 장원을 늘리려는 무사들이 황무지 개간에 앞장서서 쌀 생산량이 크게 늘어났지. 자연히 남아도는 쌀을 팔아 다른 물품을 구입하려는 사람들이 늘어났어. 사람들이 많이 모이는 교토, 나라, 가마쿠라 같은 곳에는 상설 시장이 만들어지고, 무사들이 중국의 비단이나 한반도의 인삼 같은 사치품을 활발하게 소비하면서 중국과 한반도와의 무역도 활발해졌어. 이렇게 상업이 발달하자 자연스레 화폐 사용도 늘어나게 되었지."

"일본은 무슨 화폐를 썼어요?"

▲ 교토의 니시키 시장 헤이안 시대부터 천황이 살았던 교토는 무로마치 시대에 상설 시장이 들어설 만큼 번영을 누렸어.

▲ 가마쿠라 시대의 장터 모습 이 그림을 통해 가마쿠라 시대에 이미 상업이 매우 발달했다는 사실을 알 수 있어.

곽두기가 질문을 던졌다.

"얘들아, 저번 시간에 송나라 동전이 국제 화폐로 널리 쓰였다고 했던 거 기억하니? 일본 사람들도 외국과의 무역뿐 아니라 국내에서도 송나라 동전을 주로 사용했어. 한창때는 일본에서 유통되는 송나라 동전이 무려 37만 톤이나 됐대."

"우아! 어마어마한데요?"

아이들이 혀를 내둘렀다.

"그렇게 농업과 상업이 발달했으니 다들 살기가 좋아졌겠어요."

"그건 아니야. 영주가 세금으로 거둬 가 버리는 바람에 농민의 삶은 나아지지 않았어. 오히려 많은 농민이 세금을 피해 장원에서 도망쳐 부랑자가 되었지."

"그럼 무사들만 부자가 된 거예요?"

"사실 무사들도 어렵기는 마찬가지였단다. 쌀 생산이 늘어나다 보니 쌀값이 하루가 다르게 떨어졌거든. 영주는 세금으로 쌀을 거둬 필요한 물건들을 구입했는데, 쌀값이 떨어지자 오히려 수입이 줄어든 셈이었어. 더군다나 몽골과의 전쟁으로 지출이 늘어나 많은 무사들의 형편이 어려워졌고, 심한 경우 장원을 담보로 잡히고 돈을 빌렸다가 장원을 날리거나, 장원을 팔아 치우는 일도 있었어. 떠돌이 신세가 된 무사도 적지 않았지."

"그럼 결국 농민도 떠돌이, 무사도 떠돌이가 된 거군요?"

왕수재가 알겠다는 듯 말했다.

"그래. 이렇게 떠돌이가 된 무사와 농민들은 무법자가 되어 장원과 마을을 습격하고, 민가에 들이닥쳐 행패를 부리곤 했지. 그야말로 깡

▲ 왜구가 바다에서
싸우는 그림 왜구는 이
렇게 바다 위에서 싸움을 벌
여 세금 운반선에 실린 곡식
이나 상선의 짐을 빼앗아 가
기도 했어.

패나 다름없었단다. 사람들은 이들을 막부의 무사와 구분해 '악당'이
라고 불렀어. 해안 지방의 악당들은 조직적으로 선단을 꾸려 해적 활
동에 나섰어. 해상 무역이 활발해지면서 바다를 오가는 배들을 약탈
하면 큰돈을 벌 수 있었거든. 이들은 중국과 한반도의 해안을 습격해
강도질을 일삼기도 했는데, 이게 바로 왜구란다."

"아! 왜구라면 한국사 배울 때 들어 본 적 있어요."

장하다가 얼른 소리쳤다.

"그래. 들어 본 적 있지? 왜구들은 상선들뿐 아니라 해안의 마을을
습격해 곡식이나 물건을 빼앗고, 주민들을 납치해 노예로 팔았어. 이

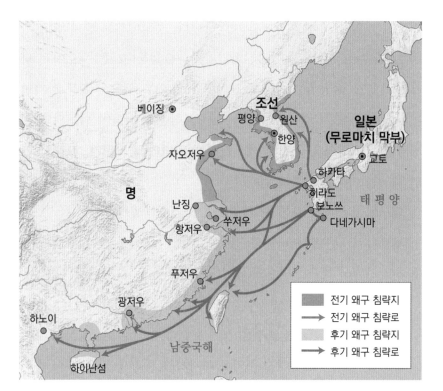

때 일본은 요시노로 도망간 천황과 무로마치 막부가 한창 싸우던 중
이어서 왜구를 제대로 통제할 겨를이 없었지. 게다가 주변 나라들 역
시 정신이 없기는 마찬가지였어. 중국에서는 원나라가 무너지고 명
나라가 들어서고, 한반도에서는 고려가 무너지고 조선이 들어서면서
나라 안팎이 어수선했거든. 동아시아 전체가 혼란스러웠기 때문에
왜구가 더욱 활개칠 수 있었던 거지."

"어휴, 어떡해요? 한 나라라도 얼른 정신을 차리고 왜구를 물리쳐
야 하는데."

나선애가 안타까운 듯 말했다.

"흐흐. 선애가 바라는 대로 1400년대에 접어들면서 중국과 한반도,

일본이 거의 동시에 혼란에서 벗어났단다. 중국에서는 명나라가, 한반도에서는 조선이 완전히 자리 잡았어. 또 일본에서는 무로마치 막부가 혼란을 수습하고 전국을 장악했지. 그러자 왜구의 활동은 자연스럽게 위축됐단다. 1419년에는 조선의 이종무 장군이 왜구의 본거지였던 쓰시마섬을 공격해 왜구들에게 치명타를 가했지. 그래서 일단 왜구는 자취를 감추게 된단다.”

“왜구에게 본때를 보여 준 거군요!”

“무로마치 막부도 명나라와 정식으로 외교 관계를 맺고 감합 무역을 시작하면서 왜구를 막으려 애썼어.”

“감합 무역? 그게 뭔데요?”

곽두기가 몹시 궁금한 표정을 지어 보였다.

“중국 관청에서 쇼군에게 무역을 허가하는 증명서를 주고, 이 증명서를 가지고 온 막부의 상인만 무역을 허락하는 제도야. 감합에는 일본 상인이 중국에 가지고 올 수 있는 무역선의 수, 상단의 인원, 그리고 물건의 수량까지 미리 정해져 있었지. 상인이 감합을 가지고 중국

▶ 무로마치 막부가
중국에 보낸 무역선

에 도착하면 중국 관청에 있는 기록과 대조해 진짜로 확인되어야만 무역이 가능했단다."

"거참, 무역을 하는데 왜 그렇게 복잡한 절차가 필요한 거죠?"

왕수재가 이해할 수 없다는 듯 말했다.

"명나라 황제가 무역을 할 수 있는 권한을 오로지 막부의 쇼군에게만 주려고 했기 때문이야. 이렇게 하면 막부가 알아서 왜구들을 단속할 거라고 생각했던 거지. 실제로 감합 무역은 막부에 아주 큰 이익을 가져다주었어. 그래서 무로마치 막부는 왜구 단속에 발 벗고 나섰단다."

"흠, 그런데 아까 무로마치 막부도 오래가지 못했다고 하셨잖아요.

그럼 감합 무역도 흐지부지 되는 거 아닌가요?"

왕수재가 손을 들어 용선생에게 질문하자 용선생이 고개를 끄덕이며 대답했다.

"맞아. 무로마치 막부의 힘이 약해지면서 위조 감합이 수도 없이 등장했어. 나중에는 어느 게 진짜고 어느 게 가짜인지 분간할 수도 없게 되었지. 이러다 보니 감합 무역은 중단되었고, 그 틈을 타 또다시 왜구가 기승을 부리기 시작했단다. 앞서 발생한 왜구를 전기 왜구, 뒤이어 발생한 왜구를 후기 왜구라고 불러. 특히 1500년대 중반에 등장한 후기 왜구는 주로 중국의 동남부 해안, 심지어 동남아시아까지 진출해 약탈과 함께 밀무역을 벌였어."

"밀무역이라니요?"

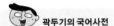
"사실 이때 중국의 명나라는 나라의 문을 완전히 닫아걸어 버리는 해금 정책을 폈단다. 명나라 사람은 바닷가에 얼씬도 하지 말라는 명령을 내릴 정도였지. 무역에 의존해 살아가던 중국 상인은 손해가 막심했어. 그래서 중국 상인은 왜구와 손을 잡고 국가의 감시가 미치지 않는 으슥한 해안을 근거지로 삼아 몰래 무역을 했지."

"뜻밖인데요. 왜구는 그냥 해적인 줄만 알았는데……."

"더 재미있는 건 말이지, 이때 왜구 중에는 사실 중국인도 있었다는 거야."

"그게 무슨 말씀이죠? 중국인이 왜구라니요?"

아이들 모두가 눈을 동그랗게 떴다.

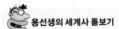
"중국 상인들 입장에선 밀무역과 해적질을 겸하면 훨씬 큰 이득을 얻을 수 있었거든. 그래서 머리 모양이나 옷차림을 일본 왜구인 것처

럼 꾸미고는 중국의 해안 마을을 약탈하고 사람들을 납치해 노예로 내다 팔았단다.”

“아이고, 머리야. 정말 너무하네요!”

나선애가 손으로 머리를 짚었다.

“후기 왜구는 일본이 다시 안정을 되찾을 때까지 30여 년 정도 기승을 부렸단다. 그동안 일본에서는 마치 중국의 춘추 전국 시대를 떠올리게 하는 대혼란이 펼쳐지고 있었지. 저마다 세력을 갖춘 영주들이 권력을 차지하기 위해 치열한 대결을 벌이거든. 그 이야기는 다음에 계속하기로 하고, 오늘은 여기까지 하자꾸나. 안녕, 애들아!"

 용선생의 핵심 정리

농업 생산량이 증가하며 시장이 생기고 상업이 발달하며 해외 무역이 증가함. 한편 몰락한 농민과 무사가 늘어나 무법자가 되고, 밀무역과 약탈을 일삼는 왜구가 활개를 침.

나선애의 정리노트

1. 무사의 등장과 세력 확장

• 나라로부터 세금을 면제받은 사유지인 장원이 점차 증가함.

• 장원을 보호하기 위해 무사들의 세력이 점점 커짐.

　→ 수도로 올라와 귀족을 호위하는 역할을 맡음!

2. 무사들의 정권 막부

• 여러 무사 가문 중 다이라 가문과 미나모토 가문의 세력이 커짐.

• 미나모토 가문이 권력을 장악하고 가마쿠라 막부를 세움.

• 막부: 쇼군을 우두머리로 무사들이 구성한 정부

　→ 전국의 무사들을 봉건 제도를 통해 체계적으로 조직해 일본을 다스림.

• 막부의 쇠퇴

　→ 몽골 침략을 계기로 가마쿠라 막부는 쇠퇴함.

　→ 무로마치 막부는 요시노의 천황과 대립하다가 1392년 전 일본 장악에 성공함.

3. 상업 발달과 왜구의 등장

• 농업 생산량이 증가하며 시장과 상업 발달, 화폐 사용 증가

• 세금을 피해 도망친 농민들과 몰락한 무사들이 새로운 무법자가 됨.

• 중국과 한반도의 해안을 오가며 밀무역과 약탈을 일삼는 무리 등장: 왜구!

　→ 동아시아의 정세가 혼란한 틈을 타 활개를 침.

　→ 무로마치 막부가 들어선 이후 감합 무역이 실시되며 줄어들기도 함.

* 감합: 중국 관청에서 막부의 쇼군에게 발행한 무역 허가 증명서!

세계사 퀴즈 달인을 찾아라!

01 다음 중 무사에 대해 잘못된 이야기를 하는 사람은 누구인지 골라 보자. ( )

 ① 반란을 진압한 군사 지휘관 중에서 무사가 된 사람도 있었어.

 ② 전국에 장원이 늘어나면서 더욱 역할이 중요해졌지.

 ③ '사무라이'와는 완전히 다른 사람들이야.

 ④ 영주가 무장을 갖추고 무사로 나서기도 했어.

02 다음 빈칸 안에 들어갈 말을 채워 보자.

 20세에 천황 자리에 오른 시라카와 상황은 즉위한 지 14년 만에 8세밖에 안 된 아들에게 천황 자리를 물려주고 자신은 상황이 되어 나라를 다스리기 시작했다. 이렇게 천황 대신 상황이 나라를 다스리는 형태를 ☐☐(이)라고 한다.

( )

03 다음 중 막부에 대한 설명으로 옳지 않은 것을 골라 보자. ( )

① 원래 군대를 이끄는 총사령관이 전쟁터에서 머무는 막사를 뜻하는 말이었다.
② 쇼군을 우두머리로 무사들을 봉건 제도로 조직해 나라를 다스렸다.
③ 겐페이 전쟁을 계기로 첫 막부 정권인 가마쿠라 막부가 세워졌다.
④ 막부는 세워지자마자 천황과 귀족을 대신해 전 일본의 권력을 장악했다.

04 다음 사건들을 일어난 순서대로 나열해 보자.

(–   –   –   )

㉠ 가마쿠라 막부가 세워지다.

㉡ 몽골군이 일본을 침략하다.

㉢ 겐페이 전쟁에서 미나모토 가문이 승리하다.

㉣ 무로마치 막부가 세워지다.

---

05 다음 중 사실이 아닌 문장을 골라 보자. (   )

막부 정권이 등장할 무렵 일본에는 ①새로운 벼 품종과 함께 모내기법이 널리 퍼져 나갔어. ②사람들이 많이 모이는 교토, 나라, 가마쿠라 같은 곳에는 상설 시장도 만들어졌지. ③하지만 쌀값이 떨어지는 바람에 무사가 몰락하고, 과도한 세금으로 장원에서 도망친 농민도 늘어났어. ④막부는 이들을 대대적으로 고용해 군사력을 확대했지.

---

06 다음 지도에서 설명하고 있는 것은 무엇일까?

(   )

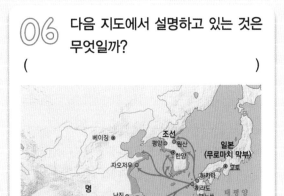

• 정답은 374쪽에서 확인하세요!

일본의 무사들은 어떻게 생겼을까?

일본도를 들고 화려하게 장식된 갑옷과 투구를 쓴 채 전쟁에 나서는 무사의 모습은 일본 전통문화를 상징하는 아이콘이 되었어. 오늘은 일본 무사들의 복장을 살펴보도록 하자.

활

화살이 멀리 날아가도록 2미터가 넘는 큰 활을 썼는데, 하나의 목재를 통째로 깎아서 만들었어. 또 말을 탄 상태에서 쏘기 쉽도록 아래가 짧고 위는 길었지.

투구

작고 납작한 철판 조각을 끈이나 못으로 이어 붙여 만들었어. 멀리서도 자신을 알아볼 수 있도록 화려한 뿔 장식을 달았어. 그래야 전쟁에서 세운 공을 인정받을 수 있기 때문이지.

▲ 호시카부토 일본 무사들이 사용했던 투구의 한 종류

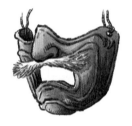

가면

얼굴을 보호하기 위한 것이지만, 적이 겁을 먹도록 무섭게 만들었어. 얼굴 전체를 덮는 가면부터 코와 얼굴 아래만 덮는 가면, 입 주변만 가리는 가면까지 종류가 다양했어.

▲ 멘구 일본 무사들이 쓰던 가면

일본도

길고 약간 휘어진 일본도는 일본 무사들을 상징하는 대표적인 무기야. 장인이 망치로 쇠를 수없이 두드려 만들었지. 조선과 명에 수출된 일본의 대표적인 상품이었고 유럽에서는 예술품으로 인정받았어.

갑옷

철판 조각을 끈으로 연결해 만들었어. 화살을 맞아도 부상을 입지 않도록 몸에 꼭 끼지 않게 넉넉하게 만들었지. 또 말을 탄 상태에서 움직임이 자유롭도록 몸통과 팔, 다리 부위가 분리되어 있어.

◀ 오요로이
일본의 대표적인 갑옷. 헤이안 시대부터 무로마치 막부 시대까지 널리 쓰였어.

5교시

요동치는
이슬람 세계

⋮

아바스 왕조의 분열과 함께 하나의 왕조가 이슬람 세계 전체를
다스리던 시대는 끝났어. 이제는 오랜 역사와 문화를 지닌
페르시아인과 중앙아시아의 풍운아 튀르크인 등
다양한 뿌리를 지닌 세력들이 어우러져
이슬람 세계를 이끌어 가게 되었지. 이와 함께 이슬람 문화도
새로운 발전과 변화의 계기를 맞이한단다. 자, 그럼
요동치는 이슬람 세계 속으로 성큼 들어가 보기로 할까?

카이로의 살라딘성.
카이로는 아이유브 왕조의 지배를 받으며 이집트를 대표하는 대도시로 성장했어.

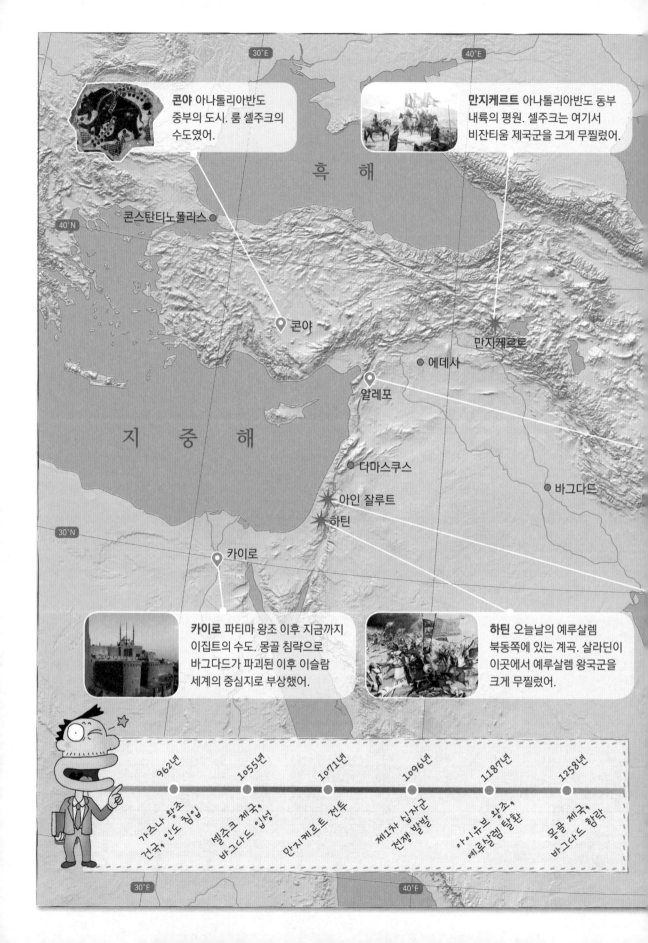

콘야 아나톨리아반도 중부의 도시. 룸 셀주크의 수도였어.

만지케르트 아나톨리아반도 동부 내륙의 평원. 셀주크는 여기서 비잔티움 제국군을 크게 무찔렀어.

흑 해

콘스탄티노폴리스

콘야

만지케르트

에데사

알레포

지 중 해

다마스쿠스

아인 잘루트

하틴

바그다드

카이로

카이로 파티마 왕조 이후 지금까지 이집트의 수도. 몽골 침략으로 바그다드가 파괴된 이후 이슬람 세계의 중심지로 부상했어.

하틴 오늘날의 예루살렘 북동쪽에 있는 계곡. 살라딘이 이곳에서 예루살렘 왕국군을 크게 무찔렀어.

962년 가즈나 왕조 건국, 인도 침입

1055년 셀주크 제국, 바그다드 입성

1071년 만지케르트 전투

1096년 제1차 십자군 전쟁 발발

1187년 아이유브 왕조, 예루살렘 탈환

1258년 몽골 제국, 바그다드 함락

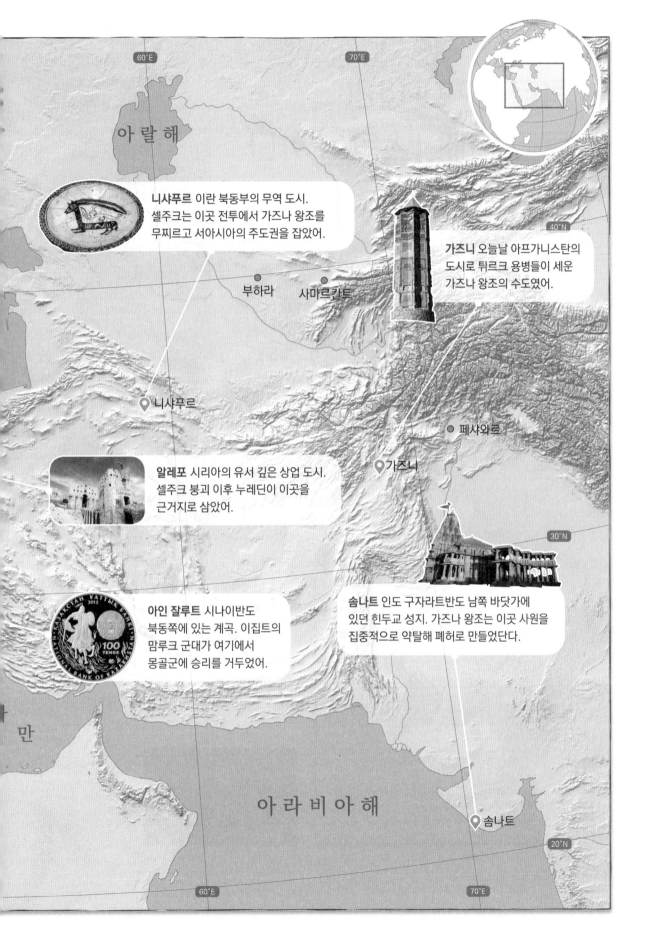

아랄해

니샤푸르 이란 북동부의 무역 도시. 셀주크는 이곳 전투에서 가즈나 왕조를 무찌르고 서아시아의 주도권을 잡았어.

부하라

사마르칸트

가즈니 오늘날 아프가니스탄의 도시로 튀르크 용병들이 세운 가즈나 왕조의 수도였어.

니샤푸르

페샤와르

알레포 시리아의 유서 깊은 상업 도시. 셀주크 붕괴 이후 누레딘이 이곳을 근거지로 삼았어.

가즈니

아인 잘루트 시나이반도 북동쪽에 있는 계곡. 이집트의 맘루크 군대가 여기에서 몽골군에 승리를 거두었어.

솜나트 인도 구자라트반도 남쪽 바닷가에 있던 힌두교 성지. 가즈나 왕조는 이곳 사원을 집중적으로 약탈해 폐허로 만들었단다.

만

아 라 비 아 해

솜나트

튀르크인의 나라
투르크메니스탄을 가다

투르크메니스탄은 몽골 초원에서 서쪽으로 이동한
튀르크인 일파가 카스피해 동쪽에 세운 나라야.
페르시아어로 '튀르크멘의 땅'이라는 뜻이지.
1884년 러시아 제국에 합병당했다가 구소련이 해체된
뒤 1991년 독립했어. 투르크메니스탄은 독립하자마자
러시아를 비롯한 강대국에 휘둘릴 것을 우려해 중립을
선언했어. 면적은 한반도의 2배이고 인구는 5백만 명
정도 된대.

▲ 아슈하바트의 전경

사랑의 마을 아슈하바트

아슈하바트는 투르크메니스탄의 수도야. 페르시아어로 '사랑의 마을'이라는 낭만적인 뜻을 가지고 있지.

아슈하바트는 눈에 띄는 모든 건물과 구조물을 하얀색으로 색칠한 것으로 유명해. 한때 도시 미관을 해친다는 이유로 검은색 자동차는 수입을 금지한 적도 있지. 지금도 도시 전체가 워낙 깔끔해 마치 영화 세트장처럼 느껴지지.

▲ 아슈하바트 길거리

건물들은 물론 가로등까지도 하얀색으로 칠해져 있어.

◀ 웅장한 대통령궁의 모습

225

중립국 선포 탑

투르크메니스탄은 소련에서 독립하면서 중립을 선언했어. 이 탑은 중립 선언을 기념해 세운 탑이야. 탑에는 전망대가 설치되어 있어서 아슈하바트 시내를 내려다볼 수 있지. 꼭대기에 초대 대통령 사파르무라트 니야조프의 황금빛 조각상이 서 있어.

투르크메니스탄 독립 기념 공원

1991년 투르크메니스탄이 소련으로부터 독립한 것을 기념해 만들어진 공원이야. 공원 한복판에 높이 118미터의 독립 기념탑이 서 있고, 그 주변에는 역사상 위대한 튀르크인 부족장과 시인, 영웅들의 동상이 배치되어 있지.

▲ 중립국 선포 탑

▲ 독립 기념일 퍼레이드

▲ 독립 기념 공원 전경

▶ 독립 기념탑 주위에 세워진 역사 인물들의 동상

모두 튀르크인에게는 유명한 역사적 인물들이야.

카라쿰 사막과 세계 최대 규모의 카라쿰 운하

투르크메니스탄은 건조한 카라쿰 사막이 국토의 70퍼센트를 차지하는 나라야. 투르크메니스탄 사람들은
운하를 파서 동쪽의 산악 지역과 북쪽 국경을 따라 흐르는 아무다리야강의 물을 끌어와 농업용수와 식수로
사용하고 있어. 카라쿰 사막을 관통하는 1,300킬로미터의 카라쿰 운하는 세계에서 가장 긴 운하야.

▲ 카라쿰 운하

◀ 카라쿰 사막의 유목민들
카라쿰 사막의 반건조 지대에서 많은 사람들이
유목 생활을 하고 있어.

▶ 운송 중인 목화솜
카라쿰 운하에서 끌어온 물 덕분에 카라쿰 사막의 반건조 지대는 대
부분 목화밭으로 탈바꿈했어. 전체 경작지의 40퍼센트에 해당하는
엄청난 면적이지. 투르크메니스탄은 세계 9위의 목화 생산국이야.

한 무제를 사로잡은 명마 아할 테케

투르크메니스탄 하면 빼놓을 수 없는 것이 바로 아할
테케라는 말이야. 빠른 속도와 지구력, 아름다운 털을
가진 아할 테케는 중앙아시아의 대표적인 명마야. 중국의
한 무제가 그토록 얻고 싶어 했던 '한혈마'가 바로
아할 테케였어. 아할 테케는 투르크메니스탄 국민의
자부심으로 천연기념물로 지정되어 있고, 지폐와 우표
모델이자 나라의 상징으로 사용되고 있어.

▲ 아할 테케

◀ 투르크메니스탄 국장
가운데에 말이 그려져 있어.

천연자원의 보고

투르크메니스탄은 석유와 천연가스를 비롯한 각종 천연자원이 풍부한 나라야. 천연가스는 세계에서 15번째로 많고, 석유는 44번째로 많이 매장되어 있지. 하지만 이런 자원을 가공하는 기술은 떨어져서 원료 그대로 수출하거나 외국 기업에 가공을 맡기고 있어. 우리나라 기업들 역시 투르크메니스탄에 진출해 정유 공장을 세워 운영하고 있지.

▲ 지옥으로 가는 문

천연가스 채굴 기술자가 실수로 낸 불이 40년 넘게 타고 있는 천연가스 구덩이. 쉴 새 없이 불길이 치솟는 모습이 너무나 인상적이라 사람들은 이곳을 '지옥으로 가는 문'이라고 부르고 있어.

▶ 카스피해에서 석유를 채굴하는 모습

229

아바스 왕조의 분열

"우선 서아시아에 대해 배웠던 내용을 간단히 복습해 볼까? 칼리프의 노예 병사였던 맘루크가 권력을 잡고 난 뒤 아바스 왕조는 내리막길을 걸었어. 이슬람 세계는 크게 세 덩어리로 분열되었지. 가장 서쪽의 이베리아반도에는 옛 우마이야 왕조를 이은 후우마이야 왕조, 이집트에는 시아파들이 세운 파티마 왕조, 칼리프가 다스리는 바그다드의 아바스 왕조. 이 무렵 아바스 왕조는 서아시아에서만 간신히 세력을 유지하고 있었지."

"기억나요. 세 나라 모두 제각각 자기가 칼리프라고 했었죠."

나선애가 또렷하게 대답했다.

"그래. 하지만 이게 끝이 아니었어. 혼란을 틈타 서아시아 곳곳에

서 칼리프에 대항하는 반란이 잇달
았거든. 이라크 남부의 농장에서는
흑인 노예들이 반란을 일으켜 바그
다드 인근까지 위협했어. 그리고 시
아파 반란군은 성지 메카를 공격하
기까지 했지. 워낙 반란이 잦고 그
규모도 점점 커졌기 때문에 좀처럼
진압이 어려웠어. 결국 반란을 진압
하기 위해 다른 해결사들이 나서야
했단다."

▲ 바스라 인근의 늪지대

바그다드와 가까운 이라크 남부에서 반란을 일으킨 흑인 노예들은 이런 늪
지대에서 맘루크들과 맞서 싸웠어. 기병을 주력으로 삼은 맘루크들은 말들
이 마음껏 달리기 힘든 늪지대에서는 좀처럼 힘을 발휘할 수 없었지. 그래서
흑인 노예들의 반란은 15년 동안이나 계속됐단다.

"누가 나섰는데요?"

"바로 지방에 파견된 총독과 토착
세력인 호족들이었어. 이들은 자신들의 군대를 동원해 반란을 진압
한 대가로 자치권을 얻었지. 사실상 칼리프에게서 떨어져 나와 독립
한 거야. 900년대에 이르면 아바스 왕조는 껍데기만 남고 서아시아
에는 독립적인 여러 나라가 세워졌지. 대충 판도를 한번 살펴볼까?"

용선생은 지도를 펼치며 말을 이어 나갔다.

"시리아 지역은 900년대 들어 함단 가문이 세운 함단 왕조가 다스
렸어. 또 이란 고원
과 중앙아시아 지역
에서는 옛 페르시아
의 귀족 가문들이 힘
을 되찾기 시작했지.

 곽두기의 국어사전

자치권 스스로 자(自) 다스
릴 치(治) 권리 권(權). 특정
지역을 스스로 다스릴 수 있
는 권리야. 자치권을 인정받
은 총독들은 이 권리를 세습
했지.

 나선애의 세계사 사전

함단 왕조 905년부터
1004년까지 메소포타미아
와 시리아 일대를 다스린 아
랍계 시아파 왕조야.

▲ 900년대 무렵 이슬람 세계

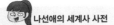 나선애의 세계사 사전

사만 왕조 875년부터 999년까지 소그디아나를 중심으로 번창했던 페르시아계 왕조야. 가즈나 왕조에 멸망당했어.

나선애의 세계사 사전

부이 왕조 932년부터 1055년 사이에 있었던 페르시아계 시아파 왕조야.

그중 동쪽 중앙아시아에서는 대대로 소그디아나의 총독을 지내던 사만이라는 페르시아 귀족 가문이 주도권을 잡았어. 사만 가문이 세운 사만 왕조는 부하라, 사마르칸트 등 비단길의 도시들을 중심으로 세력을 키워 나갔단다."

용선생은 손가락을 움직여 옆을 가리키며 설명을 이어 나갔다.

"이란고원과 이슬람 세계의 중심인 바그다드 주변은 부이 가문이 장악했어. 200년 전부터 용병으로 잔뼈가 굵은 페르시아계 귀족 가문인 부이 가문이 세운 부이 왕조는 시아파 이슬람교를 믿었어. 수니파인 바그다드의 칼리프와는 당연히 사이가 좋지 않았단다."

"헐, 그럼 칼리프는 어떻게 되는 거예요?"

"칼리프는 사실상 부이 왕조의 포로 신세가 되었지. 부이 왕조는 100년 가까이 바그다드를 지배했는데, 이 100년 동안 칼리프는 아무런 힘도 없는 허수아비였어. 하지만 부이 왕조도 당장 칼리프를 어떻게 할 수는 없었어. 혹시라도 칼리프에게 해코지를 했다가는 절대 다수를 차지하는 수니파가 들고일어날 것이 불을 보듯 뻔했기 때문이지."

"한때 세계를 정복할 것처럼 기세등등하던 칼리프

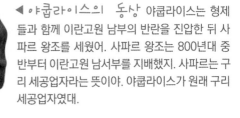

◀ 야쿱라이스의 동상 야쿱라이스는 형제들과 함께 이란고원 남부의 반란을 진압한 뒤 사파르 왕조를 세웠어. 사파르 왕조는 800년대 중반부터 이란고원 남서부를 지배했어. 사파르는 구리 세공업자라는 뜻이야. 야쿱라이스가 원래 구리 세공업자였대.

가 어쩌다 이렇게 됐는지, 원.”

나선애의 말에 용선생은 어깨를 으쓱했다.

“게다가 이 무렵에는 이집트의 파티마 왕조와 비잔티움도 호시탐탐 아바스 왕조의 국경을 넘봤어. 파티마 왕조는 동지중해 연안의 유서 깊은 항구 도시들을 빼앗았고, 비잔티움 제국은 예전에 빼앗겼던 시리아 북부와 아르메니아 지역을 되찾아 갔지.”

“에구, 이러다 이슬람 세계가 다 망하겠어요!”

장하다가 안타깝다는 표정으로 말했다.

“하하, 너무 안타까워하지 마. 전에도 말했듯이 아바스 왕조가 내리막길을 걷는 동안에도 이슬람교는 계속 퍼져 나가고 있었으니까.”

“어머, 정말요?”

허영심이 눈을 동그랗게 떴다.

“물론이지. 이 무렵에 이슬람교를 받아들인 대표적인 민족이 바로 중앙아시아의 튀르크인이었어.”

“튀르크인이라면, 당나라한테 밀려나 서쪽으로 쫓겨 간 그 튀르크요?”

“그렇단다. 튀르크인은 이슬람교를 받아들인 지 얼마 안 돼서 이슬람 세계의 주역으로 발돋움하게 돼.”

 용선생의 핵심 정리

900년대 초 아바스 왕조는 분열되고 서아시아에는 사실상 독립을 이룬 여러 지방 세력들이 나타남. 이 중 중앙아시아에서는 사만 왕조가, 이란 고원 인근에서는 부이 왕조가 세력을 잡음.

튀르크인이 이슬람교를 받아들이다

"혹시 튀르크 출신 맘루크를 말씀하시는 건가요?"

곽두기가 묻자 용선생은 고개를 흔들었다.

"물론 노예 병사 맘루크도 대부분 튀르크 출신이었지. 그런데 지금 말하는 튀르크는 서쪽으로 이주한 뒤에도 중앙아시아에서 여전히 유목 생활을 하던 튀르크인들을 말한단다."

"근데 그 사람들이 왜 이슬람교를 받아들여요?"

"여러 가지 이유가 있었겠지만 이 무렵에 중앙아시아에서는 이슬람교가 대세였으니까 튀르크인도 거부감 없이 이슬람교를 받아들였을 거야. 유목민들은 종교에 대해 아주 개방적이어서 필요하다면 아주 쉽게 다른 종교를 받아들였거든."

"고작 그런 이유라니 좀 실망인데요."

"또 한 가지 이유는 튀르크 출신 맘루크의 성공이야. 많은 튀르크

▶ 맘루크 맘루크를 묘사한 1300년대 그림이야. 앞에 있는 무리가 튀르크인 맘루크들이지. 이슬람교의 상징인 초승달과 금성이 그려진 깃발을 들고 있어.

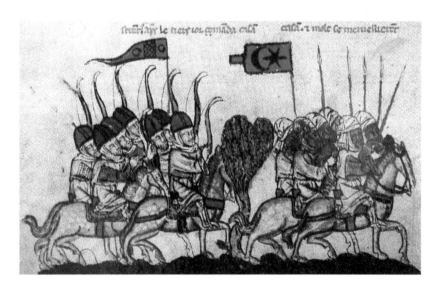

전사들이 '나도 맘루크처럼 이슬람교를 받아들이고 전쟁에 나가 용감히 싸워 공을 세우면 크게 출세하지 않을까?' 하고 생각했거든."

"그건 더 실망인데요. 출세하려고 종교를 바꾸다니!"

허영심이 어이없는지 코웃음을 쳤다.

"이 무렵 서아시아에서는 전쟁이 끊이지 않았고, 튀르크인은 누구보다 뛰어난 전사들이었어. 아바스 왕조에서 사실상 독립을 이룬 지방 세력들은 앞다퉈 튀르크인을 용병으로 고용했고, 이슬람교를 받아들인 튀르크 전사들은 서아시아 곳곳에서 용병으로 대활약을 펼쳤지. 튀르크 용병들이 전쟁을 도맡다시피 한 거야."

"그거 편하네요. 돈만 내면 싸워 준다 이거죠?"

장하다가 말하자 용선생이 미소를 살짝 지었다.

"하지만 문제는 튀르크 용병이 언제까지나 충성을 바친다는 보장이 없었다는 거야. 962년, 중앙아시아의 사만 왕조가 고용한 튀르크 용병들은 반란을 일으켜 아프가니스탄의 가즈니를 근거지로 삼아 가즈나 왕조를 세웠어. 사만 왕조는 영토의 대부분을 가즈나 왕조에 빼앗기고 멸망의 길을 걸었지."

"쯧쯧. 내가 그럴 줄 알았다니까."

왕수재가 혀를 찼다.

"가즈나 왕조는 걸핏하면 가까운 인도 펀자브 지방으로 쳐들어가 약탈을 일삼았어. 특히 마흐무드 술탄은 30년 동안 무려 17번이나 인도를 침략해 사람들을 죽이고

▲ 가즈니의 옛 성과 벽돌 첨탑 유적
오늘날 가즈니는 아프가니스탄 동부의 사막 가운데 있는 인구 14만 명의 소도시야. 숱한 전쟁과 혼란을 겪으며 많은 문화재가 사라진 탓에 오늘날 가즈니에서 옛 모습을 찾아보기는 어려워.

▶ 가즈나 왕조의 팽창

온갖 금은보화를 빼앗았지. 펀자브 지방이 워낙 풍요로운 땅이라 가즈나 왕조의 좋은 먹잇감이 되었던 거야. 아마 인도 사람들은 가즈나라는 이름만 들어도 등골이 서늘했을걸?"

"세상에, 완전 날강도잖아!"

허영심이 날카롭게 소리를 질렀다.

▼ 솜나트의 시바 사원 인도 구자라트반도에 있는 힌두교 성지야. 이곳에는 오랜 세월 동안 수많은 순례자들이 신에게 바친 엄청난 양의 금은보화가 쌓여 있었어. 하지만 가즈나 왕조의 침략자들에게 몽땅 약탈당하고 사원은 폐허로 변하고 말았지.

가즈나 왕조는 잔인한 야만인들이야. 사람을 마구 죽이고, 힌두의 신상도 다 파괴하고, 전쟁 자금으로 보물을 빼앗아 가고… 어휴~

아니야~ 가즈나 왕조는 페르시아 문화와 전통을 발전시키는 데 앞장섰대. 알고 보면 문화인들이었다고!

둘다 맞는 말이야. 역사적인 사건에는 늘 두 얼굴이 있기 마련이지!

"인도인 입장에서는 그렇게 볼 수 있지. 하지만 가즈나의 튀르크인들은 자신들을 이교도를 무찌르고 이슬람 세계의 영광을 드높인 영웅이라고 여겼어. 그리고 인도에서 약탈해 온 금은보화로 수도 가즈니를 아름답게 치장했지. 또 수백 명의 페르시아 시인과 학자들을 초청해 시를 짓고 책을 쓰게 하는 등 문화 부흥에도 힘을 기울였어. 페르시아의 신화와 전설을 한데 모아 엮은 《샤나메》라는 대서사시가 완성된 것도 이때였단다."

▶ 마수드 3세의 미나렛 이슬람 사원의 첨탑을 미나렛이라고 해. 예배 시간이 되면 이 위에 사람이 올라가 큰 소리로 기도문을 읊으며 사람들을 불러 모았어. 모스크가 크고 웅장할수록 더 높고 커다란 미나렛이 만들어졌단다. 가즈나 왕조 말기에 만들어진 이 미나렛은 높이가 44미터에 달해 가즈나의 옛 영광을 짐작하게 하지.

▶칼리프가 선물한 옷을 입고 있는 가즈나의 마흐무드 술탄
가즈나 왕조는 제2대 술탄 마흐무드 때 전성기를 맞이했어. 바그다드의 칼리프는 직접 비단옷을 선물하며 마흐무드를 아프가니스탄 일대의 지배자로 인정했지.

"그래도 빼앗은 재물을 좋은 일에 썼다니 그나마 다행이네요."

곽두기가 뒷머리를 긁적이며 설핏 웃었다.

"하하, 가즈나 왕조는 옛 주인이었던 사만 왕조 대신 중앙아시아 지역을 장악하고 전성기를 누렸어. 한때 이란고원 전체를 호령할 정도였지. 가즈나 왕조의 성공에 자극을 받은 다른 튀르크인들도 속속 이슬람교를 받아들이고 서아시아로 밀려들어 오기 시작했어. 용병으로 활약할 병사뿐만 아니라 여자와 노인, 아이들, 가축까지 포함된 대대적인 민족 이동이 시작된 거야."

◀니샤푸르에서 출토된 유물들
셀주크 부족의 근거지였던 니샤푸르에서 출토된 유리병과 접시야.

페르시아인의 대서사시 《샤나메》

《샤나메》는 페르시아 고유의 전설과 신화, 역사를 약 6만 행의 페르시아어로 정리한 대서사시야. 세계의 창조부터 사산조 페르시아의 멸망까지 약 1,200년에 걸친 역사를 4개 왕조 50여 왕들의 일대기를 통해 풀어냈지. 《샤나메》에 등장하는 왕과 영웅들의 이야기는 수많은 이야기꾼의 입에 오르내리며 오늘날까지도 이란과 중앙아시아 일대에 전해 내려온단다.

사산조 페르시아가 멸망한 651년 이후, 페르시아인들은 나라 없이 300년 넘는 세월을 보내야 했어. 그사이 페르시아어는 아랍어에 밀려 점점 사라져 갔지. 그런 상황에서 페르시아인의 역사를 순수한 페르시아어로 기록한 《샤나메》는 페르시아 문화와 민족정신의 부흥을 알리는 신호탄이었어. 《샤나메》의 저자 피르다우시는 오늘날 이란에서 민족정신을 되살린 위인으로 깊은 존경을 받고 있어.

▶ 피르다우시 이란의 수도 테헤란에 세워져 있는 《샤나메》의 저자 피르다우시의 동상이야.

▲ 《샤나메》의 한 장면
사산조 페르시아의 황제인 호스로 2세의 죽음을 묘사한 장면이야. 호스로 2세의 죽음과 더불어 사산조 페르시아가 몰락하고, 이슬람의 본격적인 팽창이 시작된단다.

▲ 투르크메니스탄의 메르브 셀주크 부족은 오늘날의 투르크메니스탄이 있는 카스피해 동쪽 초원을 근거지로 삼았어. 사진은 셀주크 부족의 근거지였던 메르브의 오늘날 모습이야. 한때 인구 20만 명이 넘는 대도시였지만, 지진과 사막화, 전쟁 때문에 황폐해지고 지금은 옛 영광의 흔적만 남아 있지.

용선생은 잠시 물로 목을 축이고 설명을 이어 나갔다.

"이때 카스피해 북쪽에 살던 셀주크라는 튀르크 부족이 남쪽으로 슬금슬금 내려와 소그디아나에 자리 잡았어. 셀주크는 1040년에 가즈나 왕조와의 전쟁에서 대승을 거두며 일약 중앙아시아의 최강자로 떠올랐고, 오늘날 투르크메니스탄 일대에 근거지를 마련한단다. 셀주크라는 이름을 잘 기억해 둬. 셀주크는 앞으로 50년에 걸쳐 맹활약을 펼치며 이슬람 세계의 역사에 지워지지 않을 흔적을 남기게 되거든."

 용선생의 핵심 정리

중앙아시아의 튀르크인이 이슬람 세계에서 용병으로 활약하기 시작. 튀르크 용병이 세운 가즈나 왕조는 인도를 약탈하고 중앙아시아를 장악하며 강대국으로 성장함. 그 뒤를 이어 셀주크가 등장함.

셀주크가 서아시아의 이슬람 세계를 장악하다

"고작 50년 동안에 어떻게 지워지지 않을 흔적을 남겨요?"

장하다가 눈을 동그랗게 뜨자 용선생이 씩 웃었다.

"껍데기뿐인 칼리프 덕분이지. 칼리프는 이제나저제나 부이 왕조의 손아귀에서 벗어날 방법을 궁리했어. 그런데 먼 초원에서 이슬람교로 개종한 셀주크라는 튀르크 부족이 거침없이 세력을 넓히고 있다는 소식이 들려왔지. 게다가 셀주크는 수니파 이슬람교를 받아들였다지 뭐니? 칼리프는 셀주크의 부족장에게 은밀히 사람을 보냈어. '모든 이슬람 신자들의 사령관이자 예언자 무함마드의 대리인인 칼리프가 전한다. 당장 바그다드로 달려와라! 감히 칼리프를 허수아비로 만들고 자기 맘대로 나라를 주무르고 있는 부이 가문 놈들을 몰아내다오!'"

"헐? 껍데기뿐인 칼리프의 명령을 들을까요?"

왕수재가 코웃음쳤다.

"하하, 셀주크에게 칼리프의 구원 요청은 이슬람 세계의 중심 도시 바그다드를 손에 넣을 수 있는 절호의 기회였어. 1055년, 셀주크의 부족장 토그릴 벡은 칼리프를 구한다는 명분으로 바그다드로 쳐들어가 부이 가문을 몰아냈단다. 칼리프는 몹시 기뻐하면서 '세계의 왕', '칼리프의 대리인', '이슬람의 수호자' 등등 온갖 칭호를 내리며 토그릴 벡을 치켜세웠지. 셀주크 부족은 단숨에 이슬람 세계의 맹주 자리에 오른 거야."

용선생의 말에 곽두기가 고개를 갸웃거렸다.

"근데 선생님, 이름만 남은 칼리프가 내린 칭호가 그렇게 중요했나요?"

"아무리 이름만 남았어도 칼리프는 여전히 예언자의 대리인으로서 권위를 인정받고 있었단다. 칼리프의 지지를 등에 업은 셀주크는 순식간에 서아시아 수니파 이슬람교 신자들의 마음을 얻었지. 그런데 문제가 하나 있었어. 불과 수십 년 전까지 유목 생활만 했던 튀르크인은 농경민들의 법과 제도, 나라를 다스리는 방법을 알지 못했거든. 셀주크는 이 역할을 페르시아인들에게 맡겼어. 페르시아인들이 튀르크인 대신 실질적으로 나라를 다스리는 일을 맡은 거지."

수니파 칼리프는 수니파가 보호하는 게 당연하지! 바그다드는 보너스, 흐흐!

토그릴 벡

도와 주세요! -수니파 칼리프 드림

예, 예, 맞습니다!

"제국을 다스려 본 페르시아인들의 능력을 높이 산 거로군요."

"그렇단다. 튀르크인들이 그만큼 열린 자세를 가지고 있었던 거지. 대신 튀르크인들은 주로 전장에 나가서 전사로 활약했어. 혹시라도 지방 총독이 말을 듣지 않거나 적이 국경을 침략하면 즉시 군대를 이끌고 달려가 단단히 본때를 보여 주는 게 튀르크인의 역할이었지. 이렇게 역할 분담이 잘된 덕택에 셀주크는 어느새 서아시아 전체를 장악했고, 파티마 왕조와 비잔티움 제국에 빼앗겼던 아바스 왕조의 땅도 거의 되찾았지."

"말하자면 페르시아인은 정치를 맡고, 튀르크인은 전쟁을 맡은 거네요?"

나선애의 정리에 용선생이 손가락을 튕겼다.

"바로 그거야. 그런데 셀주크가 반드시 해결해야 할 숙제가 한 가

이슬람 세계의 왕 술탄의 등장

아바스 왕조의 칼리프는 셀주크의 부족장 토그릴 벡에게 '술탄'이라는 칭호를 내렸어. 술탄은 '힘', '권위', '지배'라는 뜻을 가진 아랍어로, 이슬람 세계에서 가장 힘이 센 사람, 혹은 권위가 가장 높은 사람이라는 의미를 가지고 있지. 그러니까 칼리프는 오로지 종교적인 권위만 갖고 실제 나라를 다스리는 정치 권력은 술탄에게 넘어가게 된 거야.

시간이 흐르면서 술탄은 이슬람 세계의 왕이나 최고 권력자를 뜻하게 됐어. 칼리프의 허락 없이 스스로 술탄을 칭하는 사람들이 생겼고, 나중에는 칼리프 대신 술탄이 최고 권력자로 나라를 다스리는 게 당연하게 여겨졌지. 오만과 말레이시아, 브루나이 같은 일부 이슬람 국가에서는 오늘날까지도 국왕에게 술탄이라는 칭호를 사용한단다.

◀투르크메니스탄의 1마나트 지폐 도안
투르크메니스탄 사람들은 자신들을 셀주크의 후예로 여기고 있어. 지폐 속의 인물은 셀주크의 첫 번째 술탄 토그릴 벡이야.

지 있었단다. 중앙아시아에서 이주해 온 튀르크인들이 정착할 초지를 찾는 거였어. 서아시아 지역은 날씨가 너무 건조하고 목초지가 부족해 튀르크인이 유목 생활을 하기가 어려웠거든. 그나마 쓸 만한 땅은 이미 페르시아인이나 아랍인이 차지하고 있었지. 서아시아 구석구석을 찾아 헤매던 튀르크인은 마침내 유목을 하기에 적당한 땅을 찾아냈어. 바로 아나톨리아반도였지."

용선생의 말에 왕수재가 고개를 갸웃거렸다.

"아나톨리아반도라고요?"

"응. 아나톨리아반도 내륙의 고원 지대에는 초지가 많았어. 날씨도 적당히 선선해서 유목을 하기에도 안성맞춤이었지. 튀르크인들은 가축 떼를 이끌고 아나톨리아반도로 몰려들었어."

"원래 거기에 살던 사람들은 어쩌고요?"

"다행히 주인 없는 땅이 많았어. 수백 년 동안 이슬람 세력과 비잔티움 제국과의 전쟁이 끊이지 않았던 탓에 대부분의 주민들이 떠나갔기 때문이야. 그나마 남아 있는 주민들은 비잔티움 제국의 보호를 받는 그리스도교도뿐이었어. 튀르크인은 거리낌 없이 그리스도교도

▲ 아나톨리아반도 내부 고원 전경 셀주크의 팽창을 계기로 아나톨리아반도에는 많은 수의 튀르크인이 정착했어. 현재 아나톨리아반도 일대는 '튀르키예'라는 대표적인 튀르크인의 국가가 자리를 잡고 있지.

를 내쫓고 땅을 차지했지. 순식간에 아나톨리아반도 전체가 튀르크인의 땅으로 변했단다."

"잠깐만요, 그러는 동안 비잔티움 제국은 구경만 했어요?"

"그럴 리가! 사실 이 무렵 비잔티움 제국은 제2의 전성기를 누리고 있었어. 비잔티움 제국의 황제는 튀르크인이 국경을 어지럽힌다는 소식을 듣고 단숨에 7만 명의 군대와 함께 아나톨리아반도로 진격했단다. 반면 셀주크가 동원할 수 있는 군대는 고작 2만 명밖에 되지 않았어. 셀주크의 술탄은 비잔티움 황제에게 사람을 보내 대화로 해결

하자고 했지만 황제는 단칼에 거절했지. 결국 1071년 비잔티움 제국
과 셀주크의 군대가 만지케르트 계곡에서 결전을 벌였어.”

“그래서 어떻게 됐어요? 비잔티움 황제가 이겼겠죠?”

장하다가 눈을 동그랗게 뜬 채 침을 꼴깍 삼켰다.

“놀랍게도 예상을 깨고 셀주크가 승리를 거뒀어. 비잔티움 제국 군
사들은 유목민 특유의 치고 빠지기 전술에 말려 대패를 당했고, 황제

▶ 만지케르트 전투
기록화

▼ 알프 아르슬란과
말리크 샤 동상
투르크메니스탄 독립 기념
공원에 세워진 동상이야. 셀
주크의 술탄이었던 두 사람
은 셀주크의 전성기를 이끌
었어.

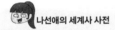
나선애의 세계사 사전

룸 셀주크 셀주크의 일파
가 아나톨리아반도에 건설
한 나라. '로마의 땅에 셀주
크 부족이 세운 나라'라는 뜻
이야. 몽골의 침략을 받는
1200년대 중반까지 아나톨
리아 일대를 지배했어.

까지 포로로 붙잡혔지. 셀주크의 술탄 알프 아르슬란은 해
마다 많은 공물을 바치겠다는 약속을 받고 비잔티움 황제를
풀어 주었어. 하지만 진짜 문제는 그다음이었단다. 비잔
티움 제국의 신하들이 치욕적인 패배를 빌미로 반란을
일으켰거든. 격렬한 내분에 휩싸인 비잔티움 제국은 더 이상 셀주크
를 공격할 수 없었지.”

“어이구, 그게 무슨 꼴이래요.”

“그러게 말이다. 어쨌든 튀르크인은 이제 아나톨리아반도 깊숙한
곳까지 들어가 자리를 잡았어. 그리고 1077년에는 ‘룸 셀주크’라는 별
도의 나라를 세웠지. 룸 셀주크는 이후 중앙아시아에서 이주해 오는 튀
르크인을 꾸준히 받아들여 아나톨리아반도에 정착시켰어. 이때부터

아나톨리아반도는 완전히 튀르크인의 땅으로 탈바꿈하게 된단다.”

 “선생님, 그럼 비잔티움 제국은 그동안 계속 자기들끼리 싸우기만
했어요?”

 허영심이 입술을 살짝 깨물며 물었다.

 “그렇지 않아. 비잔티움 제국 황제는 자기 힘만으로는 셀주크를 몰
아내기가 어렵다고 판단하고 로마 교황에게 도움을 요청했어. 참으
로 자존심 상하는 일이었지만 별 도리가 없었지. 그로부
터 20여 년 후, 서유럽에서 지중해를 건너온 기사들이

▼ 콘야의 셀주크
구전에서 발견된
동물 문양의 타일

▼ **콘야의 전경** 룸 셀주크의 수도였던 콘야의 오늘날 모습.
콘야는 현재 튀르키예에서 일곱 번째로 큰 도시야.

느닷없이 이슬람 세계를 공격하기 시작했어. 거대하고 끈질긴 전쟁의 시작이었지.”

용선생의 핵심 정리

셀주크 부족은 칼리프의 구원 요청을 계기로 바그다드에 입성하고 뒤이어 서아시아 전역을 장악함. 셀주크는 만지케르트 계곡에서 비잔티움 제국군을 크게 물리치며 아나톨리아반도까지 영토를 넓힘.

서유럽에서 갑작스레 나타난 기사들과의 전쟁

“서유럽에서 온 기사들이라고요? 비잔티움 제국을 도우려고 교황이 군대를 보낸 거예요?”

“비잔티움 제국 황제의 요청을 받고 온 건 맞는데, 목적은 좀 달랐어. 서유럽에서 찾아온 기사들의 목적은 아나톨리아반도를 되찾는 게 아니라 셀주크가 점령하고 있는 그리스도교의 성지 예루살렘을 되찾는 것이었거든. 비잔티움 제국 황제 입장에서는 떨떠름한 일이었지.”

“갑자기 웬 예루살렘?”

“이 기사들에 대해선 나중에 자세히 공부할 기회가 있을 거야. 지금은 서유럽의 기사들이 도착했을 무렵 셀주크의 상황을 살펴보자꾸나. 한마디로 말하자면 이 무렵 셀주크는 서서히 기울고 있었어.”

“아니 조금 전까지만 해도 그렇게 기세가 등등하더니, 왜요?”

“만지케르트 전투 이후 얼마 지나지 않아 왕위 다툼이 벌어졌거든. 거대한 셀주크의 영토는 조각난 채 세력 다툼으로 난장판이 됐어. 그

잠깐! 이 이야기는 7교시에서 자세히 공부할 거니까 기대하렴!

250

런 상태에서 서유럽에서 느닷없이 기사들이 들이닥친 거야."

"타이밍 한번 기가 막힌걸요."

"그래. 그 덕분에 서유럽 기사들은 큰 어려움 없이 예루살렘을 점령했어. 뒤이어 안티오크, 에데사 같은 동부 지중해의 큰 도시들도 속속 무릎을 꿇었지. 기사들은 정복한 땅에 예루살렘 왕국을 비롯한 네 개의 나라를 세웠단다. 그런데 서유럽 기사들은 거침없이 잔혹한 행동을 일삼았어. 예루살렘을 점령했을 때는 단 하루 만에 7만 명에 가까운 사람들을 죽이기도 했지."

"도대체 왜 그런 짓을 했죠?"

"이유는 너무나 단순했어. 이곳 사람들이 그리스도교를 믿지 않는다는 것이었지!"

▼ 예루살렘 함락
예루살렘을 점령한 서유럽 기사들의 모습. 이들은 성안에 있던 유대인과 이슬람교 신자들을 무참하게 학살했어.

▲ 십자군이 세운 나라

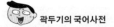 곽두기의 국어사전

거점 근거할 거(據) 점 점 (點). 활동의 발판이 되는 장소라는 뜻이야.

잠깐! 이슬람의 영웅 살라딘에 대해서는 용선생 세계사 카페에 나오는 살라딘 전기를 읽어보렴!

"뭐라고요? 종교가 다르다는 이유만으로 사람들을 무차별적으로 죽여요?"

나선애가 잔뜩 인상을 찌푸렸다.

"그뿐만 아니었어. 예루살렘 왕국 기사들은 근처를 지나는 이슬람 상인이나 순례자를 습격해 물건을 빼앗고 살해했단다."

"기사가 아니라 완전 도적이잖아요!"

"그러게 말이다. 예루살렘 왕국의 기사들은 중요한 길목에 단단한 성채를 쌓고 틀어박혀 있어서 쉽게 몰아낼 수도 없었어. 이슬람 세계의 반격이 시작된 건 꼬박 50년이 흐른 뒤였지. 오랜 혼란 끝에 '장기'라는 튀르크인 장군이 시리아 지역을 통일하고 동지중해 연안의 거점 도시인 에데사를 탈환하면서 예루살렘 왕국을 궁지에 몰아넣기 시작했어."

"휴~, 늦었지만 다행이다."

곽두기가 안도의 한숨을 내쉬었다.

"이슬람 세계의 본격적인 반격을 이끈 사람은 살라딘이었어."

"살라딘? 처음 듣는 이름인데요?"

"혜성같이 나타난 이슬람 세계의 영웅이었지. 살라딘은 서른 살의 젊은 나이에 이집트의 파티마 왕조를 정복하고 아이유브 왕조를 세웠어. 얼마 후 아이유브 왕조는 시리아까지 손에 넣어 이슬람 세계의 최강국으로 떠오른단다. 아이유브의 술탄 살라딘은 늘 겸손하고 생각이 깊어 사람들의 존경을 받았어. 오랫동안 분열된 채 싸웠던 서아

◀ 알레포 고성 이 자리에는 기원전 3000년 무렵부터 성이 있었어. 현재의 성채는 튀르크인이 서아시아 일대에서 활약하던 1100년대에 지은 거래.

▶ 에데사의 성채 유프라테스강 상류에 자리 잡은 유서 깊은 도시로 교통과 전략의 요충지여서 로마와 페르시아 사이에 뺏고 뺏기는 치열한 접전이 벌어졌던 곳이야. 히브리족의 선조인 아브라함이 이곳에서 태어났대.

시아 이슬람 세계는 살라딘을 중심으로 힘을 모으기 시작했고, 마침내 예루살렘 왕국에 맞서게 되었지.”

“지도를 보니 십자군 왕국이 완전히 포위당한 꼴인데요?”

지도를 본 아이들이 한목소리로 중얼거렸다.

“그렇지? 당장이라도 예루살렘 왕국을 집어삼킬 수 있을 것 같은데도 살라딘은 예루살렘 왕국과 평화를 유지하는 데 초점을 맞췄어. 불리한 입장인 예루살렘 왕국도 전쟁만은 피하려고 했지. 하지만 여전히 정신을 못 차린 예루살렘 왕국 기사들 중 일부가 이슬람교도를 공격하곤 했어. 급기야 메카 순례를 떠났던 살라딘의 여동생이 예루살렘 왕국 기사들에게 납치를 당하는 사태가 벌어졌지. 살라딘도 더 이상은 이들의 횡포를 두고 볼 수 없었어. 1187년, 살라딘은 3만 명의 대군을 이끌고 예루

▼ 전성기의 아이유브 왕조와 주변 상황

비잔티움 제국

룸 셀주크

십자군 왕국들

셀주크

아이유브 왕조

▲ 하틴의 뿔 전투 상상화 살라딘이 이끄는 아이유브 왕조의 군대는 예루살렘 왕국 기사들을 무찌르고 예루살렘을 되찾았어.

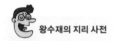

왕수재의 지리 사전

하틴 오늘날 이스라엘 북부의 갈릴래아 호수 서쪽 지역이야.

살렘 왕국을 공격했단다. 예루살렘 왕국도 용병과 농민까지 모두 긁어모아 수만 명의 군사를 동원했지. 두 나라의 군대는 하틴이라는 곳에서 부딪혔어."

"그래서요? 누가 이겼어요?"

"살라딘이 이겼어. 예루살렘 왕국군은 겨우 3,000명만 살아남고 모두 전멸했지. 왕국의 수도이자 성지인 예루살렘도 빼앗기고 말았어. 그 뒤 예루살렘 왕국은 아이유브 왕조에 차례차례 영토를 넘겨주고 점점 바닷가로 내몰렸단다. 예루살렘 왕국이 위험하다는 소식을 듣고 서유럽에서 몇 차례 지원군이 왔지만 아이유브 왕조를 중심으로 단결한 이슬람 세력을 이겨 내지 못했어."

"와! 그러니까, 살라딘 덕분에 골칫덩어리 기사들을 몰아낼 수 있었던 거네요."

이슬람의 성전 '지하드'란?

지하드는 아랍어로 '이슬람 신앙을 위한 정신적, 육체적인 헌신'을 뜻해. 예컨대 졸음을 이기고 아침 일찍 일어나 예배를 드리는 것, 알라께 열심히 기도를 드리며 단식을 하는 것도 지하드라고 할 수 있지. 이처럼 원래 지하드는 평범한 일상 속에서도 얼마든지 사용될 수 있는 말이었어.

살라딘은 그리스도교 세력을 향한 전쟁에 나서면서 지하드를 선언했어. 당연히 '이슬람 신앙을 지키기 위해 힘을 합쳐 그리스도교도에 맞서 싸우는 것'을 의미하는 지하드였지. 그런데 이때부터 이슬람 세계 지도자들은 걸핏하면 지하드를 명분으로 이슬람교도들을 선동해 전쟁에 나서곤 했어. 그러다 보니 지하드는 점차 '이슬람교도들의 종교 전쟁'을 뜻하는 것으로 의미가 축소되었단다. 오늘날엔 이슬람 극단주의 무장 단체들이 자살 폭탄 테러 같은 범죄를 저지르고 나서 자신들의 행위를 '지하드'로 포장하곤 하는데, 이것은 지하드의 본래 뜻과는 한참 거리가 멀어.

◀ 이슬람 극단주의 무장 단체 IS
IS는 '서방 세계에 맞선 지하드'를 주장하며 무차별 테러와 살인을 저지르고 있어.

장하다가 흐뭇하게 고개를 끄덕였다.

"그런 셈이지. 살라딘은 훌륭한 인품으로 오늘날까지도 이슬람 세계에서 두루 존경받는 영웅이야. 예루살렘을 되찾은 뒤에는 약간의 몸값만 받고 포로들을 모두 풀어 주었지. 종교가 다르다는 이유만으로 닥치는 대로 사람들을 죽였던 서유럽 기사들과는 정말 너무나도

▲ 카이로의 살라딘성
살라딘은 서유럽 기사들의 침입을 막기 위해 카이로에 웅장한 요새를 지었어.

달랐어. 그래서 이슬람교도는 다 지옥에 갈 거라고 생각했던 그리스도교 신자들도 살라딘만큼은 예외로 여겼단다. 또 살라딘은 청렴하기로도 유명해. 죽고 나서 남은 재산을 정리해 보니 장례식을 치르기에도 부족할 정도였지.”

“살라딘, 들을수록 존경할 만한 분이네요.”

곽두기가 고개를 끄덕였다.

“그런데 이슬람 세계에는 살라딘에 버금가는 또 한 명의 영웅이 있단다.”

“또 한 명의 영웅이라고요? 누군데요?”

“아이유브 왕조에 이어 이집트에 들어선 맘루크 왕조의 바이바르스라는 술탄이야. 살라딘보다 대략 60년쯤 뒤의 사람으로 서아시아를 쑥대밭으로 만든 몽골군으로부터 이슬람 세계를 지켜 낸 영웅이지.”

“몽골? 칭기즈 칸의 몽골군을 이겼다고요?”

 용선생의 핵심 정리

1100년대 들어 서유럽 기사들이 지중해 동부 지역을 점령해 예루살렘 왕국을 비롯한 네 개의 나라를 세움. 아이유브 왕조를 세운 살라딘이 이슬람 세계를 단합시켜 예루살렘을 되찾음.

몽골 제국이 이슬람 세계를 뒤흔들다

"몽골군이 처음 서아시아 원정을 시작한 건 1219년이었어. 아이유브 왕조가 서유럽 기사들과 한창 전쟁을 치르고 있던 중이었지. 한편 동쪽의 이란고원과 중앙아시아 일대에서는 셀주크의 내분이 어느 정도 정리되고 다시 큰 나라들이 세워지고 있었어. 특히 셀주크에서 독립한 지 100년쯤 된 호레즘이라는 나라가 급속히 세력을 불리고 있었지. 그런데 이 호레즘 왕국이 아주 큰 실수를 저질렀고, 이를 계기로 몽골군이 말 머리를 서쪽으로 돌리게 되었어."

"실수요? 무슨 실수요?"

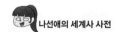

나선애의 세계사 사전

호레즘 (1077년~1231년)
지금의 우즈베키스탄 북서부 지역이야. 호레즘 왕국은 이 지역을 근거지로 일어나 한때 중앙아시아 전역을 지배할 만큼 위세를 떨쳤어. 1231년에 몽골군의 침략으로 멸망했지.

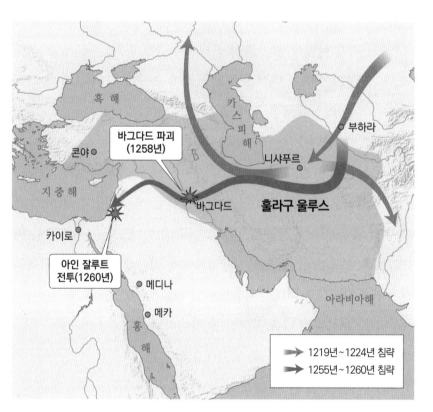

◀몽골군의 서아시아 침략

▲ 몽골군을 피해 강을 건너는 호레즘의 술탄 호레즘의 마지막 술탄은 인더스강을 건너 인도로 도망쳐서 도움을 요청했어. 왼쪽 위로 멀리 보이는 도시가 바로 인도 이슬람 세력의 중심지였던 델리란다.

"호레즘이 평화롭게 무역을 하자며 찾아온 몽골 상인들을 죽여 버렸거든. 칭기즈 칸이 사신을 보내 항의하자 이번에는 사신들의 수염을 잘라 모욕을 가한 뒤 국경 밖으로 내쫓아 버렸지."

"아, 기억나요! 그 일로 화가 치민 칭기즈 칸에게 완전히 멸망당했죠."

"맞아. 몽골군에게 참으로 무시무시한 보복을 당했지. 사마르칸트, 부하라 같은 호레즘 왕국의 주요 도시들은 완전히 폐허가 되었고, 수십만 명이 몽골군에 의해 참혹하게 죽임을 당했어. 호레즘 정복을 계기로 몽골군은 중앙아시아를 거쳐 러시아 초원까지 정복해 버렸지. 몽골군의 잔혹한 파괴와 학살에 온 유라시아 세계가 벌벌 떨었단다."

"그 이야긴 다시 들어도 등골이 오싹해지는걸요."

허영심이 몸을 잔뜩 움츠렸다.

"그렇지. 그로부터 30년이 지난 1255년, 몽골군은 또다시 서쪽으로 군대를 보내 본격적으로 서아시아 원정에 나섰어. 바그다드를 점령하고 내친김에 이집트까지 정복할 생각이었지. 칭기즈 칸의 손자 훌라구는 원정군을 이끌고 단숨에 이란고원을 가로질러 바그다드를 포위했어. 그러고는 칼리프에게 성문을 열고 나와 항복하라고 윽박질렀지. 하지만 칼리프는 고개를 빳빳이 든 채 '곧 온 세계의 이슬람 전사들이 나를 구하러 올 것이다!' 하고 큰 소리쳤어."

"에구, 칼리프가 정신을 못 차렸네요."

나선애가 팔짱을 낀 채 고개를 흔들었다.

◀바그다드를 공격하는 몽골군
바그다드를 포위한 몽골군이 각종 공성 무기를 동원해 도시를 공격하고 있어.

"칼리프가 항복을 거부한 지 겨우 17일 만에 몽골군은 바그다드를 함락시켰어. 몽골군은 칼리프를 처형하고 수십만 명의 사람들을 닥치는 대로 학살했단다. 건물에는 불을 질렀고, 도서관에 있는 책들을 모조리 꺼내 티그리스강에 내던져 버렸지. 한때 세계의 중심이라고 불렸던 바그다드는 몽골군의 무자비하고 철저한 파괴로 완전히 폐허가 되었어."

"으아. 몽골군, 해도 해도 너무해."

"몽골군은 다음 목표인 이집트로 향했어. 이집트마저 무너진다면 이슬람 세계는 최후의 보루마저 잃는 셈이라 정말 아슬아슬한 상황이었지. 엎친 데 덮친 격으로 이집트의 상황도 썩 좋지 않았어. 살라딘의 후손들이 왕위 다툼을 벌이고 있었고, 예루살렘을 되찾겠다며 끈질기게 몰려오는 서유럽 기사들과의 전쟁도 벌써 수십 년째 이어지고 있었거든."

▶ 아인 잘루트 평원
바이바르스는 평원 깊숙한 곳에 군대를 숨겨 놓고 거짓으로 후퇴해 몽골군을 유인했어. 그리고 몽골군이 쫓아오자 미리 숨겨 둔 군사들로 포위하여 기습하는 전술을 썼지.

▲ 카자흐스탄의 바이바르스 술탄 기념주화
몽골의 침략을 성공적으로 막아 낸 바이바르스 술탄은 오늘날 이슬람 세계에서 널리 존경받는 영웅이란다.

"아이고, 어떡해요?"

"이슬람 세계를 구원할 영웅 바이바르스가 등장한 게 바로 이때란다. 바이바르스는 이집트 맘루크 왕조의 술탄이었지."

"맘루크 왕조라면, 맘루크들이 세운 나라인가요?"

"응. 이집트의 아이유브 왕조에서도 튀르크 노예들을 사서 맘루크로 썼는데 전쟁이 계속되면서 맘루크 출신 군인들의 권력이 커졌어. 그러다 1250년, 아이유브 왕조의 마지막 술탄이 죽자 그 아내와 재혼한 맘루크 대장이 이집트를 공동 통치하게 되었고, 그렇게 해서 맘루크 왕조가 탄생한단다. 바이바르스는 맘루크 왕조의 다섯 번째 술탄이었지."

"맘루크가 튀르크인이니까, 결국 튀르크인이 몽골을 상대하게 된 건가요?"

장하다의 이야기를 들은 용선생은 웃으며 말을 이었다.

"그런 셈이야. 무대는 이집트이지만, 대초원의 유목민에 뿌리를 두고 있는 군대끼리 대결을 벌인 거지. 1260년, 바이바르스가 이끄는 맘루크 군대가 서아시아에서 이집트로 가는 길목에 위치한 아인 잘루트 평원에서 몽골군과 맞섰어. 유목민 출신답게 양쪽 모두 기병을 중심으로 재빠르게 치고 빠지기를 반복하며 치열하게 싸웠지. 하지만 승리는 주변 지형을 잘 아는 바이바르스의 차지였어. 이슬람 세력이 몽골군을 상대로 처음으로 승리를 거둔 거야!”

“그래도 천하의 몽골군이 한 번 졌다고 물러날까요?”

“다행히 이 전투 이후에 몽골은 시리아와 이집트에 영영 손을 뻗지 못한단다. 서아시아에 건설된 훌라구 울루스는 북쪽 러시아 초원에 세워진 주치 울루스와 대립하느라 이집트까지 신경 쓸 여유가 없었거든. 바이바르스는 아바스 왕조의 마지막 생존자를 이집트로 모셔와 새로운 칼리프로 세웠어. 이로써 멸망 직전까지 몰렸던 이슬람 세

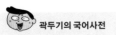
계는 부활을 위한 교두보를 마련할 수 있었지.”

“휴, 다행이다.”

허영심이 안도의 한숨을 내쉬었다.

“하지만 이미 너무나 많은 사람들이 죽었어. 도시는 파괴되었고 농지는 황무지가 되었지. 그래서 몽골의 지배 아래에 놓인 서아시아 세계는 오랫동안 옛날과 같은 활력을 되찾지 못했단다. 이렇다 보니 이슬람 세계의 중심은 몽골의 무차별 파괴에서 벗어나 있던 서부로 옮겨 가게 되지.”

“서부라면, 이집트 말씀인가요?”

“물론 이집트도 포함되지만 여기서 말하는 서부는 아나톨리아반도를 가리켜. 아나톨리아반도는 상대적으로 몽골군에게 피해를 덜 입었거든. 이때부터 서서히 아나톨리아반도에 자리 잡은 튀르크인이 이슬람 세계의 주역으로 떠오르게 된단다.”

“아나톨리아의 튀르크인이 이슬람의 주역이 된다고요?”

“그래. 그 이야긴 기니까 다음 시간에 공부하기로 하자꾸나. 오늘 수업은 여기서 끝!”

용선생의 핵심 정리

몽골군은 호레즘 공격을 시작으로 두 차례에 걸쳐 서아시아를 침략함. 두 번째 침략 때에는 바그다드를 함락시켰으나 맘루크 왕조의 술탄 바이바르스에게 패배하였음. 이후 서아시아의 이슬람 세계는 몽골의 지배를 받게 됨.

나선애의 정리노트

1. 튀르크인의 등장과 가즈나 왕조

- 이슬람교로 개종한 튀르크인이 서아시아에서 용병으로 활약
- 가즈나 왕조: 튀르크 출신 용병들이 아프가니스탄 일대에 건설함.
  - → 인도를 수차례 약탈하고 중앙아시아 일대를 장악함.
  - → 가즈나 왕조의 성공을 계기로 서아시아에 더 많은 튀르크인이 들어옴!

2. 셀주크의 등장

- 1040년 가즈나 왕조를 무찌르며 중앙아시아로 진입
- 칼리프의 구원 요청을 계기로 바그다드에 입성. 이슬람 세계의 지배자로 성장
  - → 나랏일을 담당한 페르시아인과의 협조 아래 서아시아를 빠르게 장악함.
  - → 만지케르트 전투에서 비잔티움 제국을 무찌르며 아나톨리아반도까지 장악함!

3. 서유럽의 약탈자들과 아이유브 왕조

- 성지 예루살렘 탈환을 목적으로 삼은 서유럽 기사들이 대대적으로 침략
  - → 예루살렘 왕국을 비롯한 4개의 나라를 세움.
  - → 종교적 차이를 이유로 사람들을 잔혹하게 죽임.
- 살라딘의 아이유브 왕조가 이슬람 세계를 단합시켜 예루살렘 왕국을 몰아냄!

4. 몽골 제국의 침입

- 1차 침입: 호레즘 왕국을 멸망시키고 러시아 초원까지 공격
- 2차 침입
  - → 바그다드를 함락하고 칼리프를 살해, 서아시아를 장악함. → 훌라구 울루스 성립
  - → 곧바로 이집트를 공격했지만 맘루크 왕조의 바이바르스 술탄에게 패배
- 몽골의 침입으로 서아시아의 많은 도시가 파괴되고 사람들이 죽는 등 큰 피해를 입음.

세계사
퀴즈 달인을
찾아라!

01 다음 중 알맞은 설명을 골라 보자.

( )

① 아바스 왕조의 쇠퇴 이후 서아시아에는 한 동안 뚜렷한 통일 국가가 없었다.
② 칼리프는 수니파를 따르는 귀족에게 사로잡혀 허수아비가 되었다.
③ 페르시아인은 아랍인에게 밀려 권력을 완전히 빼앗겼다.
④ 이슬람 세계에서는 용병을 사용하는 것이 금지되어 있었다.

02 다음에서 설명하는 나라는 어떤 나라인지 알맞은 것을 골라 보자.

( )

튀르크 용병들이 아프가니스탄의 가즈니를 중심으로 세운 나라이다. 30년 동안 17번이나 인도를 약탈했고, 그 힘으로 중앙아시아를 장악하며 전성기를 누렸다.

① 파티마 왕조　　　② 아바스 왕조
③ 가즈나 왕조　　　④ 사만 왕조

03 다음 중 셀주크에 대해 알맞지 않은 이야기를 하는 아이를 골라 보자.

( )

 ① 튀르크인의 한 갈래라고 할 수 있어.

② 칼리프의 요청을 계기로 바그다드에 입성하며 서아시아를 장악했어.

 ③ 비잔티움 제국을 크게 무찌르며 아나톨리아반도까지 장악했어.

 ④ 시아파 이슬람교를 따르는 나라였어.

달인 트로피

04 다음에서 설명하고 있는 단어는 무엇일까?

원래 '힘', '권위', '지배'를 뜻하는 말로, 이슬람 세계에서 가장 힘이 센 사람, 혹은 권위가 가장 높은 사람이라는 뜻을 가지고 있었다. 시간이 흐르면서 이슬람 세계의 최고 정치 권력자 혹은 왕을 뜻하는 단어로 변하게 되었다.

( )

05 다음 사건을 일어난 순서대로 나열해 보자.

㉠ 가즈나 왕조가 세워지다.
㉡ 서유럽의 침략자들이 예루살렘 왕국을 세우다.
㉢ 셀주크가 서아시아를 장악하다.
㉣ 만지케르트 전투에서 비잔티움 제국이 크게 패배하다.

(－ － －)

06 다음 중 예루살렘 왕국을 세운 침략자들에 대한 설명으로 알맞지 않은 것은? ( )

① 목표는 그리스도교의 성지 예루살렘을 정복하는 것이었어.
② 이슬람 세계가 분열되어 있을 때 침입해 왔어.
③ 나라를 세운 이후로는 중요한 길목에 성채를 짓고 약탈을 일삼았어.
④ 종교가 다른 피정복민을 존중하고 인명을 보호했어.

07 다음 빈칸에 들어갈 말을 차례대로 써 보자.

아이유브 왕조를 세운 ( )은 분열된 이슬람 세계를 단합시키고 예루살렘 왕국을 공격해 서아시아에서 쫓아냈다. 살라딘보다 약 60년 뒤의 ( )는 몽골군을 막아 내며 이슬람 세계의 영웅으로 떠올랐다. 두 사람은 모두 ( )의 지배자였다.

(, ,)

• 정답은 374쪽에서 확인하세요!

이슬람교 전파에
앞장선 수도승 수피

이슬람교가 서아시아에 깊이 뿌리내린 800년대 무렵,《쿠란》의 해석에
만 지나치게 집착하는 이슬람교 율법 학자들에게 반대하는 흐름이 생겨
났어. 이들은 기도나 명상으로 신의 뜻을 구하고자 했는데, 이들이 바로
수피라고 부르는 수도승이야. 수피들은 가난한 생활을 자청해 거친
양털로 만든 '수프'라는 옷을 입었어. 수피라는 이름이 여기서
유래했지.

수피들의 수행 방법은 아주 다양했어. 알 주나이드라는 수
피는 하루 일과를 마친 후 매일 400번씩 기도를 드렸고, 라
비아 알 바스리라는 수피는 매일같이 신에 대한 사랑을 노
래하는 시를 써서 후세에 남겼지. 어떤 이는 몇 시간씩 알라의
이름을 부르는가 하면, 어떤 이는《쿠란》을 달달 외웠어.

이처럼 수행 방법은 제각각이었지만, 수피들은 모두 무함마드의 말씀
을 무작정 따르는 대신 명상과 기도를 중요하게 여겼어. 그래서《쿠란》
을 무엇보다 중요하게 여긴 율법 학자들은 수피들을 이단으로 낙인찍
고 배척했지.

아바스 왕조 말 이슬람 세계가 혼란에 빠지자 수피들의 가르침을 따
르는 사람들도 늘어났어. 매일같이 전쟁이 터지고 사람이 죽어 나가는
불안한 세상에서 수행을 통해 마음의 안정을 찾으려 한 거지. 특히 소
수파인 시아파 이슬람교도들 중에 이름난 수피들을 찾아가 가르침을
받는 경우가 많았어.

뜻하지 않게 수피들은 중앙아시아, 인도, 동남아시아에 이슬람교를 전
파하는 데 큰 역할을 했어. 수피들의 가르침을 따르면 굳이 아랍어로
된《쿠란》을 읽지 않아도 됐기 때문이지. 더구나 기도와 명상, 신에 대

▲ 페르시아의
수피 시인 루미
루미는 생애 대부분을 아나톨
리아반도에서 보냈는데, 그곳
에서 수피즘의 정신이 담긴 시
를 지었어. 그의 시집은 '페르
시아어 쿠란'이라고 불릴 정도
로 높은 평가를 받았지.

한 사랑을 강조하는 수피들의 가르침은 이 지역 사람들에게 익숙한 힌두교나 불교와 통하는 점이 있었어. 그 덕분에 이 지역 사람들은 큰 거부감 없이 이슬람교를 받아들일 수 있었지.

수피들의 활약은 이슬람 세계가 궁지에 몰릴수록 더욱 활발해졌어. 근대에 접어들어 칼리프가 사라지고 이슬람 율법 학자들의 활동 역시 몇몇 국가에서만 제한적으로 이루어지자, 수피들의 가르침을 따르는 이슬람 신자

▲ 세마 춤 튀르키예에서 유행한 수피들의 대표적인 의식인 세마 춤을 추는 모습. 세마 춤은 하얀 예복을 차려입고 음악에 맞춰 제자리에서 수십 분씩 뱅글뱅글 도는 춤이야. 춤을 추는 동안 양손을 아래위로 뻗는데, 위로 뻗은 손으로는 알라의 은총을 받고, 아래로 뻗은 팔을 통해서는 다른 사람들에게 그 은총을 나누어 준다는 뜻이래.

들의 수는 더욱 폭발적으로 늘어났어. 오늘날에도 전 세계 이슬람 국가에서는 수피의 영향을 받은 이슬람교도들이 활발하게 활동을 이어 가고 있어.

▼ 카슈가르에 있는 아팍 호자(1626년~1694년)의 무덤
아팍 호자는 중앙아시아로 퍼진 수피즘의 지도자이자 위구르의 왕이었어. 위구르를 중앙아시아의 강국으로 끌어올린 왕으로 지금도 많은 위구르인의 존경을 받고 있지.

이슬람의 영웅 살라딘 이야기

쿠르드족 출신의 평범한 출생

분열되어 있던 이슬람 세계를 단결시켜 서유럽의 그리스도교 침략자들을 몰아낸 이슬람의 영웅 살라딘. 하지만 살라딘이 태어났을 때 이렇게 위대한 인물이 되리라고 상상한 사람은 아마 아무도 없었을 거야. 어린 시절의 살라딘은 그저 평범한 군인 집안의 아들일 뿐이었거든. 더구나 살라딘은 당시 서아시아를 장악하고 있던 페르시아인이나 튀르크인이 아니라 소수 민족인 쿠르드족 출신이었단다.

아이유브 왕조를 열다

살라딘의 아버지와 삼촌은 모두 시리아의 지배자인 튀르크인 장수 누레딘의 부하였어. 특히 전술과 무예가 뛰어났던 삼촌 시르쿠는 누레딘의 오른팔이었지. 1169년, 시르쿠는 누레딘의 명령으로 8,000명의 기병을 이끌고 이집트 원정을 떠났어. 이집트가 내분과 예루살렘 왕국의 침공으로 혼란을 겪고 있을 때였지. 누레딘은 이 혼란을 틈타 파티마 왕조를 무너뜨리고 이집트를 정복할 생각이었던 거야. 이때 살라딘도

▶ 이집트 국기
가운데 있는 독수리 문양은 살라딘을 상징하는 살라딘의 독수리라고 해. 오늘날 이집트를 비롯한 서아시아 세계에서 폭넓게 쓰이고 있지.

삼촌 시르쿠를 따라 이집트에 갔지.

누레딘의 계획대로 시르쿠는 이집트를 정복했어. 하지만 이집트를 정복한 지 고작 두 달 만에 시르쿠가 갑자기 세상을 떠났지. 고작 서른한 살의 젊은 청년이었던 살라딘은 특별한 업적도 없어서 이집트의 지배자 자리를 넘볼 처지가 아니었어. 그런데 이집트의 실권을 쥐고 있던 귀족들이 살라딘에게 이집트의 지배자 자리를 내주었지. 힘없는 사람을 내세워 적당히 조종하다가 기회를 봐서 쫓아낼 생각이었던 거야. 하지만 그건 살라딘을 잘못 봐도 크게 잘못 본 거였지.

이집트의 지배자가 된 살라딘은 파티마 왕조의 시아파 칼리프를 내쫓고 군대를 동원해 반대파를 신속하게 진압한 후 이집트의 유일한 지배자로 자리를 굳혔어. 그리고 상관인 누레딘이 세상을 떠나자 시리아까지 접수해 이슬람 세계의 최강자로 부상했지.

◀시리아의
다마스쿠스 시내에 있는
살라딘 동상

예루살렘을 되찾다

살라딘이 유럽에서도 유명해진 건 동지중해 연안의 예루살렘 왕국과 예루살렘 왕국을 도우러 온 서유럽 그리스도교 세력과의 전쟁 때문이었어. 살라딘은 이 치열한 전쟁에서 승리해 예루살렘을 되찾았을 뿐 아니라 끝까지 신사적인 태도를 유지해 적이었던 서유럽 기사들한테서까지 '진정한 기사'로 칭송받았지. 살라딘의 일화 가운데 가장 유명한 것은 영국 왕 리처드 1세와 벌인 대결이야.

'사자왕'이란 별명이 붙을 만큼 용맹하기로 소문난 리처드 1세는 살라딘보다 훨씬 적은 병력으로 몇 차례나 연거푸 승리를 거두었어. 하지만 살라딘은 잇따른 패배에 이를 갈기는커녕 오히려 리처드 1세의 용맹함을 칭찬했단다. 또 살라딘은 리처드 1세가 풍토병에 걸려 앓아누웠다는 소식을 듣자 의사를 보내 진료하게 했고, 뒤이어 시원한 얼음과 과일도 보내 주었대. 심지어 전투 도중에 리처드 1세가 말에서 떨어지는 걸 보고는 "어찌 왕이 말도 없이 싸울 수 있느냐!"라며 즉각 전투

◀ **리처드 1세의 동상**
리처드 1세는 살라딘의 라이벌이자 좋은 친구였어. 두 사람 모두 뛰어난 용맹과 전술로 맞붙었지만 번번이 결판을 내지 못했단다.

:RICHARD·I·
:CŒUR·DE·LION:
1189~1199

를 멈추고 자기가 아끼던 말을 보내 주기까지 했지.

그리스도교 기사들은 살라딘의 행동을 높이 평가했어. 리처드 1세는 자신의 여동생을 살라딘의 남동생과 결혼시켜 이슬람 신자와 그리스도교 신자 사이의 분쟁을 멈출 계획을 세우기도 했대. 결국 예루살렘을 탈환한 살라딘은 리처드 1세와 평화 조약을 맺고 예루살렘을 그리스도교 순례자들에게 평화롭게 개방하겠다고 약속했어. 실제로 살라딘은 세상을 떠날 때까지 이 약속을 굳게 지켰단다.

▲ 리처드 1세와 살라딘의 결투

두 사람이 실제로 이렇게 맞붙은 적은 없대. 하지만 중세 유럽 사람들은 두 사람의 결투 모습을 상상으로 많이 그렸어.

인도에 정착한 이슬람교와 번성하는 인도양 무역

굽타 왕조가 멸망한 뒤 인도는 수백 년 동안 수많은
작은 나라들로 쪼개져 있었어. 이슬람교로 개종한 중앙아시아의
튀르크인은 인도로 쳐들어와 약탈을 일삼았고,
900년대에는 아예 인도 북부 지방에 이슬람 왕국이 세워졌지.
이걸 계기로 인도에도 이슬람교가 전파되기 시작했어. 이번
시간에는 인도가 외부 세력과 긴밀하게 접촉하며 어떻게 변해
가는지 한번 살펴보기로 하자.

뉴델리의 자마 마스지드 모스크에서 예배드리는 인도의 이슬람교로들

헤라트 비단길의 주요 거점으로
구르 왕조의 여름 수도가 있었어.

헤라트

구르

가즈니

이란고원

펀자브

페르시아만

인더스강

30°N

고다바리강 데칸고원을
가로지르는 인도에서
두 번째로 긴 강.

20°N

다울러

아라비아해

고아 남인도에서 번성하던
항구야. 1500년대 이후 오랫동안
포르투갈의 지배를 받게 돼.

962년
1000년 무렵
1206년
1398년
1498년
1565년

가즈나 왕조의 인도 약탈

촐라 왕조의 동남아시아 원정

델리 술탄 왕조 성립

티무르의 인도 원정

바스쿠 다가마, 인도에 도착

비자야나가르, 이슬람 연합군에 패배

50°E   60°E   70°E

60°E   70°E

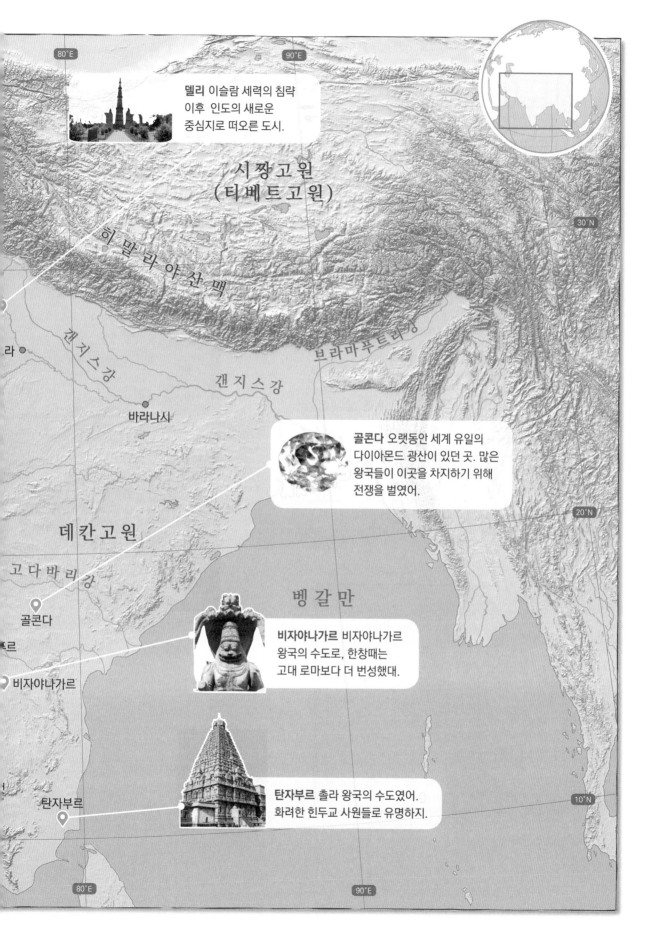

델리 이슬람 세력의 침략 이후 인도의 새로운 중심지로 떠오른 도시.

시짱고원
(티베트고원)

히말라야산맥

브라마푸트라강

갠지스강

라 ●

바라나시

골콘다 오랫동안 세계 유일의 다이아몬드 광산이 있던 곳. 많은 왕국들이 이곳을 차지하기 위해 전쟁을 벌였어.

데칸고원

고다바리강

벵갈만

골콘다

비자야나가르

비자야나가르 비자야나가르 왕국의 수도로, 한창때는 고대 로마보다 더 번성했대.

탄자부르

탄자부르 촐라 왕국의 수도였어. 화려한 힌두교 사원들로 유명하지.

인도에 자리 잡은 이슬람교도의 후예 파키스탄

파키스탄은 인도가 영국 식민지에서 독립할 때 이슬람교도가 따로 떨어져 나와서 세운 나라야. 면적은 인도에 비하면 작지만 한반도의 4배, 인구는 2억 명(세계 5위)이나 되는 큰 나라지. 인도네시아에 이어 세계에서 두 번째로 많은 이슬람교도가 살고 있는 나라이기도 해. 1인당 국민 소득은 3,000달러 정도로 매우 낮은 편이야. 치안이 불안해서 여행은 삼가는 것이 좋대.

▲ 카라치의 시가지 모습

인더스강 유역에 자리 잡은 파키스탄의 도시들

파키스탄을 관통하는 인더스강 유역에는 카라치, 라호르 등의 대도시가 자리 잡고 있어. 그중 카라치는 파키스탄에서 제일 큰 도시일 뿐만 아니라 세계적으로도 손꼽히는 대도시야. 인구가 무려 2700만 명을 넘지. 오늘날 카라치는 인도와 중국, 서아시아를 잇는 무역항으로서 빠르게 성장하고 있어.

▼ 많은 화물이 오가는 카라치 항만

▲ 파키스탄의 수도 이슬라마바드 1967년에 건설된 계획도시로 현재 파키스탄의 행정 수도야. 인구는 약 190만 명 정도 된대.

▲ 파키스탄 제2의 도시 라호르 라호르는 인도 역사에서 오랫동안 중요한 역할을 했던 도시야. 특히 이슬람 세력의 진출 이후 몇몇 통치자들이 이곳을 수도로 삼았지.

277

풍요로운 펀자브 지방

펀자브는 인더스강 상류의 다섯 지류가 부챗살처럼 펼쳐져 있는 파키스탄 북부의 충적 평야야. 강수량은 평균
500밀리미터에 불과하지만 일찍부터 관개수로를 이용해 강물을 끌어와 농사를 지었어. 2억 명이나 되는 파키스탄
국민들을 먹여 살리는 식량의 대부분이 이곳에서 생산되지. 펀자브는 외부 문화가 인도로 들어오는 통로에 자리 잡고
있어서 다양한 문화가 뒤섞이는 곳으로 지금도 종종 힌두교와 이슬람교 사이에 충돌이 벌어지곤 해.

▲ 펀자브 지방의 농촌 마을

인도와 중앙아시아를 잇는 길목 카이버 고개

카이버 고개는 까마득한 옛날부터 지금까지 인도 아대륙과
중앙아시아를 잇는 가장 중요한 길목이야. 파키스탄 북부 페샤와르에는
카이버 고개의 입구임을 알리는 관문이 세워져 있어.

▼ 카이버 고개

▼ 카이버 고개의 관문

중국과 파키스탄을 잇는 카라코람 고속 도로

1966년에 건설된 카라코람 고속 도로는 히말라야 산맥을 넘어 중국 서부와 파키스탄을 곧장
연결하고 있어. 해발 4,000미터를 넘나드는 높이 때문에 '세계에서 가장 높은 길'로 알려져 있지.

▲ 카라코람 고속 도로

▶ 알록달록 화려하게 치장한 버스

파키스탄에는 이렇게 버스나 승합차를 화려하게 치장하는 관습이
있어. 옛날 사막을 오가던 대상들이 낙타를 치장하던 풍습에서 유
래했대.

국기 하강식에서 벌어지는
인도와 파키스탄의 자존심 대결

파키스탄과 인도는 같은 뿌리를 가지고 있지만 서로
감정이 좋지 않아. 그래서 '와가'라는 두 나라 사이의
국경 도시에서는 저녁마다 독특한 풍경이 연출되곤
해. 두 나라 국민들은 국기 하강식에서 국경의 철문을
사이에 두고 양편에 모여 앉아 자국 군인에게 응원을
보내며 기싸움을 벌이거든.

▲ 국기 하강식을 거행하는 양측 군인들

이슬람교와 함께 찾아온 침략자들

"우선 이슬람교가 어떻게 인도로 들어오게 되었는지부터 알아볼까? 이슬람교를 처음 인도에 소개한 건 상인들이었어. 아랍 상인들이 바닷길을 통해 인도에 드나드는 과정에서 자연스레 이슬람교가 알려졌지. 하지만 상인들은 돈을 버는 것이 목적이었을 뿐 이슬람교를 전파하는 데는 그다지 관심이 없었어. 그렇기 때문에 인도에 이슬람교가 알려지긴 했어도 본격적으로 퍼지는 않았단다."

"그럼 언제부터 본격적으로 퍼지는데요?"

"지난 시간에 900년대 말쯤 튀르크 용병들이 아프

▲ 바라나시 갠지스강 중류에 위치한 바라나시는 힌두교의 대표적인 성지이자 불교, 자이나교의 성지이기도 해. 가즈나 왕조의 술탄은 이 도시를 공격해 5만 명이나 되는 인도인을 노예로 잡아가기도 했어.

가니스탄 가즈니라는 곳에 나라를 세웠다고 한 거 기억나니?"

"네, 기억나요. 가즈나 왕조 맞죠? 걸핏하면 인도로 쳐들어와 약탈을 일삼았잖아요."

나선애가 손을 번쩍 들며 말했다.

"그래. 바로 그 약탈이 이슬람교가 인도에 본격적으로 퍼지는 계기가 된단다. 굽타 왕조가 무너진 뒤 북부 인도는 수백 년 동안 라지푸트들이 세운 크고 작은 왕국들이 치열하게 싸우고 있었어. 그러니 외부의 약탈자들에게는 너무나 손쉬운 먹잇감이었지. 가즈나 왕조의 마흐무드 술탄은 무려 17차례나 인도를 침략해 금은보화를 약탈하고 인도인 기술자들을 포로로 잡아갔어. 이슬람교와 인도의 본격적인 첫 만남은 이처럼 무자비한 약탈로 시작되었단다."

"어휴, 첫 만남치고 너무나 살벌한데요."

"마흐무드 술탄은 이교도를 쳐부수고 이슬람교를 널리 퍼뜨리겠다는 신념으로 힌두 사원을 파괴하고 약탈했어. 그것이 알라의 뜻이라고 여긴 거지."

"하지만 그렇게 하면 누가 이슬람교를 믿겠어요?"

허영심이 입을 비죽 내밀었다.

"사실 마흐무드 술탄도 인도에 이슬람교를 전파하는 데는 별 관심이 없었어. 그의 관심은 오로지 사만 왕조와 부이 왕조가 차지하고 있던 중앙아시아와 서아시아에 있었고, 인도는 그저 거기에 필요한

▲ 가즈나 왕조의 술탄 마흐무드
붉은 복장을 한 사람이 마흐무드 술탄이야. 마흐무드 술탄은 이슬람 역사상 아주 위대한 통치자 중 한 사람으로 꼽혀.

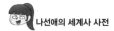 나선애의 세계사 사전

라지푸트 '왕의 후예'라는 뜻이야. 힌두교를 믿는 인도의 새로운 지배층을 가리키지. '라즈푸트'라고도 해. 자세한 설명은 4권 4교시에 나와.

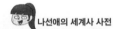
나선애의 세계사 사전

구르 왕조 1187년에서 1215년 사이 아프가니스탄을 장악했던 왕조야. 가즈나 왕조를 멸망시킨 튀르크계 이슬람 왕조지. 본거지가 아프가니스탄의 구르 지방이었기 때문에 구르 왕조라고 불러.

비용을 마련하기 위한 약탈 대상이었을 뿐이었지."

"그러니까 인도를 약탈해 중앙아시아와 서아시아를 차지하는 데 필요한 비용을 마련한다, 이건가요?"

"그렇단다. 다행히 가즈나 왕조가 몰락하면서 가즈나 왕조의 약탈은 중단되었어. 이슬람 세력의 침략은 그로부터 150년가량이 흐른 뒤에 다시 시작된단다. 이번에 북인도를 침략한 나라는 구르 왕조였어."

"구르 왕조요? 구르 왕조는 또 뭐죠?"

곽두기가 궁금한 듯 고개를 갸웃거렸다.

"가즈나 왕조에 이어 지금의 아프가니스탄 일대를 장악한 이슬람 왕조야. 가즈나 왕조가 셀주크에 밀려 약화된 틈을 타 아프가니스탄 일대를 장악했고, 뒤이어 인도를 넘보기 시작했지."

▲ 헤라트 이곳은 비단길의 요충지로 구르 왕조의 여름 궁전이 있었어. 중앙에 보이는 거대한 건물이 구르 왕조의 전성기 때 지은 대모스크란다.

"설마 인도가 이번에도 예전처럼 쉽게 당하진 않겠죠?"

"그래. 이번에는 호락호락하지 않았어. 라지푸트 영주들이 연합군을 구성해 구르 왕조에 대항했거든. 라지푸트 연합군의 코끼리 부대는 구르 왕조의 군대를 여러 차례 궁지에 몰아넣기도 했어. 하지만 구르 왕조는 약탈이 목적이었던 가즈나 왕조와는 달리 아예 인도에 눌러앉을 생각이었기 때문에 쉽게 포기하지 않았어. 1192년, 마침내 구르 왕조의 군대는 라지푸트 연합군의 거센 저항을 무너뜨리고

▶ 얌의 미나렛 아프가니스탄 서부의 산지 깊숙한 곳에 남아 있는 높이 63미터의 첨탑이야. 세계에서 두 번째로 높은 벽돌 첨탑으로, 구르 왕조의 화려했던 과거를 알려 주는 문화유산이야.

인도에 정착한 이슬람교와 번성하는 인도양 무역 **283**

▲ 이슬람 왕조의 세력 범위

갠지스강 상류 일대를 장악했어. 그리고 델리라는 도시에 이슬람 세력의 거점을 마련했지. 근데 일이 참 묘하게 됐어."

"일이 묘하게 되다니요?"

"북부 인도를 정복한 구르 왕조의 술탄이 구르로 돌아가는 길에 느닷없이 죽어 버린 거야."

"겨우 인도를 정복해 놓고⋯⋯."

허영심이 허무하다는 듯 한숨을 내쉬었다.

"문제는 술탄의 후계자가 정해져 있지 않았다는 거였어. 결국 왕위를 놓고 극심한 내분이 벌어졌고, 이 틈을 타서 북쪽 중앙아시아에서 급속히 세력을 키우던 호레즘 왕국이 쳐들어왔어. 구르 왕국은 속절없이 호레즘 왕국에게 정복되고 말았어."

"호레즘이라면 지난 시간에 몽골 제국한테 멸망당한 나라죠?"

왕수재가 곧바로 아는 척을 하고 나섰다.

"그래. 바로 그 나라야. 술탄의 명을 받아 인도를 지배하기 위해 남아 있던 부하들은 졸지에 주인 없는 신세가 되고 말았지. 이때 구르 왕조의 술탄이 고용했던 맘루크 대장이 스스로 술탄 자리에 올라 인도를 지배하기 시작했단다. 이렇게 해서 인도에 델리를 근거지로 삼은 이슬람 왕조가 뿌리를 내리게 돼."

"아, 그럼 이제부터 인도에도 본격적으로 이슬람 왕조가 세워지는 건가요?"

"응. 이때부터 약 300년 동안 5개의 이슬람 왕조가 델리를 근거지

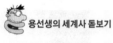
용선생의 세계사 돋보기

튀르크 출신의 노예 병사를 말해. 자세한 설명은 4권 6교시를 참고하렴!

◀ 델리
오늘날 델리는 1600만 명이
넘는 사람들이 모여 사는 인
도 제2의 도시란다.

로 삼아 북부 인도를 다스리게 돼. 이 5개의 왕조를 하나로 묶어서 델
리 술탄 왕조라고 불러. 델리 술탄 왕조의 지배를 받는 동안 인도 사
회에는 자연스레 이슬람교와 이슬람 문화가 자리 잡았어. 그리고 인
도 사회는 이슬람이라는 새로운 물결을 만나 큰 변화를 겪게 된단다.”

 용선생의 핵심 정리

가즈나 왕조의 약탈에 이어 구르 왕조의 침입으로 북인도에 이슬람 세력이 자리 잡
음. 구르 왕조의 튀르크인 용병 대장이 델리를 중심으로 이슬람 왕조를 건설한 것이
델리 술탄 왕조의 시작. 이후 인도에는 300여 년 동안 다섯 개의 이슬람 왕조가 뿌리
를 내림.

이슬람교를 인도에 정착시킨 델리 술탄 왕조

"그럼 이제 힌두교가 완전히 밀리겠네요?"

"꼭 그렇지만도 않아. 델리 술탄 왕조의 지배를 받는 동안에도 인도에서 이슬람교 신자는 대부분 외국인이었어. 대다수 인도인들은 여전히 힌두교를 믿었지. 말하자면 소수의 이슬람 세력이 다수의 인도인을 지배한 거야."

"인도 사람들이 저항하지 않았나요?"

"불만이 있긴 했겠지만 거센 저항은 하지 않았어. 살아가는 데 큰 어려움이나 변화가 없었거든."

"정말요? 이슬람교도가 지배하는데 큰 변화가 없다니요?"

"델리 술탄 왕조는 인도 사람들이 무슨 종교를 믿든, 어떻게 살든 별로 신경 쓰지 않았어. 라지푸트 영주들의 지배권도 그대로 인정해 줬지. 한마디로 왕이 이슬람교도로 바뀐 거 말고는 달라진 게 거의

▼ 델리의 쿠툽 미나르
페르시아어로 '빛나는 탑'이란 뜻을 가진 높이 71미터의 첨탑이야. 델리 술탄 왕조의 대표적인 건축 유적이지.

없었지. 보통의 인도 사람들은 델리의 이슬람 지배자들과는 부딪힐 일도 거의 없었어. 여전히 힌두교를 믿고 라지푸트 영주들의 지배를 받으며 살아갔지."

"이슬람 지배자들이 왜 이렇게 관대한 거죠?"

나선애가 의아한 표정으로 물었다.

"사실 관대해서가 아니라 신경 쓸 여유가 없었단다."

"그건 왜요?"

"생각해 보렴. 델리 술탄 왕조는 300년 동안 왕조가 다섯 번이나 바뀌었어. 평균 60년마다 한 번씩 왕조가 바뀌었을 만큼 정치적인 혼란이 극심했던 거야. 게다가 델리 술탄 왕조는 들어서자마자 무시무시한 적을 상대해야 했어. 바로 순식간에 유라시아 초원을 정복한……."

"칭기즈 칸이다! 맞죠?"

"하하. 그렇단다. 델리 술탄 왕조는 태어나자마자 몽골 제국의 침

구르 왕조의
맘루크들이
세운 왕조야.

노예 왕조
(1206년~1290년)

할지 왕조
(1290년~1320년)

티무르
침입(1398)

투글루크 왕조
(1320년~1414년)

사이이드 왕조
(1414년~1451년)

로디 왕조
(1451년~1526년)

▲ 델리 술탄 다섯 왕조

▲ 티무르의 인도 침략 티무르의 침략군이 인도의 코끼리 부대를 무찌르고 있어.

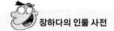

략에 맞서야 했어. 중국이나 서아시아처럼 대대적인 공격을 받지는 않았지만, 펀자브 지방에서는 여러 차례 크고 작은 전투가 벌어졌단다.”

“그나마 다행이네요.”

장하다가 눈알을 뱅글뱅글 돌렸다.

“1300년대 초반이 되자 몽골의 침략이 잠잠해졌어. 덕분에 델리 술탄 왕조도 전성기를 맞아 남부 일부를 제외한 인도 전역을 지배하기도 했지. 이슬람교가 인도 전역으로 퍼진 것은 바로 이 시기였어. 하지만 델리 술탄 왕조의 영광은 오래가지 못했어. 델리 술탄 왕조의 급속한 팽창에 반발한 현지 주민들이 곳곳에서 반란을 일으켰거든. 결국 델리 술탄 왕조는 새로 정복한 땅을 거의 전부 포기하고 북인도로 후퇴했어. 그런데 바로 이 무렵 중앙아시아 쪽에서 또 한 명의 무시무시한 정복자가 나타났단다.”

“또 한 명의 무시무시한 정복자라, 그게 누군데요?”

“바로 티무르라는 사람이야. 티무르는 칭기즈 칸의 후손을 자처하며 칭기즈 칸이 그랬듯이 기병을 이끌고 바람처럼 들이닥쳐 적을 박살 냈지. 티무르는 삽시간에 델리를 정복하고 자신이 ‘인도의 왕’이라고 선포했어. 그리고 딱 2주 동안 델리를 약탈한 뒤 유유히 중앙아시아로 돌아갔지. 이 기간 동안 티무르는 무려 10만 명 이상의 현지 주민을 살해하고, 무수히 많은 힌두교 사원들을 파괴했대.”

“2주 만에 10만 명을 죽였다고요?”

"그렇단다. 티무르의 침략으로 델리 술탄 왕조는 치명타를 입었어. 술탄의 권력을 받쳐 주던 군사력이 무너졌기 때문이지. 그로부터 100여 년 동안 델리의 이슬람 왕조는 영토가 쪼그라들어 델리 일대에서 겨우 명맥을 이어 갔어. 북인도는 사실상 수많은 영주들이 다스리는 작은 나라들로 쪼개지고 말았지."

"도로 예전으로 돌아간 거네요?"

"자세히 들여다보면 커다란 차이가 있었어. 바로 북인도의 많은 지역을 이슬람교를 믿는 영주들이 지배하고 있었다는 거야. 말하자면 이슬람교가 인도에 뿌리를 내린 거지."

 용선생의 핵심 정리

소수의 이슬람 지배자들은 힌두교를 믿는 대다수 인도인의 고유한 문화와 관습을 존중하며 인도를 통치함. 델리 술탄 왕조는 몽골 제국의 침입을 막아 내며 한때 거의 인도 북부 전역을 장악했으나, 티무르의 침략으로 몰락함.

인도 이슬람 문화가 탄생하다

"선생님, 그런데 아까 이슬람교가 들어오면서 인도 사회가 큰 변화를 겪게 된다고 하셨잖아요? 뭐가 변한 거죠?"

나선애의 질문에 용선생은 어깨를 으쓱했다.

"음, 그건 인도에 이슬람이라는 낯선 문화도 종교와 함께 뿌리를 내렸다는 점이야. 사실 옛날에도 외부인들이 인도로 들어와 나라를 세우면서 새로운 문화가 전해진 적이 있어. 하지만 얼마 지나지 않아

카스트 제도나 힌두교 같은 인도 고유의 문화에 동화됐지. 그런데 이슬람 세력은 전혀 그렇지가 않았단다. 이슬람 지배자들은 인도 문화를 전혀 받아들이지 않았어. 브라만의 지지를 얻거나, 족보를 조작해 높은 카스트를 얻으려고 하지도 않았지. 결혼도 자기들끼리만 했고, 인도 사람들과는 같은 동네에 살지도 않았어."

"왜 그렇게 따로 놀아요?"

곽두기가 눈을 동그랗게 뜨며 질문했다.

"이슬람교와 힌두교가 서로 너무나 달랐기 때문이야. 이슬람교는 '오직 하나뿐인' 알라를 섬기는 유일신 신앙이야. 우상 숭배를 철저히 금지했어. 이슬람 사원에는 신이나 예언자를 새긴 조각이나 그림이 전혀 없지. 반면에 힌두교는 여러 신을 섬기는 다신교야. 그래서 힌두교 사원은 온통 수많은 신을 새긴 조각과 그림들로 장식되어 있지. 또 두 종교는 신분 제도에 대한 생각도 정반대였어. 이슬람교는 '알라 앞에 모든 사람이 평등하다.'라고 가르쳤지만 힌두교에서는 태

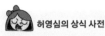

▲ 모스크(왼쪽)와 힌두 사원(오른쪽) 내부 이슬람교와 힌두교 사원의 내부 모습을 비교해 보면 두 종교가 얼마나 다른지 알 수 있어. 이슬람교 사원에는 일체의 그림이나 조각상이 없지만, 힌두 사원 내부는 온갖 신들을 묘사한 화려한 조각상과 그림들로 가득 차 있단다.

어날 때부터 신분을 나누는 카스트 제도를 철저히 따랐어. 이렇게 서로 생각이 다르니 같이 어울리기가 어려웠던 거야."

"함께 어울리기엔 달라도 너무 달랐네요."

"그렇지. 더군다나 이슬람교도는 정복자로서 지배자의 위치에 있었고, 힌두교도는 그 지배를 받는 처지였어. 당연히 이슬람교도는 현지의 힌두교도를 얕잡아 보았단다. 그러니 인도 문화를 적극적으로 받아들이거나 힌두교로 개종할 생각이 전혀 없었지."

왕수재가 손을 번쩍 들더니 질문을 던졌다.

"그럼 반대로 이슬람교를 받아들인 인도 사람들은 없었어요?"

"좋은 질문이야. 그것도 마찬가지로 드물었어. 옛날에는 개인이 자기 마음대로 종교를 선택할 수가 없었고, 보통 집안, 혹은 마을의 지도자나 영주가 믿는 종교를 따랐지. 그런데 인도인 영주들은 힌두교와 카스트 제도를 이용해 권력을 유지했기 때문에 이슬람교를 받아들이려 하지 않았단다. 게다가 델리 술탄 왕조의 지배자들도 굳이 이슬람교를 강요하지 않았어. 그래서 인도 사람들은 대부분 계속 힌두교를 믿었단다. 인도 북동부, 갠지스강 하류의 벵갈 지역 정도가 예외적으로 이슬람교도가 많은 지역이었지."

"이슬람교도랑 힌두교도는 계속 그렇게 따로 놀아요?"

"그건 아니야. 비록 적은 수이지만 이슬람교를 받아들이는 인도인들이 생겼어. 전쟁에서 포로로 잡히거나 죄를 짓고 감옥에 간힌 힌두교도들 중에서 이슬람교로 개종하기로 하고 풀려나는 경우가 있었거든. 또 이슬람교도만 높은 관직에 오를 수 있었기 때문에 이슬람교로 개종하는 인도인들도 있었지. 그런데 말이지, 이렇게 이슬람교도가

▲ 인도의 이슬람교도
오늘날 인도에는 약 1억 4천만 명이 넘는 이슬람교도들이 살고 있어.

▲ 아다이딘카 존프라 모스크 델리 술탄 왕조 초기인 1200년대에 건설된 모스크. 이렇게 여러 개의 아치를 연결해 건물 정면을 치장하는 방식은 페르시아에서 인도로 들어온 것이란다.

된 인도인들도 실제 사는 모습을 보면 별로 달라진 게 없었어. 여전히 일상생활은 수천 년간 지켜 온 힌두교 전통에 따라 이루어졌기 때문이지."

"그럼 그게 이슬람 신자인 거예요, 힌두교 신자인 거예요?"

아이들이 알쏭달쏭한 표정을 지었다.

"애매하지? 시간이 흐르면서 인도에는 이렇게 이슬람 고유의 문화와 인도 전통이 뒤섞인 독특한 문화가 탄생하게 된단다. 이걸 '인도 이슬람 문화'라고 해. 예컨대 건물에 커다란 아치를 세우고 문양으로 장식하는 이슬람 고유의 건축 양식이 인도에 자리 잡았어. 또 중앙

◀ 아치 벽면의 무늬 아치는 그림이나 조각상이 아니라, 이렇게 《쿠란》에 나오는 글귀들로 장식되어 있어. 이렇게 글씨를 장식처럼 사용하는 것 역시 이슬람 세력의 침입과 함께 들어온 건축 양식이지.

아시아의 페르시아어는 인도의 공용어로 자리를 잡았지. 반면에 이슬람 지배자들 역시 의복이나 음식 같은 인도의 생활 문화를 받아들였어. 두 문화의 융합을 보여 주는 대표적인 사례가 바로 '우르두어'야."

"우르두어? 그게 뭔데요?"

"이슬람과 인도 문화가 새로이 만나 합쳐지는 과정에서 만들어진 언어란다."

"어? 새로운 언어가 만들어져요?"

"그럼. 지배층인 이슬람교도가 주로 페르시아어와 튀르크어를 쓴 반면 인도 사람들은 원래 사용하던 인도 말을 썼어. 처음에는 서로

이슬람교와 힌두교의 만남, 시크교의 탄생

이슬람교와 힌두교는 언뜻 보면 서로 닮은 점이 조금도 없어 보여. 하지만 자세히 들여다보면 묘하게 비슷한 부분들이 있단다.

먼저 힌두교에는 박티 신앙이라는 게 있었어. 신에 대한 사랑을 간직하고 수행을 이어 나가면 브라만 사제들의 도움이 없이도 구원을 얻을 수 있다고 생각하는 사상이지.

또 이슬람교에는 수피라고 하는 사람들이 있어. 《쿠란》을 무작정 따르기보다 이슬람교 초기의 순수한 신앙으로 돌아가 신을 향한 헌신과 명상, 기도를 통해 구원을 찾아야 한다고 생각하는 사람들이지.

박티 신앙과 수피 사상은 누군가의 가르침을 무작정 따르기보다 '명상과 기도, 신에 대한 사랑'을 강조한다는 점에서 공통점이 있어.

여기에 착안해 만들어진 종교가 바로 시크교야. 시크교에서는 이슬람교와 힌두교가 실은 같은 신을 섬기지만, 단지 신의 이름이 다를 뿐이라고 여겼어. 그래서 누구의 가르침이 옳다고 서로 싸우기보다 신에 대한 사랑과 경건한 마음을 간직하고 명상과 기도를 게을리하지 않는 것이 구원을 얻는 길이라고 생각했지.

1500년대 중반, 나나크라는 사람이 탄생시킨 시크교는 인도 북서부의 펀자브 지방을 중심으로 급속하게 세력을 키웠어. 오늘날 인도에서는 2천만 명 가까운 사람들이 시크교를 믿는단다.

▼ 시크교의 성전 암리차르 황금 사원 인도 북부의 펀자브에 있는 시크교 성지야. 총 400킬로그램에 달하는 순금으로 건물 외부를 입힌 것으로 유명하지.

▲ 시크교 수도사
시크교 신자들은 평생 머리와 턱수염을 자르지 않는다고 해. 긴 머리를 터번을 감아서 가리기 때문에, 겉모습만 봐도 쉽게 알아볼 수 있지.

의 말을 알아듣지 못해 손짓 발짓으로 겨우 소통을 했지만 세월이 흐르며 차츰 서로 알아들을 수 있는 단어들이 늘어났지. 이 단어들을 적절히 활용해 자연스럽게 소통할 수 있는 언어가 만들어진 거야. 이 새로운 언어를 우르드어라고 해. 우르드어는 페르시아어, 튀르크어, 아랍어, 인도 말이 뒤섞인 언어로 꽤 많은 사람들이 사용했어. 1850년대 들어 인도의 공용어들 가운데 하나로 지정되었고, 오늘날에도 파키스탄에서는 공용어로 지정되어 있지.”

“와! 새로운 언어가 만들어지다니 굉장한데요.”

“델리 술탄 왕조가 다스리던 300여 년 동안 이슬람과 인도 문화는 이렇게 서로 평화롭게 공존하는 법을 배웠어. 인도 사람들은 이슬람교도를 불편한 침략자가 아니라 그냥 ‘나와 조금 다른 이웃’으로 받아들이게 되었지.”

용선생의 설명에 아이들이 고개를 끄덕였다.

 용선생의 핵심 정리

이슬람교와 힌두교는 한동안 서로 문화가 많이 달라 어울리기 어려웠지만, 시간이 흐르면서 두 문화가 융화된 ‘인도 이슬람 문화’가 뿌리를 내림.

남인도의 촐라 왕국, 인도양 무역을 장악하다

용선생은 스크린에 새로운 지도를 띄웠다.

“자, 이번에는 남부로 내려가 볼까? 인도 남부는 북부와는 전혀 다른 세상이었어. 남부 지역은 델리 술탄 왕조의 영향권에서 벗어나 있

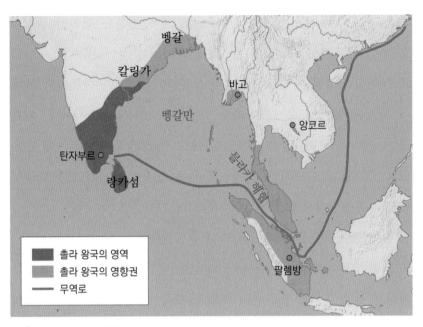

▲ 촐라 왕국의 세력 범위

었거든."

"남부에는 이슬람 왕국이 없었나요?"

"응. 이슬람은 인도 남부까지는 들어오지 못했어. 인도 남부 지역
에서는 힌두교를 믿는 왕국들이 흥하고 망하기를 반복했지. 북부에
이슬람 세력이 밀려들어 오던 900년대 무렵, 남인도에서는 촐라라는
왕국이 위세를 떨쳤어."

"촐라 왕국이라고요?"

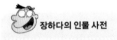

"응. 사실 촐라는 아주 먼 옛날, 그러니까 마우리아 왕조 시절부터
인도 남부에 자리 잡고 있던 세력 중 하나였어. 900년대 무렵부터 서
서히 힘을 키우기 시작해 전성기인 라젠드라 1세 때에는 북쪽의 벵갈
지방까지 영향권에 둘 정도로 세력을 떨쳤지. 인도의 동부 해안 지대

가 전부 촐라 왕국의 통제 아래로 들어왔던 거야."

"그런데 왜 하필 해안 지대를 차지한 거예요?"

나선애가 고개를 갸웃거렸다.

"촐라는 해상 무역을 통해 힘을 키운 나라이기 때문이야. 그래서 동부 해안뿐만 아니라 동남아시아까지 원정군을 보내 인도와 동남아시아, 중국을 잇는 바닷길을 손아귀에 넣고, 동남아시아 곳곳에 촐라 상인의 정착지를 건설했지."

"해상 무역이 그렇게 활발했어요?"

"물론이지. 인도양에서는 예전부터 해상 무역이 활발하게 이루어졌고, 당나라가 몰락한 900년대 중반 이후에는 더욱 활발해졌어. 중국의 송나라가 요나라와 서하에 비단길을 빼앗기자 해상 무역에 더 많이 의존하게 됐기 때문이지. 자연히 중국과 동남아시아, 인도, 서아시아를 잇는 해상 무역이 매우 활발했고, 항구 도시들은 저마다 번영을 누렸

▼ 인도 남부의 차밭 북인도와 촐라 왕국의 경계였던 서가트산맥이 멀리 펼쳐져 있어.

인도의 대표적인 히트 상품을 알아보자!

후추 후추는 고기의 누린내를 없애고 음식에 맛을 더하기 위해 오래전부터 사랑받던 향신료였어. 특히 후추는 고기를 많이 먹는 유럽인들 사이에 인기가 높았지. 하지만 인도와 동남아시아 등지에서만 구할 수 있었기 때문에 매우 귀하고 비싼 물건이었단다.

면직물 목화 실로 짠 면직물은 값이 싼 데다가, 세탁이 쉽고 잘 손상되지도 않기 때문에 오늘날에도 아주 널리 쓰이는 옷감이야. 특히 인도산 면직물은 부드럽고 바람도 잘 통하는 고급 옷감으로 수천 년 동안 세계 최고의 품질을 자랑한단다.

인디고 인도에서 자라는 인디고라는 식물에서 뽑아낸 푸른색 천연 염료야. 인디고라는 이름이 아예 파란색을 뜻하는 단어로 굳어졌을 정도니 그 인기가 어땠는지 짐작할 만하지?

다이아몬드 다이아몬드는 1900년대까지 오로지 인도 데칸고원의 골콘다에서만 구할 수 있었어. 그 덕분에 골콘다는 수많은 인도 왕국들의 전쟁 목표가 되었지.

지. 촐라 왕국은 바로 이 시기에 인도양 무역을 장악하고 있었던 거야. 중국의 비단과 도자기, 동남아시아와 남부 인도의 향신료들이 모두 촐라의 항구로 모여들었다가 다시 전 세계로 팔려 나갔지. 이렇게 쌓은 부를 바탕으로 촐라 왕국은 수많은 도시와 항구, 힌두교 사원을 건설했단다. 이 시기 언덕이나 바위를 통째로 깎아서 만든 거대한 사원들

▶ 탄자부르의 브리하디스와라 사원

남인도의 탄자부르 인근에 있는 세 개의 힌두 사원을 합쳐서 '대촐라 사원'이라고 불러. 사진의 브리하디스와라 사원이 그중 하나야. 대촐라 사원은 모두 높이만 40~50미터씩 되는 건물에 수많은 조각상으로 장식된 아름다운 사원들로 구성되어 있어.

을 보면 촐라 왕국이 얼마나 부유하고 강한 나라였는지 한눈에 알 수 있지.”

 용선생의 핵심 정리

이슬람 세력의 침입이 없었던 남인도에서는 촐라 왕조가 900년대부터 인도양 무역을 장악하며 번영을 누림.

힌두 왕국 비자야나가르가
이슬람 세력과 싸움을 벌이다

아이들이 사진을 보는 사이 용선생은 책장을 넘기며 이야기를 이어 나갔다.

"하지만 영원한 강국은 없는 법! 촐라 왕국도 이웃 나라와의 경쟁 끝에 서서히 내리막길을 걸었어. 촐라를 무너뜨린 건 데칸고원과 타밀 지방에서 새롭게 힘을 키운 힌두 왕국들이었지. 촐라 왕국은 이들에게 오랜 세월에 걸쳐 인도 동해안의 부유한 항구들을 하나둘 빼앗긴단다. 결국 1200년대 말에 촐라 왕국은 완전히 멸망하고 말았어. 그리고 얼마 지나지 않아 남인도에까지 이슬람 세력의 침입이 시작됐지."

▲ 남인도의 바흐마니와 비자야나가르

"어? 이슬람 세력이라고요?"

"그래. 델리 술탄 왕조가 인도 남부에까지 쳐들어온 거야. 물론 델리 술탄 왕조의 남인도 공략은 실패로 돌아갔어. 하지만 이 과정에서 데칸고원에 바흐마니라는 이슬람 왕국이 세워지고, 더 남쪽에는 이슬람 세력을 피해 도망 온 힌두교도들이 비자야나가르라는 나라를 세웠어. 바흐마니와 비자야나가르는 1300년대 중반부터 1500년대까지 200년 동안 길고 지루한 싸움을 벌였단다."

"200년 동안이나요? 종교가 다르다고 그렇게 끈질기게 싸우다니, 쩝."

▲ 2015년 고다바리강 푸시카람 축제 푸시카람은 강을 숭배하는 인도 전통 축제야. 인도인이 신성하게 여기는 12개 강에서 12년마다 열린대.

장하다가 입을 비죽 내밀었다.

"꼭 종교가 다르다는 이유만으로 싸운 건 아니었어."

"또 무슨 다른 이유가 있는데요?"

허영심이 궁금한 듯 물었다.

"아주 현실적인 이유가 있었단다. 바로 데칸고원에 있는 세계에서 유일한 다이아몬드 광산, 고다바리강 유역의 비옥한 땅, 해안의 항구 도시에서 생기는 경제적 이익 같은 것들이었지. 이런 이유들에 비하면 종교 문제는 별로 중요한 게 아니었어."

"흐음, 그래서 누가 이겼어요?"

"승자는 비자야나가르였어. 1509년, 비자야나가르에 크게 패배한 바흐마니가 다섯 개 나라로 쪼개져 버리자 비자야나가르는 그 틈을

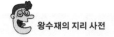

왕수재의 지리 사전

고다바리 강 데칸고원 한복판을 동·서로 가로지르는 강이야. 인도에서 두 번째로 긴 강이며 강을 따라 흐르는 물의 양이 매우 많아. 여러 나라가 고다바리강 유역을 차지하기 위해 치열한 각축전을 벌였단다.

타 데칸고원 일부를 점령하고 남인도의 유일한 강국으로 성장했단다. 이때 비자야나가르의 수도는 일곱 개의 성곽으로 둘러싸인 거대한 도시로, 성 주변에 네 개나 되는 거대한 시장이 있었어. 또 이 시장들은 언제나 전 세계에서 몰려든 상인들로 북적거렸지. 그중에는 아프리카의 남쪽 끝을 빙 돌아 몇 달씩 머나먼 바닷길을 항해해 온 유럽 상인들도 있었단다. 이들은 비자야나가르가 전성기의 로마보다 더 크고 부유하다며 감탄했지."

용선생의 설명을 듣던 나선애가 고개를 갸웃했다.

"잠깐만요! 유럽에서 서아시아를 가로질러 오면 훨씬 가깝지 않은가요? 왜 아프리카 남쪽 끝을 빙 돌아오죠?"

"그럴 만한 사정이 있었단다. 이때 서아시아에 오스만 제국과 페르시아 같은 이슬람 제국이 들어서 있어서 유럽 상인들의 통행이 어려웠거든. 결국 1498년, 바스쿠 다가마라는 포르투갈의 모험가가 아프

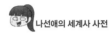
나선애의 세계사 사전

오스만 제국 오스만 제국은 셀주크에 이어 아나톨리아반도에 들어선 튀르크계 이슬람 국가로 지금의 터키 공화국의 전신이야. 전성기에는 서아시아와 이집트, 발칸반도를 아우르는 대제국이었어.

장하다의 인물 사전

바스쿠 다가마 (1460년 또는 1469년~1524년) 포르투갈의 항해사로, 포르투갈 왕 마누엘 1세의 명을 받아 아프리카 남단을 돌아 인도까지 항해하는 데 성공했어.

◀ 비자야나가르 왕궁 유적 비자야나가르는 폐허가 되었지만 약 12개의 힌두교 사원, 왕궁과 목욕탕, 저수지 유적이 남아 있어. 사진은 그중에서 왕궁 유적을 하늘에서 촬영한 거야.

▶ 나라심하 조각상 비슈누의 열 화신 중 하나인 '나라심하' 조각상이야. 비자야나가르의 유적에 남아 있어.

▲ 인도에 도착한
바스쿠 다가마
1498년, 포르투갈의 항해사 바스쿠 다가마가 기나긴 모험 끝에 인도 남부 해안에 도착했어. 이 항해의 성공 덕분에 유럽 상인들도 인도양 무역에 뛰어들게 되었지.

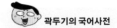 곽두기의 국어사전

남단 남녘 남(南) 끝 단(端).
남쪽 끝이라는 뜻이야.

리카의 남단을 돌아 인도까지 항해하는 데 성공하면서 유럽의 배가 인도 항구까지 들어오게 되었단다. 자세한 건 나중에 배우게 될 거야."

용선생은 아이들을 둘러보며 설명을 이어 나갔다.

"비자야나가르는 더욱 활발해진 인도양 무역 덕분에 번영을 누렸지만, 그리 오래가지는 못했어. 바흐마니가 무너진 뒤 데칸고원에 들어선 이슬람 왕국들이 연합해 비자야나가르에 대항했거든. 1565년에 비자야나가르는 이 이슬람 연합군에 대패하며 서서히 내리막길을 걷게 된단다."

"그럼 이슬람 세력이 남인도까지 장악하게 되는 건가요?"

"응. 이때부터 약 100년 뒤쯤에는 남인도의 극히 일부를 제외한 인도 전력이 이슬람 세력의 지배를 받게 된단다. 북인도에 강력한 이슬람 제국이 등장해서 빠른 속도로 팽창했기 때문이지. 다음에 인도 역사를 공부할 때는 바로 이 제국이 어떤 나라였는지 알아볼 거야. 자, 얘들아, 오늘도 고생 많았어. 안녕!"

 용선생의 핵심 정리

촐라 왕국이 무너진 이후 남인도에는 힌두 왕국 비자야나가르와 이슬람 왕조 바흐마니가 들어서서 경쟁을 펼침. 비자야나가르는 경쟁에서 승리해 번영을 누리지만 1565년, 이슬람 연합군에 패배하며 쇠퇴함.

나선애의 정리노트

1. 이슬람 세력의 인도 침입

- 가즈나 왕조: 펀자브 지역을 수차례 침입해 인도를 약탈함.
- 구르 왕조: 아프가니스탄을 근거지로 북인도를 공격해 델리에 근거지를 마련
  - → 호레즘 왕국의 공격으로 멸망하고 아프가니스탄 일대를 빼앗김.
  - → 튀르크인 용병 대장이 델리를 근거지로 새 나라를 세움. → 델리 술탄 왕조!

2. 델리 술탄 왕조

- 이슬람 지배자들은 다수의 힌두교도들을 지배하며 인도 관습과 문화를 인정해 줌.
- 몽골의 침입 등 역경을 겪었으나 남인도를 제외한 전 인도로 세력을 확장함.
  - → 인도인들의 반란과 뒤이은 티무르의 침입 이후 몰락

3. 인도 이슬람 문화의 탄생

- 이슬람교와 힌두교의 차이

이슬람교	힌두교
유일신교	다신교
우상 숭배 금지	다양한 신상을 만들어 섬김
모든 사람이 평등하다고 가르침	엄격한 신분 제도인 카스트 제도를 따름

- 시간이 흐르며 두 종교의 문화가 융합된 인도 이슬람 문화가 뿌리를 내림.

4. 남인도의 왕국들과 번성하는 인도양 무역

- 900년대 말부터 촐라 왕국이 인도양 무역을 장악하며 번영을 누림.
- 인도양 무역은 중국에 송나라가 들어서며 더욱 번성함.
  - → 후추, 면직물, 인디고, 다이아몬드 등 여러 특산물이 주목받음.
- 1300년대부터는 이슬람 왕조 바흐마니와 힌두 왕국 비자야나가르가 경쟁함.

세계사
퀴즈 달인을
찾아라!

달인을 찾아라!

---

01 다음 중 알맞지 않은 이야기를 하는 사람은 누구일까?　　（　　）

 ① 가즈나 왕조의 술탄은 여러 차례 인도를 약탈했어.

 ② 가즈나 왕조의 술탄은 인도를 약탈 대상으로만 여겼대.

 ③ 가즈나 왕조는 튀르크 용병 출신 이슬람교도가 세운 나라였어.

 ④ 구르 왕조는 갠지스강 하류의 바라나시라는 도시를 근거지로 삼았어.

---

02 다음 사진에서 소개된 도시의 이름으로 알맞은 것을 골라 보자.
　　（　　）

북인도에 자리 잡은 이 도시는 이슬람 세력의 거점이었어. 오늘날 인도 제2의 도시로 1600만 명이 넘는 사람들이 모여 살고 있지.

① 바라나시　　② 델리
③ 수라트　　④ 콘스탄티노폴리스

03 다음 중 델리 술탄 왕조에 대한 설명으로 알맞지 않은 것을 골라 보자.

( )

① 인도에 이슬람교를 뿌리내리게 하는 역할을 했어.

② 300년 동안 다섯 왕조가 교체되었어.

③ 한때 남인도 일부를 제외한 인도 전역을 장악했어.

④ 칭기즈 칸의 침입을 받아 몰락했어.

04 다음 빈칸에 들어갈 알맞은 말을 써 보자. ( )

이슬람교	힌두교
유일신교	( )
우상 숭배 금지	다양한 신상을 만들어 섬김
모든 사람이 평등하다고 가르침	엄격한 신분 제도인 카스트 제도를 따름

05 다음 지도에 표시된 영역에서 주도적으로 해상 무역을 펼친 나라의 이름을 써 보자.

( )

벵갈 / 칼링가 / 바고 / 벵갈만 / 탄자부르 / 앙코르 / 랑카섬 / 팔렘방

06 관계있는 것끼리 연결해 보자.

① 바흐마니 •

② 구르 왕조 •

③ 비자야나가르 •

④ 델리 술탄 왕조 •

• ㉠ 힌두 왕조

• ㉡ 이슬람 왕조

• 정답은 374쪽에서 확인하세요!

1,000년 전의 상인 조직이 오늘날 인도 대기업들의 뿌리?

인더스 문명 시절부터 현대에 이르기까지 인도에서는 육로와 바닷길을 이용한 교역이 매우 발달했어. 북인도에서는 중앙아시아와 인도를 잇는 무역상들의 활동이 활발했고, 해안의 항구들은 인도의 상인들은 물론 인도양을 누비는 전 세계 상인들의 활동 무대였지.

인도의 교역을 주도한 것은 지역과 종교에 따라 모인 상인 조직들이었어. 주로 해상 무역에 종사한 서부 구자라트 출신의 구자라티 상인, 북서부 내륙을 무대로 활동한 라자스탄 출신의 마르와리 상인, 자이나교를 믿는 자이나교 상인, 뭄바이에 둥지를 튼 조로아스터교 신자들로 구성된 파르시 상인 등이 대표적인 상인 조직들이었지.

흥미로운 것은 이러한 인도의 상인 조직들이 오늘날에도 대기업 집단으로 발전해 인도의 경제를 꽉 쥐고 있다는 거야. 인도의 대기업 상위 500개 중 461개가 바로 이 상인 조직들에 뿌리를 두고 있거든. 그 가운데서 대표적인 기업들을 몇 개 살펴볼까?

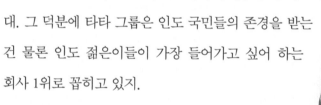

청년들이 가장 입사하고 싶은 기업 1위, 타타 그룹

타타 그룹은 파르시 상인 조직에서 출발한 인도의 대표적인 기업이야. 96개 계열사에 60만 명의 직원, 한 해 매출 1000억 달러(한국 돈으로 약 128조 원)에 이르는 어마어마한 규모를 자랑하지. 타타 그룹은 철강 회사로 시작해 지금은 자동차, 화학 약품, 정보 통신, 보험 등 매우 다양한 분야에 진출해 있단다.

타타 그룹은 '좋은 생각, 좋은 말, 좋은 행동'이라는 사훈을 가지고 있어. 그리고 '도덕적으로 의심스러운 곳에는 투자하지 않는다.'는 원칙을 엄격하게 지키지. 그런가 하면 매년 1억 달러 이상을 가난한 사람들을 위해 기부하고, 직원 자녀들에게 장학금을 주기도 한대. 그 덕분에 타타 그룹은 인도 국민들의 존경을 받는 건 물론 인도 젊은이들이 가장 들어가고 싶어 하는 회사 1위로 꼽히고 있지.

▼ **인도의 국민차 타타 나노** 세계에서 가장 싼 차 타타 나노가 태어난 곳이 바로 구자라트야.

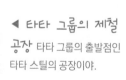

◀ **타타 그룹의 제철 공장** 타타 그룹의 출발점인 타타 스틸의 공장이야.

▲ 파트니 그룹이 뭄바이에 세운 연구 센터 소프트웨어 개발, 소비자 관리 훈련, 직원 재교육을 할 수 있는 시설이 갖춰져 있어. 이곳에서 무려 17,000명의 전문가가 일하고 있대.

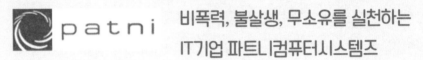

비폭력, 불살생, 무소유를 실천하는 IT기업 파트니컴퓨터시스템즈

파트니컴퓨터시스템즈는 1978년 자이나교 상인인 나렌드라 파트니가 뭄바이에 세운 회사로 인도 IT기업의 선두 주자야. 2011년에는 미국 굴지의 IT기업 IGATE를 인수하며 전 세계에 3만 명이 넘는 직원을 거느리고 한 해 매출이 40억 달러(한국 돈으로 4조 5천억 원)에 달하는 글로벌 기업으로 자리 잡았단다.

파트니컴퓨터시스템즈는 자이나교 교리인 '비폭력, 불살생, 무소유'를 사훈으로 삼고 사훈을 실천하기 위해 매년 회사가 얻은 수익의 10퍼센트를 자선 재단에 기부하고 있어.

교육으로 나라에 공헌하는 인도의 민족 기업 아디티야비를라 그룹

마르와리 상인들은 인도 서부의 황량한 사막 지역인 라자스탄의 마르와르 지방 출신으로 일찍이 중계 무역에 뛰어들었어. 오늘날 마르와리 상인들은 인도의 20대 대기업 중 9개를 소유한 인도 경제의 큰손으로

활약하고 있어. 아디티야비를라 그룹은
대표적인 마르와리 상인의 기업이야.
아디티야비를라 그룹은 1857년 창업자
간샴 비를라가 뭄바이에 세운 직물 회사
에서 시작했어. 인도가 영국의 식민지였
을 때, 마하트마 간디가 이끄는 국민회
의를 적극 후원하며 민족 기업으로 자리
잡았지. 인도가 독립한 후에는 알루미
늄 가공, 시멘트 생산 등 국가의 중요한
산업 분야에 뛰어들어 사업을 확장시켰
어. 아디티야비를라 그룹은 오늘날 40개
국에 12만 명의 직원을 거느리고, 410억
달러(한국 돈으로 약 46조 원)의 매출을 기
록한 인도의 대표적인 대기업이야.
아디티야비를라 그룹은 '지역 공동체와
함께 성장하자'는 창업주의 정신을 이어
받아 낙후된 지역 곳곳에 학교와 병원을
세우고 있어. 인도에서 가장 적극적으로
사회 공헌 활동을 벌이는 기업이란다.

▲ 비를라 그룹의 슈퍼마켓 체인 more。 비를라 그룹은 more.처럼 인도인의 생활과 직접 관련된 사업을 많이 벌이고 있어.

▲ 비를라 산업 기술 박물관에서 열린 과학 행사에 참가한 학생들 비를라 그룹은 학교나 박물관 등 교육을 통해 인도의 미래를 밝힐 학생들을 키우고 있단다.

**7교시**

십자군 전쟁과 흑사병이 중세 유럽을 뒤흔들다

⋮

농업 생산이 늘어나고 바이킹의 침략이 잠잠해지면서 안정을
되찾았던 유럽은 다시 한 번 십자군 전쟁이라는 거센 파도에
휩쓸리게 돼. 그리고 그 충격에서 미처 빠져나오기도 전에
흑사병이라는 거대한 먹구름이 중세 유럽을 뒤덮는단다.
이번 시간에는 십자군 전쟁과 흑사병이 중세 유럽에 어떤 변화를
몰고 오는지 알아보자.

십자군 전쟁 때 십자군과 이슬람 세력 사이에 치열한 쟁탈전이 벌어졌던 아크레 항이야.
성벽은 오스만 제국 때 쌓은 거래.

로마 가톨릭 세력권
그리스 정교 세력권
이슬람교 세력권

덴마크

뤼베크

함부르크

영국

런던

신성 로마 제국

프랑크푸르트

뤼베크 발트해 연안에 자리 잡은 상업 도시로 한자 동맹의 맹주였어. 현재 독일에 속해 있어.

파리

레겐스부르크

대 서 양

프랑스

베네치아

클레르몽 프랑스 중부의 작은 도시. 이곳에서 열린 종교 회의에서 십자군 원정이 결정됐고, 교황이 직접 십자군 참여를 호소했어.

클레르몽

제노바

아비뇽 프랑스의 영향력 아래 교황이 이곳에 약 70년 동안 머물렀어.

아비뇽

마르세유

카스티야

아라곤

제노바 이탈리아 북서부의 상업 도시. 베네치아의 가장 강력한 라이벌이었어.

로마

베네치아 이탈리아 북동부 해안에 자리 잡은 상업 도시. 십자군 전쟁 이후 지중해 상권을 장악해 번영을 누렸어.

그라나다

튀니스

1096년
제1차 십자군 전쟁

1159년
한자 동맹 결성

1167년
롬바르디아 동맹 결성

1204년
제4차 십자군, 콘스탄티노폴리스 약탈

1309년~1377년
아비뇽 유수

1347년
흑사병 유행 시작

마리엔부르크 튜턴 기사단이 동유럽에 건설한 도시. 훗날 독일을 통일한 프로이센이 이곳에서 출발했어.

부르크

키예프 대공국

○ 키예프

콘스탄티노폴리스 비잔티움 제국의 수도로 현재의 이스탄불. 제4차 십자군에게 약탈당해 큰 피해를 입었어.

페스트

헝가리

흑 해

40˚N

콘스탄티노폴리스 ○ 니케아

룸 셀주크

비잔티움 제국

○ 에데사

○ 안티오크

예루살렘 현재 이스라엘의 수도. 그리스도교, 유대교, 이슬람교의 성지로, 제1차 십자군 원정의 목표는 이슬람 세력으로부터 이곳을 되찾는 거였어.

예루살렘 왕국

지   중   해

예루살렘

30˚N

파티마 왕조

카이로

20˚E

30˚E

40˚E

한자 동맹 핵심 도시들의 오늘날

1100년대 무렵 중세 유럽이 전성기에 접어들며 북해와 발트해 연안에서 상인들의 활동이 활발해졌어. 자연스레 바다와 내륙 깊숙한 곳까지 이어지는 해안과 큰 강 하구에 여러 무역 도시가 들어섰지. 그 가운데 라인강과 엘베강 하구, 북해와 발트해 연안의 무역 도시들이 한자 동맹을 결성했어. 한자 동맹은 상인들이 자신들의 자치권과 무역 이익을 지키기 위해 결성한 정치적·군사적 동맹으로, 한때는 100개가 넘는 도시들이 가담할 만큼 막강한 세력을 자랑했지. 그럼 한자 동맹의 주역이었던 도시들이 지금은 어떤 모습을 하고 있는지 한번 둘러보기로 하자.

▲ 오늘날의 뤼베크

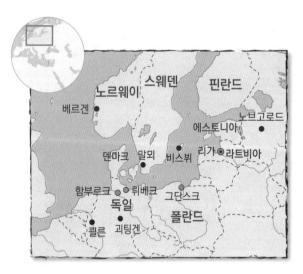

뤼베크와 함부르크의 젖줄 엘베강

엘베강은 체코에서 시작해 독일을 지나 북해로 흐르는 총 길이 1,154킬로미터의 큰 강이야. 늘 수량이 일정하고 물살이 빠르지 않아 배를 운항하기에 유리하지. 지금도 화물과 사람을 운송하는 데 제몫을 톡톡히 하고 있단다.

▼ 엘베강을 오가는 화물선의 모습

한자 동맹의 맹주 뤼베크

뤼베크는 발트해 남서쪽에 자리 잡은 독일의 항구 도시로 한자 동맹의 맹주였어. 특히 엘베강을 따라 내륙과 발트해를 잇는 무역으로 번영을 누렸지. 하지만 1500년대 이후 차츰 쇠퇴해 지금은 인구 20만 명의 조용한 도시란다.

▶ 홀슈타인 문
1464년에 지어진 성문으로 뤼베크의 상징이야. 유네스코 세계 문화유산에 등재되었어.

독일 제2의 도시 함부르크

함부르크는 베를린에 이어 독일에서 두 번째로 큰 도시야. 뤼베크와 마찬가지로 엘베강 수로를 이용한 무역으로 번영을 누렸고, 지금도 독일 최대의 항구 도시이자 독일 경제의 중추로 명성을 이어 가고 있어.

▲ 함부르크의 풍경

도시 한가운데를 흐르는 운하가 인상적인 곳이야.

▶ 함부르크식 스테이크

햄버거의 원조는 함부르크식 스테이크야. 우리나라의 떡갈비처럼 다진 고기를 동그랗게 빚어 구운 음식이지. 이 음식은 1700년대 초 미국으로 이민 온 독일 이민자들을 통해 널리 알려지면서 '함부르크에서 온 음식'이란 뜻으로 햄버거라고 불렸대.

발트 3국의 중심 도시 리가

리가는 발트해 동부의 항구 도시로 오늘날 라트비아의 수도야. 발트해와 러시아 내륙을 잇는 무역으로 번영을 누린 리가는 1990년대에 이르기까지 독일, 폴란드, 러시아, 스웨덴 등 여러 나라의 지배를 받아 왔어. 워낙 주인이 자주 바뀐 탓에 사람들은 리가의 지배자가 머물던 리가성 위에 매달린 깃발을 보고서야 그때의 지배자가 누군지 알 수 있었대.

◀ 라트비아의 자유의 여신상

높이 42미터의 여신상으로 라트비아 신화에 나오는 '사랑의 신'이래.

TEVZEMEI UN BRĪVĪBAI

▲ 리가성 지금은 라트비아의
대통령궁으로 쓰여.

◀ 리가의 풍경

▼ 그단스크 조선소 지금은 세계 조
선업계의 치열한 경쟁에서 밀려나 파산
위기에 처해 있대.

동유럽과 발트해를 잇는 관문 그단스크

그단스크는 980년에 처음 건설된 이후 폴란드 최대의 항구로 번영을
누려 왔어. 1700년대 말부터 200년가량 독일의 지배를 받았기
때문에 독일식 이름인 단치히로 널리 알려져 있지. 제2차 세계 대전
때 도시 전체가 폐허가 되는 아픔을 겪었고, 전쟁이 끝난 뒤에는
주민 대부분을 차지하던 독일인이 추방당하며 큰 변화를 겪었어.
1980년대에는 그단스크 조선소의 노동조합을 중심으로 공산 정권에
반대하는 폴란드 민주화 운동이 벌어지기도 했어. 오늘날엔 동유럽
내륙과 발트해를 연결하는 관문 노릇을 하고 있어.

▼ 그단스크의 풍경

십자군 전쟁이 시작되다

"십자군이라니, 십자군은 도대체 어느 나라 군대인데요?"

장하다가 아리송한 표정을 지으며 물었다.

"음, 지난 시간에 배웠던 서유럽 기사들 기억나니? 성지 예루살렘을 되찾겠다며 동지중해 해안 지역으로 쳐들어온 기사들 말이야. 그 서유럽 기사들이 바로 십자군이지. 십자군이라는 이름이 붙은 것은 갑옷과 깃발에 십자가를 새겼기 때문이란다."

"십자가를 왜 새겼죠?"

"십자가는 그리스도교의 상징이잖아. 그리스도의 군대라는 뜻으로 십자가를 새긴 거지. 십자군은 어느 한 나라의 군대가 아니라 성지를 다시 찾기 위해 구성된 그리스도교 세계의 연합군이었거든."

320

▲ 클레르몽 공의회 우르바누스 2세가 연설했던 회의장의 모습. 단상에 올라 있는 사람이 교황이야.

"맨날 자기들끼리 싸우더니 웬일로 연합군을 결성한 거죠?"

"십자군은 비잔티움 제국 황제가 로마 교황에게 보낸 구원 요청을 계기로 만들어졌어. 성상 파괴 운동 이후 사이가 틀어졌던 교황과 비잔티움 황제는 1000년 무렵부터 상대방을 파문하는 등 완전히 등을 돌린 상태였어. 하지만 비잔티움 황제는 셀주크에 패배하고 궁지에 몰리자 어쩔 수 없이 로마 교황에게 도움을 요청했지. 서방의 지원을 받아 셀주크에 빼앗긴 땅을 되찾으려고 한 거야."

"아, 지난 시간에 배웠던 기억이 나요."

"응. 하지만 교황 우르바누스 2세의 생각은 좀 달랐어. 이번 기회에 비잔티움 황제를 확실히 굴복시키고 성지 예루살렘을 되찾아 그리스도교 세계의 우두머리 자리를 확고히 하려 한 거야. 그러려면 최대한 많은 사람이 십자군에 참여해야 했어. 그래서 교황은 종교 회의를 열어 지원군을 파견하기로 결정하고, 직접 청중들에게 십자군 참여를 독려했지."

용선생이 품에서 종이 한 장을 꺼내어 읽기 시작했다.

하느님의 자녀들이여, 마귀를 숭배하는 사악한 튀르크인과 아랍인이 우리 형제를 죽이고 교회를 파괴하고 있습니다. 모두 함께 나서

용선생의 세계사 돋보기

교회 개혁에 앞장섰던 레오 9세는 교황권을 확대하고자 이탈리아 남부 지역으로 세력을 펼치려 했어. 하지만 이곳은 이미 비잔티움 제국이 다스리던 곳이었지. 비잔티움 제국의 황제는 이런 교황의 행동을 무척 괘씸하게 여겼단다.

이 사건을 계기로 서방 교회와 동방 교회의 관계가 더욱 나빠졌어. 급기야 서로를 이단이라고 파문하는 일까지 벌어졌지. 이걸 동서 교회의 대분열이라고 해. 그 뒤 양 교회는 여러 차례에 걸쳐 통합을 시도하였지만 결국 실패하고 말았지.

곽두기의 국어사전

독려 감독할 독(督) 힘쓸 려(勵). 어떤 행동을 감독하며 잘 할 수 있도록 격려한다는 뜻이야.

서 사악한 저들을 무찌르고 성지 예루살렘을 되찾읍시다! 그리스도
의 명령입니다. 죽기를 두려워 마십시오! 이교도와 싸우다가 죽은
모든 이의 죄는 그 즉시 용서받습니다. 주님이 명하시는 대로 저들
을 무찌르러 갑시다!

"한마디로 튀르크를 무찌르고 성지 예루살렘을 되찾자, 이거죠?"
"그렇단다. 교황의 연설에 많은 사람들이 감동했어. 수도승들은 마
을과 도시를 돌아다니며 십자군 참여를 독려했고, 수많은 사람들은
너도나도 십자군에 참여하겠다고 나섰지. 왕과 귀족들도 엄청난 비용
을 마다하지 않고 직접 기사를 이끌고 십자군에 참여했어. 심지어 가
난한 영주들은 영지를 담보로 빚을 내서 십자군에 가담할 정도였지.
무기와 갑옷도 없는 농민, 심지어 부랑자들조차 떼를 지어 무작정 예
루살렘으로 향했어. 한마디로 십자군 열풍이 서유럽 전체를 휩쓸었던
거야. 1096년, 첫 번째 십자군이 예루살렘을 향해 출발했어. 그리고

▶ 예루살렘 함락
예루살렘을 점령한 기사들의
모습. 하루 사이에 수만 명의
유대인과 이슬람교도들이 살
해당했대.

3년 만에 예루살렘을 비롯한 동지중해 일대를 정복하고 그곳에 4개의 그리스도교 왕국을 세웠지."

"이해가 안 가요. 교황이 한마디 했다고 너도나도 전쟁터로 향하다니……."

허영심이 고개를 갸우뚱했다.

"교황의 영향력이 그만큼 컸던 거야. 이교도와 싸우다가 죽으면 모든 죄를 용서받고 천국으로 갈 수 있다는 약속도 큰 몫을 했지. 중세 사람들에게는 천국에 가는 것이 삶의 목표나 다름없었거든. 물론 현실적인 이유도 있었지. 바로 이거!"

용선생은 엄지와 검지로 동그라미를 그려 보였다.

"돈 말씀인가요?"

"그래. 당시 서아시아는 유럽보다 훨씬 부유했어. 그래서 그곳을 약탈해 한몫 단단히 챙길 욕심에 십자군에 참여한 사람들도 많았지. 교회에서는 이교도에게서 재물을 빼앗는 건 죄가 아니라며 이들의 탐욕을 부추겼어. 실제로 십자군이 날강도로 돌변해 죄 없는 이슬람 상인들과 순례자들을 아무 거리낌 없이 죽이고 재물을 빼앗는 일이 자주 벌어졌단다."

"어쩐지 영지를 담보로 빚까지 내서 가더라니."

팔짱을 낀 왕수재가 코웃음을 쳤다.

"이 밖에 성지 예루살렘에 직접 가 보고 싶은 사람도 많았고, 땅을 정복해 자신의 영지를 만들고 싶은 사람도 있었지. 하지만 결국 가장 중요한 건 종교적인 이유였을 거야. 오늘날 우리로서는 이해가 힘들 수도 있지만 말이지."

"그런데 살라딘이 서유럽 기사들을 다 물리쳤잖아요?"

나선애가 기억난다는 듯 얼른 말을 꺼냈다.

"잘 기억하고 있구나. 십자군이 세운 그리스도교 왕국은 한동안 단단한 요새를 방패 삼아 이슬람 세력의 틈바구니에서 잘 버텼지. 하지만 살라딘을 중심으로 이슬람 세력이 본격적으로 반격을 펼치자 힘

▲ 타란토의 보에몽
제1차 십자군에서 크게 활약한 노르만족 기사야. 보에몽은 아버지로부터 영지를 상속받기 어려워지자 기회를 노리다 십자군에 참가했지. 4개의 십자군 왕국 중 하나인 안티오크 공국을 세웠어.

▲ 민중 십자군을 이끌고 있는 피에르　산속에 은둔하던 수도승 피에르는 교황의 연설을 듣고 민중을 선동해 십자군을 모집했어. 피에르의 말을 듣고 모여든 사람들은 주로 가난한 농민, 부랑자와 범죄자였지. 이들을 '민중 십자군'이라고 해. 민중 십자군은 정식 십자군보다 한발 앞서 예루살렘으로 진군했지만, 그 과정에서 죄 없는 민간인들을 죽이고 도시를 약탈하는 등 숱한 폐해를 낳았어.

없이 무너졌어. 교황은 제2차, 3차 십자군을 모집해 맞서려 했지만 모두 실패했단다. 이렇게 십자군이 연거푸 실패하면서 교황의 권위에도 금이 가기 시작했어. 기사들은 십자군 참여를 독려하는 교황의 말을 못 들은 척하기 일쑤였지. 이기지도 못할 싸움에 굳이 나설 이유가 없었던 거야.”

“그럼 교황도 이제 포기해야겠네요.”

허영심의 말에 용선생은 고개를 저었다.

“아니, 교황은 끈질기게 왕과 귀족들을 설득해 기어이 제4차 십자군을 소집했단다. 제4차 십자군의 목표 역시 예루살렘을 되찾는 거였어. 제4차 십자군은 예루살렘으로 향하기 전에 먼저 맘루크 왕조가 다스리는 이집트부터 우선 점령하기로 했지.”

“아니, 왜 이집트를 점령하려고 해요?”

“이집트를 장악하지 않고는 예루살렘 땅을 제대로 지킬 수 없다고 생각했거든. 예루살렘을 되찾더라도 바로 옆 이집트에 이슬람 세력이 버티고 있는 한, 예루살렘을 방어하기가 어렵다고 본 거야.”

“아하~ 그렇군요.”

용선생의 설명에 아이들이 고개를 끄덕였다.

“십자군은 일단 이탈리아에 모여 베네치아 상인이 마

▶ 영국 왕 리처드 1세 리처드 1세는 두려움을 모르는 용맹함 때문에 사자왕으로 불렸어. 제3차 십자군에 참여해 적장인 살라딘과 전장에서 맺은 우정은 매우 유명하지.

런한 배를 이용해 이집트로 쳐들어가기로 했어. 근데 여기서 문제가 생겼단다. 출발 당일 베네치아 항구에 모인 군사들의 수가 상인들에게 약속한 수의 절반도 안 되었던 거지. 베네치아 상인 입장에서는 기껏 배를 마련했는데 십자군이 약속을 제대로 지키지 않아 손해를 잔뜩 보게 된 거야. 베네치아 상인들은 약속한 대로 뱃삯을 내기 전에는 배를 이집트로 출발시키지 않겠다고 나왔어."

"에구, 이게 무슨 꼴이람?"

"하지만 십자군은 돈이 없었어. 그래서 베네치아 상인들은 십자군에게 뱃삯 대신 아드리아해의 '자라'란 도시를 공격해 달라고 요청했지. 자라는 원래 베네치아의 항구였는데 헝가리에 빼앗긴 상태였거든. 십자군은 같은 그리스도교 도시를 공격해 달라는 요구에 크게 망설였어. 하지만 내로라하는 유럽의 왕과 귀족들이 잔뜩 모인 십자군이 돈이 없어서 이집트로 출발도 못 하고 돌아간다는 건 도저히 체면이 서지 않는 일이었지. 결국 십자군은 자라를 점령해 베네치아에게 넘겼어. 그런데 이때 뜻밖의 일이 벌어졌어. 비잔티움 제국에서 황위

▼ 아드리아해 해안 도시 자라(자다르)의 전경
베네치아 상인들은 제4차 십자군을 시켜 자라를 공격하고 도시를 약탈했지.

를 놓고 다투다 쫓겨난 황태자가 십자군을 찾아온 거야. 황태자는 황위를 되찾아 주면 십자군의 빚을 다 갚아 주고 이집트 원정 비용도 책임지겠다고 약속했지. 십자군으로서는 귀가 솔깃한 제안이었어.”

“잠깐만요. 그럼 십자군이 비잔티움 제국의 황위 다툼에 끼어드는 거예요? 게다가 비잔티움 제국 역시 그리스도교를 믿는 나란데⋯⋯.”

나선애가 이해할 수 없다는 듯 말했다.

“어차피 십자군은 베네치아 상인들의 요청에 따라 이미 그리스도교의 땅인 자라를 공격했잖니? 자라를 약탈해 베네치아 상인들에게 진 빚을 어느 정도 갚았지만 이집트 원정에 필요한 비용에는 여전히 부족했지. 여기에 베네치아 상인들도 은근히 십자군이 황태자를 도와 비잔티움 제국으로 가길 바랐어.”

“왜 베네치아 상인이 십자군이 비잔티움 제국으로 가길 바랐어요?”

“바로 동지중해 해상권 때문이지. 이때 베네치아는 동지중해 해상권을 두고 제노바 등 다른 이탈리아 도시들과 치열한 경쟁을 펼치고 있

었어. 비잔티움 제국을 공격해 베네치아와 친한 인물을 황제 자리에 올린다면, 경쟁자들을 물리치고 동지중해 해상권을 장악할 수 있다고 본 거야. 결국 제4차 십자군은 베네치아 상인들의 바람대로 행선지를 바꾸어 콘스탄티노폴리스를 공격했단다.”

“어째 점점 이상해지는데요. 콘스탄티노폴리스 공격이 끝나면 이집트로 가는 거예요?”

“아니. 십자군은 황태자가 원하는 대로 비잔티움 황제의 자리를 되찾아 주었지만 약속한 보상금을 받지 못했어. 분노한 십자군과 베네치아 상인들은 황제를 내쫓고 닥치는 대로 콘스탄티노폴리스를 약탈했지. 콘스탄티노폴리스는 거의 폐허가 되었어. 십자군은 여기서 더 나아가 기사들 중에서 황제를 뽑아 새로운 나라를 세웠단다. 수백 년 동안 난공불락을 자랑하던 콘스탄티노폴리스가 같은 편인 그리스도교도, 그것도 교황의 명령으로 성지를 되찾겠다고 나선 십자군에게 참혹하게 짓밟힌 거야. 참으로 기가 찰 노릇이었지.”

용선생의 세계사 돋보기

이 나라를 '라틴 제국'이라고 불러. 라틴 제국은 약 60년 동안 이어지다가 부활한 비잔티움 제국에 멸망당하지.

▶ 콘스탄티노폴리스를 공격하는 십자군
십자군은 역사상 처음으로 콘스탄티노폴리스를 약탈하는 데 성공한 외적이었어.

"아니, 그럼 교황은 십자군이 이러는 데도 가만히 있었어요?"

"처음엔 소식을 듣고 화를 내며 펄쩍 뛰었어. 하지만 가만히 생각해 보니 화를 낼 일이 아니었지. 십자군이 콘스탄티노폴리스를 무너뜨린 바람에 사사건건 간섭하던 비잔티움 제국과 동방 교회가 힘을 잃었으니까 말이야. 얼마 후 교황은 제4차 십자군의 행동을 용서해 주었어. 이후 제4차 십자군은 이집트 따윈 까맣게 잊은 채 신나게 약탈만 일삼다 해산하고 말았지."

물 위의 도시 베네치아

베네치아의 역사는 서로마 제국이 멸망하던 400년대 후반까지 거슬러 올라가. 게르만족의 약탈을 피해 바닷가로 피난 온 사람들이 갯벌에 말뚝을 박고 나무판자를 얹어 인공섬을 만들고 그 위에 건물을 지어 정착하기 시작했거든. 오늘날 베네치아에는 무려 118개의 인공섬이 다리로 연결되어 있으며, 그 사이사이로 배가 다닐 수 있는 수로가 거미줄처럼 얽혀 있어. 그래서 흔히 '물 위의 도시'라고 부르지.

▲ 베네치아의 전경

베네치아 사람들은 주로 고기잡이와 무역에 종사했어. 그러다 제4차 십자군을 계기로 동지중해 상권을 장악해 유럽 최고의 부자 나라로 떠올랐지. 전성기에 베네치아 상인들의 1년 수입은 유럽의 내로라하는 왕들의 몇 배나 되었어. 베네치아는 이러한 부를 바탕으로 지중해 최강의 해군력을 갖추었고, 한동안 바다에서만큼은 최강국으로 군림했단다.

▲ 베네치아의 영토

▲ 네 마리 청동마상
오늘날 베네치아에 있는 이 조각상은 원래 콘스탄티노폴리스의 대경기장을 장식하고 있었어. 제4차 십자군 당시 베네치아가 약탈해 왔지.

"헐! 무슨 십자군이 그래요?"

"제4차 십자군을 계기로 베네치아는 단숨에 동지중해 최고의 해상 강국으로 떠올랐어. 중국의 비단과 인도의 향신료 같은 값비싼 동방 물품을 거의 독점하다시피 유럽에 내다 팔아 엄청난 부를 쌓았지."

"어휴, 십자군이 베네치아가 좋아할 일만 했네요."

아이들은 어이가 없다는 표정을 지었다.

 용선생의 핵심 정리

교황 우르바누스 2세의 연설을 계기로 1096년 제1차 십자군 전쟁이 시작됨. 제1차 십자군은 목표했던 예루살렘을 탈환했지만 오래 버티지 못했고, 뒤이은 십자군은 연이어 실패함. 제4차 십자군은 콘스탄티노폴리스를 공격해 약탈함.

수공업자와 상인 세력이 성장하다

"상황이 이런데도 교황은 십자군에 미련을 버리지 못하고 이후에도 네 차례나 더 십자군을 소집했어. 하지만 역시나 뚜렷한 성과를 거두지 못했어. 이렇게 무리하게 십자군 원정이 진행되는 사이 유럽 사회는 큰 변화를 겪고 있었지."

"어떤 변화요?"

"우선, 절대적이었던 교황의 권위가 크게 떨어졌어. 또 십자군에 참여했던 영주들도 큰 타격을 입었지. 반면에 왕권은 점차 강화되었어. 왕은 전쟁 중에 후계자 없이 전사한 영주들의 영지를 차지하며 세력을 키웠지."

"어째 남 좋은 일만 시켰네요, 쯧쯧."

"도시와 상업의 발달 역시 눈에 띄는 변화였어. 십자군 전쟁이 벌어지는 동안 전쟁 물자를 생산하고 운반하는 과정에서 상업과 도시의 발달이 더 촉진되었기 때문이지. 영주가 머무는 성 주변과 사람이 많이 모이는 시장은 차츰 도시로 탈바꿈했단다. 도시에서 활동하는 상인들과 수공업자들은 자신들의 이익을 지키기 위해 '길드'라고 부르는 동업자 조직을 만들었어. 예컨대 모직물 상인 길드, 대장장이 길드, 화가 길드 하는 식이지."

"길드가 어떻게 이익을 지켜 줘요?"

"가령, 자기들끼리 물건값을 정했어. 동업자끼리는 가격 경쟁을 피한 거야. 또 길드 회원이 아니면 아예 업계에 발을 붙이지 못하게 했어. 경쟁자가 많아져 과잉 경쟁이 벌어지는 걸 예방하기 위해서였지. 수공업자 길드는 회원 한 명 한 명이 만들 수 있는 제품의 수량과 품질까지 정해 주었어. 제품이 너무 많이 생산돼 가격이 떨어지거나 어느 한 수공업자가 시장을 독점하는 걸 막기 위해서였지. 이렇게 길드는 회원들 간의 경쟁을 피하고 이익을 최대화하고자 했단다."

"결국 자기들끼리 나눠 먹겠다, 이거군요. 쳇!"

"하하. 그래서 모두 길드 장인이 되려고 애를 썼단다."

"장인요? 장인은 뛰어난 실력을 갖춘 기술자를 가리키는 말 아닌가요?"

곽두기의 국어사전

동업자 같을 동(同) 일 업(業) 사람 자(者). 같은 종류의 일을 하는 사람을 가리키는 말이야.

▲ 안트베르펜의 길드하우스 상업이 발전하면서 유럽 도시마다 길드 회원들이 모이는 회합 장소들이 하나둘씩 들어섰어.

곽두기가 또박또박 말했다.

"그래, 지금의 장인은 그런 뜻으로 쓰이지. 하지만 중세 유럽에서 장인은 길드의 정식 회원인 수공업자를 가리키는 말이었어. 장인이 되려면 길드 회원인 장인 밑에서 10년 이상 기술을 익히고 경험을 쌓아야 했지. 이 과정을 모두 거치고 길드로부터 실력을 인정받아야만 비로소 장인이 될 수 있었지. 그래서 장인은 자신의 솜씨에 대해 대단한 자부심을 가지고 있었단다."

"장인 되는 게 엄청 어려웠네요."

"그렇단다. 하지만 일단 길드 회원이 되면 평생 아무 걱정 없이 먹고 살 수가 있었어. 그래서 많은 사람들이 자기 자식을 장인의 도제로 넣고 싶어 했지. 길드의 힘이 커지면서 일부 길드는 자신들의 이익을 위해 정치에도 적극 참여했어. 심지어 왕이나 귀족으로부터 도시의 자치권을 사서 직접 도시를 다스리기도 했지. 어떤 경우에는 용병을 고용해 전쟁을 벌여 자치권을 얻기도 했단다. 가장 대표적인 예가 한자 동맹이야."

"한자 동맹이 뭔데요?"

"발트해와 북해 연안에 자리 잡은 무역 도시들이 자신들의 자치권과 무역 이익을 지키고자 맺은 동맹이야. 독일 북부의 뤼베크와 함부르크 상인들이 동맹을 맺은 것을 시작으로 한창때는 100개가 넘는 도시들이 이 동맹에 가담했지."

"우아, 그 정도로 대단했어요?"

"응. 한자 동맹은 독자적인 군사력까지 갖추고 300여 년 가까이 북해와 발트해 교역을 독점했어. 사실상 상인 국가나 다름없었지. 유럽

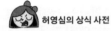

허영심의 상식 사전

도제 장인의 밑에서 일을 거들며 필요한 지식과 기술을 익히는 사람을 일컫는 말이야.

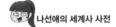

나선애의 세계사 사전

한자 1100년대에서 1600년대까지 독일 북부 지역 상인 길드를 가리켜. 옛 독일어로 단체나 무리(Hanse)를 뜻하는 말이야.

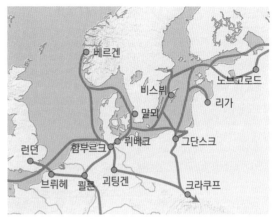

▲ 한자 동맹에 참여한 주요 도시들과 북해 교역망 한자 동맹 도시들은 생선, 목재, 호박, 모직물 등 북유럽의 특산물을 취급했어.

◀ 한자 코그
한자 동맹 상인들이 북해에서 사용했던 배야.

의 많은 도시들이 한자 동맹 도시들처럼 자치권을 확보해 직접 도시를 다스렸단다. 이런 도시를 떠받치는 힘은 바로 상인들과 수공업자들에게서 나왔지."

"상인과 수공업자의 힘이 정말 대단했군요."

왕수재가 안경을 고쳐 올리며 말했다.

 용선생의 핵심 정리

십자군 전쟁의 결과, 교황의 권위가 떨어지고 전쟁에 참여한 영주들이 큰 타격을 입음. 상업이 발달하고 상인과 장인은 길드를 만들어 자기 이익을 지킴. 힘이 강한 길드는 자치권을 얻어 직접 도시를 다스리기도 함.

도제가 장인이 되기까지

장인

장인은 길드의 회원이 되어 자기 길드의 이익을 지키기 위해 노력하지. 자기 구역에서 생산된 물건의 품질과 가격을 관리하고, 다른 지역의 상인이나 수공업자가 자기 지역의 이익을 침해하지 못하도록 관리했어. 또한 정식으로 도제와 직인을 두고 사업장을 운영했으며 도시 행정에 참여하는 '도시 귀족'이 되기도 했단다.

도제

도제는 여덟 살에서 열네 살 사이에 장인 밑으로 들어가 기술을 배우기 시작했어. 이 기간 동안에는 돈도 받지 않고 장인의 집에서 살며 최대 7년간 일을 배웠단다.

직인

도제 기간이 끝나면 약간의 봉급을 받으며 장인 밑에서 일을 했어. 하지만 장인이 되기 위해선 길드가 인정할 만한 '걸작'을 만들어 내야 했어. 길드의 인정을 받은 뒤에야 장인으로 대우받으며 길드에 가입할 수 있었지.

학문의 전당 대학이 탄생하다

▲ **파리 대학** 대학 총장과 박사들이 서로 얼굴을 마주 보며 토론하고 있어.

중세 유럽에서는 새로운 학교가 만들어지기 시작했어. 그동안은 주로 수도원과 교회가 교육을 맡아 왔지만, 이제 수도원이나 교회 밖에서 법학이나 의학 같은 실용적인 전문 지식을 가르치는 대학이 등장한 거야. 신학이 중심이던 수도원 학교와 달리 대학에서는 비교적 자유로운 분위기 속에서 새로운 학문을 공부할 수 있었지.

새로운 학문의 전당 대학

대학은 다양한 과정을 거쳐 만들어졌어. 세계 최초의 대학인 이탈리아 북부의 볼로냐 대학은 1088년, 신성 로마 제국의 황제 프리드리히 1세가 성직자의 도움 없이 독자적으로 행정을 맡을 수 있는 유능한 관리를 양성할 목적으로 설립했어. 이에 반해 1215년 세워진 파리 대학은 교수와 학생의 길드로 출발했어. 교황과 프랑스 국왕으로부터 대학 운영의 자율권을 얻어 냈기 때문에 파리 대학에서는 자유로운 분위기에서 학문을 연구할 수 있었고, 그 덕분에 유럽 전역에서 인재들이 모여들었지.

십자군 전쟁은 유럽에서 대학을 중심으로 학문이 꽃을 피우는 데 결정적인 역할을 했어. 십자군 전쟁을 계기로 서유럽 세계가 비잔티움 제국, 서아시아와 활발히 접촉하게 되면서 고대 그리스 로마 시대의 서적들이 유럽에 대거 소개되었거든. 서로마 제국 멸망 이후 그리스와 로마 시대의 학문과 단절되었던 서유럽 세계가 다시 고대의 학문 전통과 이어졌고, 그 바탕 위에서 새로운 학문을 연구할 수 있게 된 거지.

토마스 아퀴나스와 스콜라 철학

그리스의 철학자들 가운데 중세 유럽 학문에 가장 큰 영향을 미친 사람은 아리스토텔레스였어. 파리 대학 출신의 신학자 토마스 아퀴나스는 아리스토텔레스의 논리학을 이용해 '신의 존재를 증명할 수 있다'고 주장했단다. 토마스 아퀴나스가 연구했던 것처럼 신학과 논리학을 결합한 학문을 '스콜라 철학'이라고 하는데, 토마스 아퀴나스는 자신이 평생 연구했던 스콜라 철학을 《신학대전》이라는 방대한 분량의 책으로 남겼어. 이 책은 지금까지도 가톨릭교회에서 성경 다음가는 중요한 저작으로 여겨지지.

▶ **토마스 아퀴나스** 토마스 아퀴나스가 한 손엔 교회, 다른 한 손엔 책을 들고 있어. 기존 신학에 논리학을 결합해 새로운 신학을 만든 아퀴나스의 업적을 의미해.

신성 로마 제국 황제의 권위가 땅에 떨어지다

"선생님, 교황의 권위가 십자군 원정의 실패로 무너졌으니 이제 신성 로마 제국 황제가 신났겠네요?"

나선애의 갑작스러운 질문에 용선생은 어깨를 으쓱했다.

"왜 그랬을 거라고 생각하니?"

"왜긴요. 교황이랑 신성 로마 제국 황제는 사이가 안 좋았잖아요."

"하하. 그야 그렇지. 하지만 신성 로마 제국 황제의 힘도 예전만 못했단다. 북부 이탈리아의 부유한 도시들과 갈등을 빚은 것이 원인이었지. 심지어 북부 이탈리아 도시들이 동맹을 맺어 신성 로마 제국 황제의 군대를 물리쳐 버리기까지 했어."

"도대체 어떻게 된 일이죠?"

"먼저 시빗거리를 만든 건 황제였어. 이탈리아 북부의 도시들은 명목상으로는 신성 로마 제국의 영토였지만, 사실상 각 도시의 상인들이 자치권을 행사해 왔지. 그런데 상업이 발달하면서 이탈리아 북부 도시들이 부유해지자 황제가 세금을 왕창 거두겠다고 나선 거야. 당연히 상인들은 반발했어. 1100년대 중반 무렵, 신성 로마 제국 황제 프리드리히 1세는 상인들과 세금 문제로 옥신각신하다 군대를 이끌고 이탈리아로 쳐들어갔어. 그러자 밀라노를 중심으로 30여 개의 도시가 롬바르디아 동맹을 맺고 황제에게 맞섰지. 교황도 롬바르디아 동맹을 적극적으로 지지했어. 전쟁은 롬바르디아 동맹의 승리로 끝났단다. 황제는 다시는 이탈리아를 건드리지 않겠다는 약속과 함께 롬바르디아 동맹에 가담한 모든 도시들의 자치권을 인정했지."

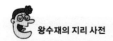

왕수재의 지리 사전

롬바르디아 밀라노를 중심으로 한 북부 이탈리아의 평원 지대야. 과거 이곳을 점령했던 게르만족의 한 갈래인 롬바르드족의 이름에서 따왔지.

"우아! 황제의 군대를 물리치다니, 이탈리아 도시들도 대단한데요?"

장하다가 감탄한 표정으로 말했다.

"하지만 신성 로마 제국 황제들은 결코 이탈리아를 포기하지 않았어. 프리드리히 1세가 세상을 떠난 뒤에도 뒤를 이은 황제들이 계속 이탈리아 정복을 시도했거든. 부유한 북부 이탈리아에서 거둘 수 있는 경제적 이득을 놓칠 수 없었던 거지. 그래서 교황과 손잡고 사사건건 황제에게 맞서는 롬바르디아

동맹이 황제 입장에서 그야말로 눈엣가시였단다. 하지만 1250년 프리드리히 2세가 죽으면서 황제의 노력은 물거품이 되었어."

"왜요? 다음 황제가 계속하면 되잖아요."

"한동안 아예 황제가 없었거든. 프리드리히 2세가 후계자를 남기지 못하고 세상을 떠나자 새로운 황제를 뽑기 위해 신성 로마 제국의 유력 제후들이 모여 회의를 열었어. 하지만 제후들은 다음 황제를 누구로 뽑을지 쉬이 결론을 내리지 못했지. 그 바람에 황제 없이 20년이 흘러가 버린 거야. 이 시기를 대공위 시대라고 불러."

"20년 동안이나 황제가 없다니, 그게 말이 돼요?"

"제후들 입장에서는 이래라저래라 간섭이나 할 것이 뻔한 황제를 서둘러서 뽑을 이유가 없었단다. 그러다 20년이 지난 뒤에야 제후들은 지방의 별 볼 일 없는 귀족 한 명을 골라 황제 자리에 앉혔어. 그

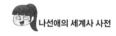 나선애의 세계사 사전

대공위 시대 황제의 자리가 비어 있던 시대라는 뜻이야.

▲ 프리드리히 2세
(1194년~1250년) 프리드리히 2세는 십자군 원정 참여를 강요하는 교황과 큰 갈등을 빚었어. 이탈리아 정복에 나선 것도 교황과의 갈등 탓이 컸지.

이후 신성 로마 제국 황제는 별 힘이 없었고, 자연히 이탈리아 정복도 사실상 물 건너갔지.”

“그러니까 교황뿐만 아니라 신성 로마 제국 황제도 힘이 빠져 버렸다는 말씀이시네요.”

나선애가 알겠다는 듯 고개를 끄덕였다.

“그래. 중세 유럽에서 가장 강력했던 두 권위가 모두 무너진 거야. 이렇게 세상이 급격히 변해 가는 와중에, 중세 유럽을 그야말로 뿌리째 뒤흔들 대재앙이 덮쳐 오고 있었단다.”

 용선생의 핵심 정리

신성 로마 제국 황제는 북부 이탈리아를 정복하려 했지만 실패함. 프리드리히 2세가 후계자를 남기지 못하고 세상을 떠나자 20년 동안 대공위 시대가 이어지며 황제권이 크게 약화됨.

중세를 뿌리째 뒤흔든 흑사병

“대재앙이라니요?”

“바로 인류 역사상 최악의 전염병인 흑사병이야. 온몸에 종기가 생긴 뒤 피부가 시커멓게 변한 채 죽는다고 해서 흑사병이라고 불렸지. 얼마나 무서운 병이었는지 일단 병에 걸리면 무조건 열에 아홉은 사나흘 만에 시체가 되고 말았어. 심지어 잠자리에 들 때는 멀쩡했던 사람이 아침에 시체로 변해 있기도 했지.”

“그렇게 무서운 병이 갑자기 어디서 나타난 거예요?”

"원래 흑사병은 중앙아시아 초원 지대에서 시작되었다가 몽골 제국이 유라시아 전역으로 급격히 팽창하는 과정에서 세계 곳곳으로 퍼져 나갔대."

"근데 유럽에는 어떻게 퍼진 거예요?"

▲ 흑사병 환자들로 가득 찬 도시 모습

"몽골군이 흑해 북부 연안에 있는 카파라는 항구 도시를 공격한 적이 있었어. 이때 배를 타고 카파를 탈출한 사람들에 의해 흑사병 병균이 유럽으로 전파되었대. 1347년에 처음 유럽으로 전해진 흑사병은 불과 3년 만에 북유럽까지 퍼져 나갔고, 무려 2500만 명이라는 어마어마한 사람들이 목숨을 잃었지. 온 유럽이 흑사병으로 초토화된 거야."

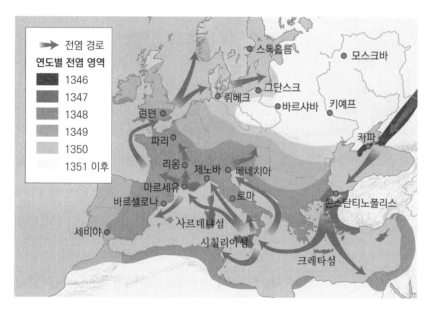

전염 경로

연도별 전염 영역
1346
1347
1348
1349
1350
1351 이후

스톡홀름
모스크바
뤼베크
그단스크
바르샤바
키예프
런던
파리
카파
리옹
제노바
베네치아
마르세유
로마
바르셀로나
콘스탄티노폴리스
세비야
사르데냐섬
시칠리아섬
크레타섬

◀ 유럽에서 흑사병의 전파 경로

▲ 〈죽음의 무도〉 죽음의 신이 사람들을 고통 속에 던져 놓고 신이 나서 춤을 추고 있어. 흑사병이 유행하며 유럽 사람들이 느꼈던 죽음의 공포를 생생하게 표현한 그림이야.

"헉, 2500만 명이나요?"

"응. 자그마치 당시 유럽 인구의 3분의 1에 해당되는 엄청난 수였지. 근데 여기서 끝이 아니었어. 흑사병은 그 뒤로도 100년 동안 10년에 한 번꼴로 유행해 그야말로 유럽을 시체 더미로 만들었지. 사람들이 모두 죽거나 도망쳐서 아무도 살지 않는 텅 빈 장원과 마을들이 속출했어. 독일에서만 흑사병 때문에 4만 개가 넘는 마을이 사라졌을 정도였지. 살아남은 사람들은 흑사병을 피해 멀리 도망치는 것 말고는 할 수 있는 일이 아무것도 없었단다. 이렇게 흑사병이 기승을 부린 100년 동안 유럽 인구는 반 토막이 나 버렸지."

"세상에…… 어떻게 그럴 수가 있죠?"

"당시 유럽 사람들은 전염병의 원인이 뭔지, 전염병이 어떻게 퍼지는지, 어떻게 하면 전염병을 예방할 수 있는지 전혀 몰랐어. 그저 흑사병을 신이 내린 형벌로 여기고 교회에 모여 기도하거나 자신의 몸을 채찍질하며 돌아다닐 뿐이었지. 이런 행동들은 하나같이 피해를 더 키우는 일이었어. 또, 유대인이 우물에 독을 풀어 병을 퍼뜨렸다며 애꿎은 유대인을 불태워 죽이기도 했단다. 한편에서는 어차피 죽을 테니 흥청망청 마시고 놀자는 분위기가 만들어지기도

▲ 학살당하는 유대인들 나라 없이 유럽 곳곳을 다니며 장사하던 유대인은 전염병을 퍼뜨린다는 누명을 쓰고 학살당하기도 했어.

했어. 중세 유럽 사회가 흑사병으로 송두리째 흔들린 거야."

"정말 아수라장이었네요."

나선애가 심각한 표정을 지었다.

"워낙 많은 사람들이 죽거나 도망치는 바람에 도시에선 일손이 부족해 웃돈을 줘도 사람을 구할 수가 없었어. 농촌에서도 농사지을 사람이 없어서 버려진 농지가 헤아릴 수 없을 정도였지. 농사를 짓고 세금을 내 줄 농민이 없으니 영주들도 큰 타격을 입었단다."

"뭐 어쩌겠어요. 그래도 목숨은 건졌으니 다행이죠."

"과연 그럴까? 당장 수입이 줄어들자 영주들은 세금을 왕창 올렸어. 겨우 살아남은 농민들은 어마어마한 세금에 짓눌리게 되었지."

"뭐라고요? 해도 해도 정말 너무하네요!"

허영심이 울분을 터뜨렸다.

▼〈죽음의 승리〉
전염병과 전쟁으로 죽음만이 가득한 세계를 묘사한 작품이야. 중세 유럽 사람들이 느꼈던 죽음의 공포가 잘 표현되어 있어.

▲ 자크리의 난 자크리의 난을 묘사한 그림이야. 갑옷을 입고 말을 탄 기사를 농민들이 도끼로 공격하고 있어.

▲ 와트 타일러의 난 와트 타일러의 난은 영국에서 일어난 농민 반란이야. 그림은 배에 타고 있는 왕에게 농민군이 요구 사항을 전달하는 장면을 묘사한 거래.

 용선생의 세계사 돋보기

1358년, 프랑스 북부에서 몇 주간 농민 반란이 발생했어. 귀족들은 농민의 상의를 '자크'라고 불렀기 때문에 이 반란의 이름을 자크리의 난이라고 해.

"결국 농민들이 폭발하고 말았어. 1358년에는 프랑스 파리 근교의 농민들이 터무니 없이 높은 세금에 반발해 대대적인 반란을 일으켰지. 반란군은 한때 영주의 성을 불태우고 기사들을 죽이는 등 기세를 올렸지만 곧 진압되고 말았어. 하지만 반란은 유럽 각지에서 계속되었단다. 이탈리아에서는 모직 산업 노동자들이 반란을 일으켰고, 영국 런던에서는 농민, 장인, 도시민이 반란을 일으켰지. 반란은 대부분 금세 진압됐지만, 자꾸만 쌓여 가는 불만을 언제까지고 무시할 수만은 없었단다."

"그럼 영주들의 태도가 바뀌었나요?"

"응. 영주들은 농민들의 처우를 조금씩이나마 개선해 주었어. 세금을 낮추고, 돈을 받고 농노 신분에서 해방시켜 주기도 했지. 덕분에

농노 신분에서 벗어난 자유민이 늘어나면서 중세 봉건 제도를 유지
하던 농노 제도가 차츰 허물어지게 된단다."

"자유민이 되면 이제 자기 땅에서 마음껏 농사를 지으면서 살 수
있다는 거죠?"

"응. 그런데 자유민들은 대개 농촌을 떠나 도시로 가서 새로운 일
자리를 구했단다. 농촌보다 임금이 많고 영주의 간섭에서 벗어
나 자유를 누릴 수 있었기 때문이지. 이렇게 도시로
사람들이 몰리면서 도시에 노동력이 넘쳐 나기
시작했어. 상인과 수공업자들은 좀 더 싼 임
금으로 일꾼을 구할 수 있게 되었고, 자연히
더 많은 이익을 남길 수 있게 되었지. 그
중에는 웬만한 영주 못지않은 권력과 부
를 가지게 된 사람도 생겨났어. 이런 사
람들을 '도시 귀족'이라고 해."

"어째 계속 상인이랑 수공업자만 신이
나는 것 같아요."

나선애가 입을 삐죽거렸다.

"그렇게 시대가 변하고 있었던 거야.
영주가 몰락하고, 상인들이 뜨는 거지.
영주들은 세상이 변하는 게 맘에 들지 않
았어. 하찮게 여기던 장사꾼들이 고개를
뻣뻣이 든 채 귀족 행세를 하는 걸 보면
자존심이 상했지. 그래서 귀족으로서의

▲ 베리 공작의 연회 모습 흑사병으로 큰 타격을 입은 뒤에도
귀족들은 사치스러운 생활을 이어 갔어.

체면과 자존심을 지키려고 예전보다 한층 더 사치에 열을 올렸단다. 수입은 줄어들었는데 지출은 더 늘어난 거야. 프랑스의 한 귀족은 외출할 때마다 수많은 사냥개와 하인들을 거느리고 다니며 허세를 부렸대."

"그 돈은 다 어디서 나요?"

"도시의 부유한 상인들에게 장원을 담보로 잡히고 돈을 빌렸어. 많은 귀족들이 빚에 시달렸고, 빚을 갚지 못한 귀족들은 장원을 넘기고 몰락하기도 했지."

"바보 같아. 살림이 어려우면 아낄 생각을 해야지."

"하하. 그런데 이렇게 귀족이 몰락할수록 점점 더 강력한 권력을 손에 쥔 사람이 있었단다. 바로 왕이었어. 그중에서도 프랑스 왕이 대표적이었지."

"어, 왜 귀족이 몰락하는데 왕의 권력이 강해지는 거죠?"

"프랑스 왕이 어떻게 왕권을 강화하는지를 보면 답을 알 수 있을 거야."

용선생의 핵심 정리

1300년대, 유럽에 흑사병이 퍼지며 많은 사람이 목숨을 잃음. 농노 제도가 해체되며 영주의 힘은 약화되고 도시로 사람이 몰려 상인과 수공업자의 힘이 강해짐. 그러나 귀족들은 더욱 사치를 부림.

프랑스 왕이 강력한 왕권을 쥐고 교회의 권위를 무너트리다

"원래 프랑스는 왕권이 매우 약한 나라였어. 왕이 직접 다스릴 수 있는 곳은 파리와 그 주변뿐이었고, 막강한 힘을 가진 영주들은 왕을 무시하기 일쑤였지. 하지만 1200년대에 들어 상황이 180도 달라졌어. 프랑스의 왕이 유럽에서 최고로 강력한 권력을 자랑하게 되거든."

"도대체 무슨 일이 있었던 거죠?"

"십자군 전쟁이 큰 계기가 되었단다. 유럽 여러 나라들 중에서도 프랑스의 기사들이 십자군 전쟁에 가장 열성적으로 참여했어. 프랑스는 신성 로마 제국이 있는 독일이나 바다 건너 영국에 비해 교황의 말을 잘 따르는 나라였기 때문이지. 자연히 십자군 전쟁에서 목숨을 잃거나 전쟁터에 발이 묶인 영주들도 가장 많았지. 또 그 뒤에는 흑사병으로 영주 일가가 떼죽음을 당한 경우도 많았어. 프랑스 왕은 이렇게 주인이 없어진 땅을 직영지로 흡수해 세력을 키웠어."

"왕이 전쟁 통에 주인 잃은 땅을 몽땅 챙겼다는 거네요."

나선애가 고개를 끄덕거렸다.

"꼭 주인 없는 땅만 챙긴 게 아냐. 전쟁을 통해 영지를 넓히기도 했어. 이때 프랑스 땅의 절반 정도가 영국 왕의 영지였는데, 전쟁을 통해 그 땅을 거의 다 빼앗아 버렸지."

"왜 프랑스에 영국 왕의 영지가 그렇게 많았어요?"

"원래 노르망디 땅이 영국 왕의 고향이었잖니? 그 뒤 영국 왕은 프랑스의 왕이나 영주의 딸들과 정략 결혼을 하며 프랑스 내에 많은 영지를 갖게 된 거야. 하지만 1180년에 왕이 된 프랑스의 필리프 2세가 영국과 본격적으로 전쟁을 벌여 영국 왕의 프랑스 영지 대부분을 차지해 버렸지. 이때 프랑스는 오늘날의 프랑스와 거의 비슷한 영토를 갖게 됐단다."

용선생이 스크린에 지도를 띄웠다.

"이야! 프랑스 왕이 정말 기회를 잘 잡았군요."

"귀족과 눈엣가시 같던 영국을 물리친 프랑스 왕은 이제 누구도 넘보지 못했던 권위를 넘보기 시작했어. 바로 교회였지!"

"갑자기 교회는 왜요?"

"바로 세금 때문이었어. 교회는 엄청난 땅

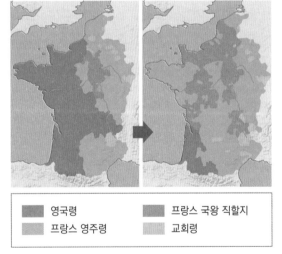

| 영국령 | 프랑스 국왕 직할지 |
| 프랑스 영주령 | 교회령 |

▲ 필리프 2세 시기 프랑스 영토의 확대

왕도 법을 따라야 한다! - '실지왕' 존과 대헌장

영국의 존왕은 제3차 십자군 전쟁의 영웅이었던 리처드 1세의 동생이야. 형은 전쟁 영웅으로 이름을 날렸지만, 존은 프랑스와의 전쟁에서 연거푸 패배하며 프랑스의 절반에 가까웠던 영지를 거의 다 빼앗기고 말았지. 그래서 존왕은 실지왕, 즉 '땅을 잃은 왕'이라는 별명으로 불렸단다. 영국 귀족들은 맨날 프랑스에 지기만 하면서 전쟁 비용을 내놓으라고 요구하는 존왕에게 반발해 다음과 같은 요구 사항을 제시했어.

▲ 영국의 존왕

- 왕은 마음대로 세금을 거둘 수 없다.
- 왕은 교회의 일에 간섭하지 못한다.
- 왕은 법률과 재판을 거치지 않고 자유로운 시민들을 처벌할 수 없다.

▲ 미국 휴스턴 자연사 박물관에 전시된 대헌장

귀족들이 요구한 것들은 대부분 왕권을 제한하는 내용이었어. 귀족들은 만약 왕이 여기에 동의하지 않으면 전쟁 비용을 내지 않겠다고 버텼지. 당장 전쟁 비용이 급했던 존왕은 어쩔 수 없이 귀족들이 내미는 요구 사항에 동의할 수밖에 없었단다. 존왕이 귀족들에게 했던 약속을 마그나 카르타(Magna Carta), 즉 '대헌장'이라고 불러. 오늘날 대헌장은 이후 귀족이 중심이 되어 나라를 이끌어 나가는 영국식 민주주의의 시작으로 평가받고 있단다.

과 재산을 가지고 있었지만 교황의 명령을 받는다는 이유로 그동안 왕에게 세금을 내지 않았거든. 프랑스 왕 필리프 4세는 이런 관행을 깨고 교회에 세금을 내라고 명령했단다."

"여태껏 안 낸 세금을 왕이 내라고 한다고 내겠어요?"

▲ 필리프 4세 (1268년~1314년) 필리프 4세는 프랑스의 성직자들에게 세금을 거두는 문제로 교황과 대립했어.

▲ 클레멘스 5세 (재위 1305년~1324년) 클레멘스 5세는 아비뇽에 머문 첫 번째 교황이었어.

"교황은 프랑스 왕에게 당장 명령을 거둬들이고 자신에게 사죄하라고 요구했어. 그러지 않으면 파문하겠다고 으름장을 놓았지. 하지만 십자군 전쟁이 실패하고 권위가 떨어질 대로 떨어진 교황의 말은 씨알도 먹히지 않았단다."

"쯧쯧. 교황 꼴이 우습게 되었네요."

"필리프 4세는 도리어 프랑스의 성직자, 귀족, 도시 상인 대표들을 파리에 불러 모아 자신을 지지하라고 압박했어. 왕의 힘이 두려웠던 대표들은 왕을 지지하고 교황을 비난했단다. 자신감을 얻은 필리프 4세는 여기서 그치지 않고 로마로 군대를 보내 아예 교황을 납치해 왔어."

"뭐라고요? 교황을 납치했다고요?"

깜짝 놀란 아이들이 눈을 휘둥그렇게 떴다.

"예전 같으면 상상도 못 할 일이었지. 필리프 4세는 교황이 악마를 불러들이고 사람을 죽였다는 누명을 씌워 재판에 넘기는가 하면 교황의 따귀를 때리기도 했어. 필리프 4세의 행동에 너무 큰 충격을 받은 교황은 시름시름 앓다가 죽고 말았지. 그러자 필리프 4세는 자기 말을 잘 듣는 프랑스 출신 추기경을 새로운 교황으로 앉혔어."

"헐, 이제 교황을 자기 맘대로 앉혀요?"

"아직 끝이 아니야. 1309년, 필리프 4세는 프랑스 남부의 아비뇽에 새로운 교황청을 짓고는 교황을 그곳에 머물도록 했어. 아비뇽 교황청에는 교황은 물론 추기경들도 몽땅 프랑스 왕의 명령을 잘 듣는 프랑스 출신 성직자들로만 꽉꽉 채웠지. 이런 상황은 무려 68년 동안이나 계속되었는데, 이 사건을 '아비뇽 유수'라고 한단다."

"세상에, 교황이 완전히 프랑스 왕의 신하가 된 것처럼 꼼짝달싹 못 하게 되어 버렸잖아요."

"그렇지. 그런데 교황이 우여곡절 끝에 간신히 로마로 돌아간 뒤에는 상황이 더 복잡해졌어. 로마와 아비뇽에서 추기경들이 제각기 자기가 원하는 교황을 뽑았거든."

"어, 그럼 교황이 두 명이 된 거예요?"

"맞아. 유럽의 성직자들과 유럽 각국의 왕들은 각자의 이해에 따라 둘로 갈라졌어. 프랑스 편을 드는 나라들은 아비뇽 교황을, 프랑스와 사이가 좋지 않은 나라들은 로마 교황을 지지했지."

"교황이 둘이라니 말도 안 돼!"

"둘이면 그나마 다행이지. 나중에는 여기저기서 교황을 뽑는 바람에 교황이 세 명, 네 명까지 늘어나기도 했어. 이런 분열은 1417년에 로마에서 새로운 교황이 뽑히면서 끝나게 되지만, 예전과 같은 교황의 권위는 온데간데없이 사라진 상태였단다."

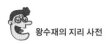
왕수재의 지리 사전

아비뇽 프랑스 남부 론강에 자리 잡은 상업 중심지였어. 1309년에서 1377년까지 68년 동안 이곳에 교황청이 있었지.

 곽두기의 국어사전

유수 가둘 유(幽) 가둘 수(囚). 쉽게 말해서 잡아 가둔다는 뜻이야.

"정말 시대가 변하긴 변했나 봐요."

"그래, 많이 변했지. 기사와 영주, 교황과 황제가 지배하던 유럽의 중세는 서서히 막을 내렸어. 새 시대를 이끌 주인공은 도시를 중심으로 활발하게 활동하는 도시 귀족들과 프랑스 왕처럼 저마다의 방법으로 귀족 세력을 누르고 권력을 강화한 왕들이었지. 그 얘기는 다음 시간에 계속 하자꾸나. 오늘은 여기까지!"

 용선생의 핵심 정리

프랑스 왕은 주인 없는 영지들을 흡수하고 영국 세력을 몰아내며 왕권을 강화함. 프랑스 왕은 성직자들에게 세금을 거두기 위해 교황을 압박하고 아비뇽으로 교황청을 옮김. 아비뇽 유수 이후 교황의 권위는 크게 약화됨.

▼ 프랑스 아비뇽 교황청
아비뇽 교황청에는 클레멘스 5세를 시작으로 68년 동안 총 6명의 교황이 머물렀어.

나선애의 정리노트

1. 십자군 전쟁

- 십자군: 성지 예루살렘 탈환을 목표로 하는 그리스도교 연합군
  - → 교황 우르바누스 2세의 연설을 계기로 결성됨.
- 제1차 십자군은 목표를 달성했으나 이후 십자군은 계속해서 실패함.
  - → 제4차 십자군은 콘스탄티노폴리스를 공격해 비잔티움 제국을 멸망시킴.

2. 십자군 전쟁 이후 유럽 사회의 변화

- 원정을 주장한 교황의 권위 실추, 원정에 참가한 왕과 영주가 타격을 입음.
- 수공업자와 상인 세력 성장 → 길드를 결성하고 도시의 자치권을 획득함.
- ** 한자 동맹: 북해와 발트해 교역을 독점한 100여 개 도시 상인들의 동맹

3. 유럽을 강타한 흑사병

- 1300년대부터 유행해 유럽 인구의 절반을 몰살시킴.
- 흑사병의 영향으로 농노제가 붕괴되고 자유민들이 도시로 몰려듦.
  - → 도시의 수공업자와 상인 세력 성장 → 도시 귀족 등장!
- 영주의 수입이 감소하며 세력이 약화됨.
  - → 상대적으로 왕권이 강화됨. → 프랑스 왕은 급속히 영토를 넓힘!

4. 황제와 교황의 권위가 실추되다

- 신성 로마 제국의 황제는 북부 이탈리아의 도시 정복에 실패함.
  - → 20년간의 대공위 시대를 거치며 세력 약화
- 프랑스 왕 필리프 4세가 교회에 세금을 거두려고 시도함.
  - → 이에 반대하는 교황을 납치: 아비뇽 유수
  - → 아비뇽 유수 이후 교황의 권위가 크게 떨어짐.

세계사 퀴즈 달인을 찾아라!

01 다음 연설의 결과 일어난 사건으로 알맞은 것을 골라 보자. ( )

하느님의 자녀들이 여, 마귀를 숭배하는 사악한 튀르크인과 아랍인이 우리 형제를 죽이고, 교회를 파괴하고 있습니다. 모두 함께 나서서 사악한 저들을 무찌르고 성지 예루살렘을 되찾읍시다! 그리스도의 명령입니다. 죽기를 두려워 마십시오! 이교도와 싸우다가 죽은 모든 이의 죄는 그 즉시 용서받습니다. 주님이 명하시는 대로 저들을 무찌르러 갑시다!

① 십자군 전쟁
② 아비뇽 유수
③ 흑사병 유행
④ 대공위 시대

02 다음 중 십자군에 대해 알맞지 않은 이야기를 하는 사람을 골라 보자. ( )

 ① 십자군은 많은 이슬람교 신자를 죽이고 약탈했어.

 ② 십자군의 결과 수공업자와 상인 세력이 성장하게 되었어.

 ③ 십자군을 주장한 교황의 권위는 더욱 오르게 되었지.

④ 제1차 십자군을 제외한 십자군은 모두 실패했대.

03 다음에서 설명하는 조직은 무엇인지 써 보자.

상인과 수공업자가 자신의 이익을 지키기 위해 만든 동업자 조직을 말한다. 이 조직의 힘이 커지자 정치에 참여해 도시의 자치권을 얻어 내기도 했다.

( )

04 다음 보기 중에서 원인과 결과가 가장 알맞게 연결된 것을 골라 보자.

( )

① 십자군 전쟁이 모두 실패로 끝남
   → 아비뇽 유수가 일어남

② 신성 로마 제국 황제가 북부 이탈리아를 노림
   → 흑사병이 유행함

③ 대공위 시대가 20년 동안 계속됨
   → 신성 로마 제국 황제의 힘이 약화됨

④ 롬바르디아 동맹이 결성됨
   → 프랑스 왕권이 강해짐

05 다음 중 흑사병 유행의 결과 벌어진 일로 알맞지 않은 것을 골라 보자.

( )

① 유럽 인구의 3분의 1 이상이 목숨을 잃었어.

② 농노제가 붕괴되고 많은 농노들이 자유를 얻어 도시로 이주했어.

③ 도시의 상인과 수공업자의 힘이 강해지는 계기가 되었어.

④ 유럽 곳곳에 대학이 설립되고 스콜라 철학이 연구되었어.

06 다음 빈칸에 들어갈 말을 차례대로 써 보자.

이 건물은 프랑스의 (   )에 있는 교황청이야. 프랑스 왕 필리프 4세는 교회로부터 (   )을 거두려다가 교황과 갈등을 빚었지. 이곳에서는 클레멘스 5세 이후로 68년 동안 6명의 교황이 머물렀어.

(,   )

• 정답은 374쪽에서 확인하세요!

353

무장한 수도회, 기사단 이야기

기사단이란?

여러 기사들이 한데 모여서 조직한 단체를 기사단이라고 불러. 원래 중세 유럽의 기사들은 각자의 영지를 관리하며 곳곳에 흩어져 살다가 전쟁이 나면 왕의 명령에 따라 모여 군대를 이루는 게 보통이었지. 그러다가 십자군 전쟁과 함께 새로운 형태의 기사가 탄생했어. 성지 예루살렘에 주둔하면서 순례자를 보호하고, 이슬람 세력과 맞서 싸울 기사였지. 주로 수도사가 기사처럼 무장을 하고 전투 훈련을 해서 기사가 되는 경우가 많았어. 이들은 꼭 수도원에서 단체 생활을 하는 것처럼 한데 모여 규율을 정하고 단체 생활을 했지. 그래서 탄생한 게 기사단이야.

십자군 원정 시기에는 수많은 기사단이 활동했지만 그중에서도 프랑스 출신 기사들이 주축이 된 성전 기사단, 부상자들을 치료하는 역할을 했던 병원 기사단, 독일 출신 기사들이 주축이 된 튜턴 기사단이 유명했어. 오늘은 이 세 기사단의 면면을 한번 살펴보자.

예루살렘을 수호한 성전 기사단

성전 기사단은 제1차 십자군 원정 이후 만들어졌어. 예루살렘을 점령한 프랑스의 기사 아홉 명이 수도 생활을 하며 성지를 지키겠다고 만들었지. 이들의 역할은 성지를 순례하는 그리스도교도들을 보호하고 예루살렘 왕국을 지키는 일이었어. 성전 기사단의 활약에 감명 받은 유럽의 많은 왕과 귀족들이 많은 돈과 땅을 기부한 덕

▲ 성전 기사단의 상징

▶ 성전 기사단의 복장을 재현한 모습

▲ **알아크사 모스크** 성전 기사단의 거점이었던 곳이야. 원래 이곳에 옛 이스라엘의 왕 솔로몬이 지은 성전이 있었다고 해. '성전 기사단'이란 이름은 거기서 유래했단다.

분에 이들은 여러 기사단들 중에서도 가장 부유했단다.

성전 기사단은 그 부를 밑천 삼아 은행업을 시작했어. 유럽의 여러 왕과 귀족이 주로 돈을 빌려 가는 고객이었는데, 예루살렘이 함락되고 십자군 왕국들이 멸망한 후에도 성전 기사단의 은행업은 더욱 번창했단다.

그러자 성전 기사단의 재산에 눈독을 들인 사람이 있었어. 바로 프랑스 왕 필리프 4세였지. 1307년, 필리프 4세는 성전 기사단을 악마와 몰래 짜고서 그리스도교를 배신한 이단이라고 선언하고 그 재산을 몰수해 버렸어. 성전 기사단 소속 기사들은 하룻밤 새 모두 잡혀가 처형당했고 기사단은 해체됐지. 필리프 4세가 몰수한 성전 기사단의 막대한 재산은 훗날 프랑스가 강대국으로 성장하는 데 큰 도움이 되었대.

> 교회로부터 세금을 걷고 교황을 납치해 아비뇽 유수를 일으킨 바로 그 왕이야!

지금까지 활동하는 병원 기사단

▼ 병원 기사단의 깃발

병원 기사단은 제1차 십자군 전쟁 당시 예루살렘에서 순례자를 위한 구호소를 운영하던 수도회를 기사단으로 조직한 거야. 성 요한 기사단이라고도 알려져 있지. 이름 그대로 환자를 보호하고 부상자들을 치료하는 것이 원래의 설립 목적이었어. 하지만 이슬람 세력과의 전쟁이 치

열해지면서 성전 기사단과 함께 십자군의 주력 부대로 활동했단다.

병원 기사단은 예루살렘 왕국이 멸망한 뒤 동지중해에 있는 로도스섬을 점령해 이슬람 세력과 계속 싸웠어. 이들은 주로 인근 바다를 지나는 이슬람 상선을 상대로 해적질을 했는데, 외딴섬에 단단한 요새를 쌓고 버텼기 때문에 이슬람 세력도 200년 넘게 이들을 몰아내지 못했지.

병원 기사단은 1522년에야 이슬람 세력에게 쫓겨났어. 그 뒤 기사단은 시칠리아 남쪽의 몰타섬으로 옮겨 이슬람 세력을 상대로 계속해서 싸웠어. 1798년 프랑스의 나폴레옹이 몰타섬을 점령하며 근거지를 잃었지만, 1834년에 교황청의 지원을 받아 로마에 거점을 마련했어. 오늘날 병원 기사단은 구호 단체로 변신해 여전히 활동을 이어 나가고 있대.

▶ 크라크 데 슈발리에
십자군 전쟁 당시 병원 기사단이 서아시아에 세운 성이야. 병원 기사단이 지키는 이 성은 살라딘도 몇 번이나 공격했다가 실패했을 만큼 난공불락이었어.

▲ 병원 기사단 소속 수도사 병원 기사단은 전 세계에서 구호 활동을 벌이고 있어.

▲ 몰타섬 1798년까지 병원 기사단이 머물렀던 몰타섬의 요새. 바다에 접해 있는 튼튼한 성벽이 매우 인상적이야.

356

오늘날 독일의 뿌리가 된 튜턴 기사단

튜턴 기사단은 제3차 십자군 전쟁이 한창이던 1190년에 탄생했어. 프랑스 출신의 기사가 많았던 다른 기사단들과는 달리 독일과 동유럽 출신 기사들이 주축이었기 때문에 흔히 독일 기사단이라고 불렀지. 튜턴 기사단의 임무는 십자군의 항구 도시 아크레를 방어하는 것이었지만, 이슬람 세력에 밀려서 이 임무는 실패했어.

유럽으로 돌아온 튜턴 기사단은 동유럽으로 활동 지역을 옮겼어. 아직 동유럽에서 그리스도교를 받아들이지 않은 슬라브족을 비롯한 이교도들을 몰아내고 그리스도교를 퍼트리는 것이 튜턴 기사단의 새로운 임무였지. 그 후 1233년 튜턴 기사단은 폴란드 왕의 요청을 받고 지금의 폴란드 서부에 해당하는 프로이센 지역을 점령해 지배하게 된단다. 기사단이 자신들의 나라를 세운 거지.

프로이센을 발판으로 힘을 키운 튜턴 기사단은 발트해 연안 일대를 지배하는 강국 프로이센 공국으로 성장했어. 1618년에는 신성 로마 제국의 강력한 영주였던 브란덴부르크 변경백과 결혼을 통해 나라를 합쳤고, 1701년에는 더욱 강력해져 프로이센 왕국이 되었지. 프로이센 왕국은 훗날 독일 통일의 주역으로 오늘날 독일로 이어지는 뿌리가 되었어.

▲ 튜턴 기사단의 상징
이 상징은 현재 독일군의 마크로 쓰여.

▼ 마리엔부르크성
튜턴 기사단의 중심지였던 곳. 오늘날 폴란드의 그단스크 인근에 자리 잡고 있어.

한눈에 보는 세계사-한국사 연표

세계사

송나라 도자기

910년	클뤼니 수도원이 건립되고, 교회 개혁 운동이 시작됨
939년	일본에서 다이라노 마사카도의 난이 일어남
960년	조광윤이 송나라 건국
962년	가즈나 왕조가 인도를 침입함
962년	오토 1세가 신성 로마 제국 황제로 즉위
979년	송나라가 중국을 통일함
987년	위그 카페가 프랑스 왕으로 선출됨
1000년 무렵	촐라 왕조가 동남아시아로 세력을 넓힘
1004년	송나라와 요나라가 평화 조약을 맺음(전연의 맹)
1055년	셀주크 제국이 바그다드에 입성
1066년	노르망디 공작 윌리엄이 영국을 정복함
1071년	셀주크 제국이 만지케르트 전투에서 비잔티움 제국에 승리함
1077년	카노사 사건
1096년	제1차 십자군 전쟁 발발
1115년	여진의 아골타가 금나라를 건국
1127년	금나라에 패배한 송나라 황족이 남송 건국
1159년	북유럽에서 한자 동맹 결성
1167년	이탈리아 북부에서 롬바르디아 동맹 결성
1187년	아이유브 왕조가 십자군에 빼앗겼던 예루살렘을 탈환
1192년	일본에 가마쿠라 막부가 성립됨
1204년	제4차 십자군이 콘스탄티노폴리스를 약탈함
1206년	인도에 델리 술탄 왕조 성립
1206년	칭기즈 칸이 몽골 초원을 통일
1219년	몽골 제국의 서방 원정 시작, 중앙아시아의 호레즘 왕국 멸망
1227년	칭기즈 칸 사망, 서하 멸망
1258년	몽골 제국, 바그다드를 함락
1260년	몽골 제국, 아인 잘루트 전투에서 패배함
1271년	쿠빌라이, 원나라를 건국함
1273년	루돌프 1세, 신성 로마 제국 황제로 선출됨
1279년	원나라, 남송을 멸망시킴
1288년	쩐 흥 다오, 원나라 침공 격퇴
1299년	오스만 제국 건국
1309년~1377년	아비뇽 유수
1324년	말리의 무사왕이 메카 순례를 떠남
1333년	가마쿠라 막부 멸망
1338년	무로마치 막부 성립
1347년	유럽에 흑사병이 유행하기 시작
1404년	일본과 명의 감합 무역 시작

카노사 사건

칭기즈 칸

대촐라 사원

한국사

936년	고려가 후삼국을 통일함
958년	광종이 과거 제도를 실시
982년	최승로가 성종에게 〈시무 28조〉를 올림
983년	전국에 12목을 설치하고 직접 관리를 내려보냄
993년	서희가 거란과 협상해 강동 6주를 얻음
1019년	강감찬이 거란을 귀주성에서 크게 무찌름
1044년	고려 천리장성 완성

청자 원숭이 모양 도장

1107년	윤관이 여진족을 물리치고 동북 9성을 축조
1126년	이자겸이 반란을 일으킴
1135년	묘청이 서경에서 반란을 일으킴
1145년	김부식이 《삼국사기》를 씀
1170년	정중부와 무신들이 난을 일으켜 권력을 잡음
1198년	노비 만적이 난을 일으키려다 발각

금동 보살 좌상

1209년	최충헌이 교정도감을 설치
1232년	몽골이 고려에 쳐들어오자 강화도로 천도
1234년	《상정고금예문》을 금속 활자로 인쇄
1251년	《팔만대장경》 완성
1259년	고려와 몽골의 강화
1270년	원종이 개경으로 돌아가기로 결정하자 삼별초가 항쟁을 시작하다
1274년	고려·몽골 연합군이 첫 일본 침입을 시도
1281년	일연이 《삼국유사》를 씀
1351년	공민왕 즉위
1356년	공민왕이 쌍성총관부를 회복함
1359년	홍건적의 고려 침입
1363년	문익점이 원나라에서 목화씨를 가져오다
1377년	《불조직지심체요절》을 금속 활자로 인쇄
1388년	이성계가 위화도에서 군대를 이끌고 개경으로 돌아감(위화도 회군)
1392년	이성계가 조선을 건국
1398년	제1차 왕자의 난

은 도금 타출 연꽃 넝쿨 무늬
표주박 모양병

만월대 출토 새 모양 토기

해동통보

세계사

1405년~1433년	정화의 해외 원정
1419년	엔히크 왕자, 마데이라섬 도착
1434년	코시모 데 메디치가 피렌체에서 정권을 잡음
1445년	구텐베르크, 활판 인쇄술 발명
1453년	오스만 제국, 콘스탄티노폴리스 함락
1453년	백 년 전쟁 종전
1467년	일본에서 오닌의 난이 일어남
1469년	피렌체 대성당 완공
1480년	모스크바 공국, 몽골로부터 독립
1485년	영국에 튜더 왕가 수립
1488년	바르톨로메우 디아스, 희망봉 도착
1492년	에스파냐 왕국, 레콩키스타 완수
1492년	콜럼버스, 아메리카 대륙 도착
1494년	프랑스, 이탈리아 공격. 이탈리아 전쟁 시작
1494년	토르데시야스 조약 체결
1498년	바스쿠 다가마, 인도에 도착
1501년	사파비 왕조 건국
1509년	포르투갈, 디우 해전에서 승리
1513년	발보아, 태평양 연안에 도착
1516년	합스부르크 왕가, 에스파냐 왕국을 상속받음
1517년	루터, 〈95개조 반박문〉 발표
1520년	쉴레이만 대제 즉위
1521년	아스테카 제국 멸망
1522년	마젤란 함대, 세계 일주에 성공
1526년	무굴 제국 성립
1527년	신성 로마 제국군, 로마 약탈
1533년	잉카 제국 멸망
1534년	헨리 8세, 영국 국교회 창설
1535년	누에바 에스파냐 부왕령 설치
1538년	프레베자 해전
1541년	미켈란젤로, 〈최후의 심판〉 완성
1541년	칼뱅, 제네바에서 종교 개혁 시작
1542년	페루 부왕령 설치
1545년~1563년	트리엔트 공의회
1545년	아메리카에서 포토시 은광이 발견됨
1550년	바야돌리드 논쟁
1555년	아우크스부르크 평화 협정
1556년	아크바르 대제 즉위
1565년	비자야나가르, 이슬람 연합군에 패배

다비드상

크리스토퍼 콜럼버스

마르틴 루터

모나리자

한국사

1416년	북방에 4군 설치
1419년	이종무 장군이 쓰시마섬을 정벌
1434년	북방에 6진 설치
1446년	세종 대왕이 훈민정음 반포
1485년	성종이 《경국대전》을 간행함

경국대전

태조 이성계 어진

1506년	연산군이 폐위되고 중종이 즉위함

성학십도

1555년	왜구가 남해에 침입해 약탈(을묘왜변)
1592년	임진왜란 발발

찾아보기

참고문헌

국내 도서

2009 개정 교육과정에 따른 중학교, 고등학교 사회교과군 교과서.
21세기연구회 저/전경아 역, 《지도로 보는 세계민족의 역사》,
이다미디어, 2012.
E.H. 곰브리치 저/백승길, 이종숭 역, 《서양미술사》, 2012.
R.K. 나라얀 편저/김석희 역, 《라마야나》, 아시아, 2012.
R.K. 나라얀 편저/김석희 역, 《마하바라타》, 아시아, 2014.
가와카쓰 요시오 저/임대희 역, 《중국의 역사》, 혜안, 2004.
강선주 등저, 《마주보는 세계사 교실》, 1~8권, 웅진주니어, 2011.
강희숙, 공수진, 박미선, 이동규, 정기문 저, 《세계사 뛰어넘기 1》, 열다,
2012.
강창훈, 남종국, 윤은주, 이옥순, 이은정, 최재인 저, 《세계사 뛰어넘기 2》,
열다, 2012.
거지엔슝 편/정근희 외역, 《천추흥망》1~8권, 따뜻한손, 2010.
고려대 중국학연구소 저, 《중국지리의 즐거움》, 차이나하우스, 2012.
고쳐, 캔디스&월튼, 린다 저/황보영조 역, 《세계사 특강》, 삼천리, 2010.
교육공동체 나다 저, 《피터 히스토리아》1~2권, 북인더갭, 2011.
권동희 저, 《지리이야기》, 한울, 2005.
금현진 등저, 《용선생의 시끌벅적 한국사》1~10권, 사회평론, 2016.
기노 쓰라유키 외 편/구정호 역, 《고킨와카슈(상/하)》, 소명출판, 2010.
기노 쓰라유키 외 편/최충희 역, 《고금와카집》, 지만지, 2011.
기쿠치 요시오 저/이경덕 역,《결코 사라지지 않는 로마, 신성 로마 제국》,
다른세상, 2010.
김경묵 저, 《이야기 러시아사》, 청아, 2012.
김기협 저, 《냉전 이후》, 서해문집, 2016.
김대륜, 김윤태, 안효상, 이은정, 최재인 글, 《세계사 뛰어넘기 3》, 열다,
2013.
김대호 저, 《장건, 실크로드를 개척하다》, 아카넷주니어, 2012.
김덕진 저, 《세상을 바꾼 기후》, 다른, 2013.
김명호 저, 《중국인 이야기 1~5권》, 한길사, 2016.
김상훈 저, 《통세계사 1, 2》, 다산에듀, 2015.
김성환 저, 《교실 밖 세계사여행》, 사계절, 2010.
김수행 저, 《세계대공황》, 돌베개, 2011.
김영한, 임지현 편저, 《서양의 지적 운동》, 1~2권, 지식산업사,
1994/1998.
김영호 저, 《세계사 연표사전》, 문예마당, 2012.
김원중 저, 《대항해 시대의 마지막 승자는 누구인가?》, 민음인, 2011.
김종현 저, 《영국 산업혁명의 재조명》, 서울대학교출판문화원, 2013.
김진섭 편, 《한 권으로 읽는 인도사》, 지경사, 2007.
김진호 저, 《근대 유럽의 역사: 종교개혁부터 신자유주의까지》,
한양대학교출판부, 2016.
김창성 저, 《세계사 산책》, 솔, 2003
김대권 저, 《르네상스 미술이야기》, 한겨레출판, 2012.

김현수 저, 《이야기 영국사》, 청아출판사, 2006.
김형진 저, 《이야기 인도사》, 청아출판사, 2013.
김호동 역, 《마르코 폴로의 동방견문록》, 사계절, 2005.
김호동 저, 《아틀라스 중앙유라시아사》, 사계절, 2016.
김호동 저, 《황하에서 천산까지》, 사계절, 2011.
남경태 저, 《종횡무진 동양사》, 그린비, 2013.
남경태 저, 《종횡무진 서양사(상/하)》, 그린비, 2013.
남문희 저, 《전쟁의 역사 1, 2, 3》, 휴머니스트, 2011.
남종국 저, 《지중해 교역은 유럽을 어떻게 바꾸었을까?》, 민음인, 2011.
노명식 저, 《프랑스 혁명에서 파리 코뮌까지 1789~1871》, 책과함께,
2011.
누노메 조후 등저/임대희 역, 《중국의 역사: 수당오대》, 혜안, 2001.
닐 포크너 저/이윤정 역, 《좌파 세계사》, 엑스오북스, 2016.
데라다 다카노부 저/서인범, 송정수 공역, 《중국의 역사: 대명제국》,
혜안, 2006.
데이비드 O. 모건 저/권용철 역, 《몽골족의 역사》, 모노그래프, 2012.
데이비드 아불라피아 저/이순호 역, 《위대한 바다: 지중해 2만년의
문명사》, 책과함께, 2013.
도널드 쿼터트 저/이은정 역, 《오스만 제국사》, 사계절, 2008.
두보, 이백 등저/최병국 편, 《두보와 이백 시선》, 한솜미디어, 2015.
라시드 앗 딘 저/김호동 역, 《부족지: 몽골 제국이 남긴 최초의 세계사》,
사계절, 2002.
라시드 앗 딘 저/김호동 역, 《칭기스칸기》, 사계절, 2003.
라시드 앗 딘 저/김호동 역, 《칸의 후예들》, 사계절, 2005.
라인하르트 쉬메켈 저/한국 게르만어 학회 역, 《인도유럽인, 세상을 바꾼
쿠르간 유목민》, 푸른역사 2013.
러셀 프리드먼 저/강미경 역, 《1차 세계대전: 모든 전쟁을 끝내기 위한
전쟁》, 두레아이들, 2013.
로버트 M. 카멕 편저/강정원 역, 《메소아메리카의 유산》, 그린비, 2014.
로버트 템플 저/과학세대 역, 《그림으로 보는 중국의 과학과 문명》, 까치,
2009.
로스 킹 저/신영화 역, 《미켈란젤로와 교황의 천장》, 다다북스, 2007.
로스 킹 저/이희재 역, 《브루넬레스키의 돔》, 세미콜론, 2007.
로저 크롤리 저/이순호 역, 《바다의 제국들》, 책과함께, 2010.
루츠 판다이크 저/안인희 역, 《처음 읽는 아프리카의 역사》, 웅진씽크빅,
2014.
류시화, 《백만 광년의 고독 속에서 한 줄의 시를 읽다》, 연금술사, 2014.
르네 그루세 저/김호동, 유원수, 정재훈 공역, 《유라시아 유목제국사》,
사계절, 1998.
르몽드 디폴로마티크 기획/권지현 등 역, 《르몽드 세계사 1, 2, 3》,
휴머니스트 2008/2010/2013.
리처드 번스타인 저/정동현 역, 《뉴욕타임스 기자의 대당서역기》,
꿈꾸는돌, 2003.

린 화이트 주니어 저/강일휴 역, 《중세의 기술과 사회변화: 등자와 쟁기가 바꾼 유럽 역사》, 지식의 풍경, 2005.

마르크 블로크 저/한정숙 역, 《봉건사회 1, 2》, 한길사, 1986.

마리우스 B. 잰슨 저/김우영 등역, 《현대일본을 찾아서》, 이산, 2010.

마이클 우드 저/김승욱 역, 《인도 이야기》, 웅진지식하우스, 2009.

마이클 파이 저/김지선 역, 《북유럽세계사 1, 2》, 소와당, 2016.

마크 마조워 저/이순호 역, 《발칸의 역사》, 을유문화사, 2014.

마틴 버널 저/오홍식 역, 《블랙 아테나 1》, 소나무, 2006.

마틴 자크 저/안세민 역, 《중국이 세계를 지배하면》, 부키, 2010.

마틴 키친 편저/유정희 역, 《사진과 그림으로 보는 케임브리지 독일사》, 시공아크로총서, 2001.

매리 하이듀즈 저/박장식, 김동역 역, 《동남아의 역사와 문화》, 솔과학, 2012.

문을식 저, 《인도의 사상과 문화》, 도서출판 여래, 2007.

미르치아 엘리아데 저/이용주 등 역, 《세계종교사상사 1, 2, 3》, 이학사, 2005.

미셸 파루티 저/ 권은미 역, 《모차르트: 신의 사랑을 받은 악동》, 시공디스커버리총서 011, 시공사, 1999.

미야자키 마사카쓰 저/노은주 역, 《지도로 보는 세계사》, 이다미디어, 2005.

미조구치 유조 저/정태섭, 김용천 역, 《중국의 공과 사》, 신서원, 2006.

박금표 저, 《인도사 108장면》, 민족사, 2007.

박노자 저, 《거꾸로 보는 고대사》, 한겨레, 2010.

박노자 저, 《러시아는 우리에게 무엇인가》, 신인문사, 2011.

박래식 저, 《이야기 독일사》, 청아출판사, 2006.

박수철 저, 《오다 도요토미 정권의 사사지배와 천황》, 서울대학교출판문화원, 2012.

박용진 저, 《중세 유럽은 암흑시대였는가?》, 민음인, 2011.

박윤덕 등저, 《서양사강좌》, 아카넷, 2016.

박종현 저, 《희랍사상의 이해》, 종로서적, 1990.

박지향 저, 《클래식영국사》, 김영사, 2012.

박찬영, 엄정훈 등저, 《세계지리를 보다 1, 2, 3》, 리베르스쿨, 2012.

박한제, 김형종, 김병준, 이근명, 이준갑 공저, 《아틀라스 중국사》, 사계절, 2015.

배병우 등저, 《신들의 정원, 앙코르와트》, 글씨미디어, 2004.

배영수 편, 《서양사 강의》, 한울아카데미, 2000.

배재호 저, 《세계의 석굴》, 사회평론, 2015.

버나드 루이스 편/김호동 역, 《이슬람 1400년》, 까치, 2001.

베른트 슈퇴버 저/최승완 역, 《냉전이란 무엇인가》, 역사비평사, 2008.

베빈 알렉산더 저/김형배 역, 《위대한 장군들은 어떻게 승리하였는가》, 홍익출판사, 2000.

벤자민 킨, 키스 헤인즈 공저/김원중, 이성훈 공역, 《라틴아메리카의 역사 상/하》, 그린비, 2014.

볼프람 폰 에셴바흐 저/허창운 역, 《파르치팔》, 한길사, 2009.

브라이언 타이어니, 시드니 페인터 공저/이연규 역, 《서양 중세사》, 집문당, 2012.

브라이언 페이건 저/이희준 역, 《세계 선사 문화의 이해》, 사회평론아카데미, 2015.

브라이언 페이건 저/최파일 역, 《인류의 대항해》, 미지북스, 2012.

브라이언 페이건, 크리스토퍼 스카레 등저/이청규 역, 《고대 문명의 이해》, 사회평론아카데미, 2015.

비토리오 주디치 저/남경태 역, 《20세기 세계 역사》, 사계절, 2005.

사마천 저/김원중 역 《사기 본기》, 민음사, 2015.

사마천 저/김원중 역 《사기 서》, 민음사, 2015.

사마천 저/김원중 역 《사기 세가》, 민음사, 2015.

사마천 저/김원중 역 《사기 열전 1, 2》, 민음사, 2015.

사와다 아사오 저/김숙경 역, 《흉노: 지금은 사라진 고대 유목국가 이야기》, 아이필드, 2007.

새뮤얼 노아 크레이머 저/박성식 역, 《역사는 수메르에서 시작되었다》, 가람기획, 2000.

새뮤얼 헌팅턴 저/강문구, 이재영 역, 《제3의 물결: 20세기 후반의 민주화》, 인간사랑, 2011.

서영교 저, 《고대 동아시아 세계대전》, 글항아리, 2015.

서울대학교 독일학연구소 저, 《독일이야기 1, 2》, 거름, 2003.

서진영 저, 《21세기 중국정치》, 폴리테이아, 2008.

서희석, 호세 안토니오 팔마 공저, 《유럽의 첫 번째 태양, 스페인》, 을유문화사, 2015.

송영배 저, 《동서 철학의 교섭과 동서양 사유 방식의 차이》, 논형, 2004.

수잔 와이즈 바우어 저/꼬마이실 역, 《교양 있는 우리 아이를 위한 세계역사이야기》, 1-5권, 꼬마이실, 2005.

스테파니아 스타푸티, 페데리카 로마뇰리 등저/박혜원 역, 《고대 문명의 역사와 보물: 그리스/로마/아스텍/이슬람/이집트/인도/켈트/크메르/페르시아》, 생각의나무, 2008.

시바료타로 저/양억관 역, 《항우와 유방 1, 2, 3》, 달궁, 2003.

시오노 나나미 저/김석희 역, 《로마 멸망 이후의 지중해 세계(상/하)》, 한길사, 2009.

시오노 나나미 저/김석희 역, 《로마인 이야기》, 1~15권, 한길사 2007.

신성곤, 윤혜영 저, 《한국인을 위한 중국사》, 서해문집, 2013.

신승하 저, 《중국사(상/하)》, 미래엔, 2005.

신준형 저, 《뒤러와 미켈란젤로》, 사회평론, 2013.

아사다 미노루 저/이하준 역, 《동인도회사》, 피피에, 2004.

아사오 나오히로 편저/이계황, 서각수, 연민수, 임성모 역, 《새로 쓴 일본사》, 창비, 2013.

아서 코트렐 저/까치 편집부역, 《그림으로 보는 세계신화사전》, 까치, 1997.

아일린 파워 저/이종인 역, 《중세의 사람들》, 즐거운상상, 2010.

안 베르텔로트 저/체계병 역, 《아서왕》, 시공사, 2003.

안병철 저, 《이스라엘 역사》, 기쁜소식, 2012.

안효상 저, 《미국은 어떻게 만들어졌을까》, 민음인, 2013.

알렉산드라 미네르비 저/조행복 역, 《사진으로 읽는 세계사 2: 나치즘》, 플래닛, 2008.

앙투안 갈랑/임호경 역, 《천일야화 1~6》, 열린책들, 2010.

애덤 하트 데이비스 편/윤은주, 정범진, 최재인 역, 《히스토리》, 북하우스, 2009.

양은영 저, 《빅히스토리: 제국은 어떻게 나타나고 사라지는가?》, 와이스쿨 2015.

양정무 저, 《난생 처음 한번 공부하는 미술 이야기 1, 2》, 사회평론, 2016.

양정무 저, 《상인과 미술》, 사회평론, 2011.

에드워드 기번 저/윤수인, 김희용 공역, 《로마제국 쇠망사 1~6》, 민음사, 2008.

에르빈 파노프스키 저/김율 역, 《고딕건축과 스콜라철학》, 한길사, 2015.

에릭 홉스봄 저/김동택 역, 《제국의 시대》, 한길사, 1998,

에릭 홉스봄 저/정도역, 차명수 공역, 《혁명의 시대》, 한길사, 1998.

에릭 홉스봄 저/정도영 역, 《자본의 시대》, 한길사, 1998.

에이브러험 애셔 저/김하은, 신상돈 역, 《처음 읽는 러시아 역사》, 아이비북스, 2013.

엔리케 두셀 저/박병규 역, 《1492년, 타자의 은폐》, 그린비, 2011.

오토 단 저/오인석 역, 《독일 국민과 민족주의의 역사》, 한울아카데미, 1996.

웨난 저/이익희 역, 《마왕퇴의 귀부인 1, 2》, 일빛, 2005.

유랴쿠 천황 외 저/고용환, 강용자 역, 《만엽집》, 지만지, 2009.

유세희 편, 《현대중국정치론》, 박영사, 2009.

유용태, 박진우, 박태균 공저, 《함께 읽는 동아시아 근현대사 1, 2》, 창비, 2011.

유인선 등저, 《사료로 보는 아시아사》, 종이비행기, 2014.

이강무 저, 《청소년을 위한 세계사. 서양편》, 두리미디어, 2009.

이경덕 저, 《함께 사는 세상을 보여주는 일본 신화》, 현문미디어, 2005.

이기영 저, 《고대에서 봉건사회로의 이행》, 사회평론, 2017.

이노우에 고이치 저/이경덕 역, 《살아남은 로마, 비잔틴 제국》, 다른세상, 2010.

이명현 저, 《빅히스토리: 세상은 어떻게 시작되었을까?》, 와이스쿨, 2013.

이병욱 저, 《한권으로 만나는 인도》, 너울북, 2013.

이영림, 주경철, 최갑수 공저, 《근대 유럽의 형성: 16~18세기》, 까치글방, 2011.

이영목 등저, 《검은, 그러나 어둡지 않은 아프리카》, 사회평론, 2014.

이옥순 등저, 《세계사 교과서 바로잡기》, 삼인, 2011.

이익선 저, 《만화 로마사 1, 2》, 알프레드, 2017.

이희수 저, 《이슬람의 모든 것》, 주니어김영사, 2009.

일본사학회 저, 《아틀라스 일본사》, 사계절, 2011.

임태승 저, 《중국 서예의 역사》, 미술문화, 2006.

임승희 저, 《유럽의 절대 군주는 어떻게 살았을까?》, 민음인, 2011.

임한순, 최윤영, 김길웅 공역, 《에다. 북유럽신화》, 서울대학교출판문화원, 2015.

임홍배, 송태수, 장병기 등저, 《독일 통일 20년》, 서울대학교출판문화원, 2011.

자닉 뒤랑 저/조성애 역, 《중세미술》, 생각의 나무, 2004.

장문석 저, 《근대정신은 어떻게 탄생했을까?》, 민음인, 2011.

장 콩비 저/노성기 외 역, 《세계교회사여행: 고대·중세 편》, 가톨릭출판사, 2013.

장진퀘이 저/남은숙 역, 《흉노제국 이야기》, 아이필드, 2010.

장 카르팡티에, 프랑수아 르브룅 편저/강민정, 나선희 공역, 《지중해의 역사》, 한길사, 2009.

재레드 다이아몬드 저/김진준 역, 《총, 균, 쇠》, 문학사상, 2013.

전국역사교사모임 저, 《살아있는 세계사 교과서 1, 2》, 휴머니스트, 2013.

전국역사교사모임 저, 《처음 읽는 미국사》, 휴머니스트, 2013.

전국역사교사모임 저, 《처음 읽는 인도사》, 휴머니스트, 2013.

전국역사교사모임 저, 《처음 읽는 일본사》, 휴머니스트, 2013.

전국역사교사모임 저, 《처음 읽는 중국사》, 휴머니스트, 2013.

전국역사교사모임 저, 《처음 읽는 터키사》, 휴머니스트, 2013.

전종한 등저, 《세계지리: 경계에서 권역을 보다》, 사회평론아카데미, 2017.

정기문 저, 《그리스도교의 탄생: 역사학의 눈으로 본 원시 그리스도교의 역사》, 길, 2016.

정기문 저, 《역사보다 재미있는 것은 없다》, 신서원, 2004.

정수일 편저, 《해상 실크로드 사전》, 창비, 2014.

정재서 저, 《이야기 동양신화 중국편》, 김영사, 2010.

정재훈 저, 《돌궐 유목제국사 552~745》, 사계절, 2016.

제니퍼 올드스톤무어 저/이연승 역, 《처음 만나는 도쿄》, SBI, 2009.

제임스 포사이스 저/정재겸 역, 《시베리아 원주민의 역사》, 솔, 2009

조관희, 《중국사 강의》, 궁리, 2011.

조길태 저, 《인도사》, 민음사, 2012.

조르주 루 저/김유기 역, 《메소포타미아의 역사 1, 2》, 한국문화사, 2013.

조성일 저, 《미국학교에서 가르치는 미국역사》, 소이연, 2014.

조셉 린치 저/심창섭 등역, 《중세교회사》, 솔로몬, 2005.

조셉 폰타나 저/김원중 역, 《거울에 비친 유럽》, 새물결, 2005.

조지프 니덤 저/김주식 역, 《조지프 니덤의 동양항해선박사》, 문현, 2016.

조지형 등저, 《지구화 시대의 새로운 세계사》, 혜안, 2008.

조지형 저, 《빅히스토리: 세계는 어떻게 연결되었을까?》, 와이스쿨, 2013.

조흥국 등저, 《제3세계의 역사와 문화》, 한국방송통신대학교출판부, 2012.

존 루이스 개디스 저/박건영 역, 《새로 쓰는 냉전의 역사》, 사회평론, 2003.

존 리더 저/남경태 역, 《아프리카 대륙의 일대기》, 휴머니스트, 2013.

존 맥닐, 윌리엄 맥닐 공저/ 유정희, 김우영 역, 《휴먼 웹. 세계화의 세계사》, 이산, 2010.

존 줄리어스 노리치 편/남경태 역, 《위대한 역사도시70》, 위즈덤하우스, 2010.

주경철 저, 《대항해시대: 해상 팽창과 근대 세계의 형성》, 서울대학교출판부, 2008.

주경철 저, 《히스토리아》, 산처럼, 2012.

주디스 코핀, 로버트 스테이시 등저/박상익 역, 《새로운 서양 문명의 역사. 상》, 소나무, 2014.

주디스 코핀, 로버트 스테이시 등저/손세호 역, 《새로운 서양 문명의 역사. 하》, 소나무, 2014.

중앙일보 중국연구소 외, 《공자는 귀신을 말하지 않았다》, 중앙북스, 2010.

지리교육연구회 지평 저, 《지리 교사들, 남미와 만나다》, 푸른길, 2011.

지오프리 파커 편/김성환 역, 《아틀라스 세계사》, 사계절, 2009.

찰스 스콰이어 저/나영균, 전수용 공역, 《켈트 신화와 전설》, 황소자리, 2009.

최재호 등저, 《한국이 보이는 세계사》, 창비, 2011.

최충희 등역, 《하쿠닌잇슈의 작품세계》, 제이앤씨, 2011.

카렌 암스트롱 저/장병옥 역, 《이슬람》, 을유문화사, 2012.

콘수엘로 바렐라, 로베르토 마자라 등저/신윤경 역, 《크리스토퍼 콜럼버스》, 21세기북스, 2010.

콘스탄스 브리텐 부셔 저/강일휴 역, 《중세 프랑스의 귀족과 기사도》, 신서원, 2005.

크리스 브래지어 저/추선영 역, 《세계사, 누구를 위한 기록인가?》, 이후, 2007.

클린 존스 저/방문숙, 이호경 공역, 《사진과 그림으로 보는 케임브리지 프랑스사》, 시공아크로총서, 2001.

타밈 안사리 저/류한월 역, 《이슬람의 눈으로 본 세계사》, 뿌리와이파리, 2011.

타키투스 저/천병희 역, 《게르마니아》, 숲, 2012.

토마스 말로리 저/이현주 역, 《아서왕의 죽음 1, 2》, 나남, 2009.

파멜라 카일 크로슬리 저/강선주 역, 《글로벌 히스토리란 무엇인가》, 휴머니스트, 2010.

패트리샤 버클리 에브리 저 /이동진, 윤미경 공역, 《사진과 그림으로 보는 케임브리지 중국사》, 시공아크로총서 2010.

퍼트리샤 리프 애너월트 저/한국복식학회 역, 《세계 복식 문화사》, 예담, 2009.

페리클레스, 뤼시아스, 이소크라테스, 데모스테네스 저/김헌, 장시은, 김기훈 역, 《그리스의 위대한 연설》, 민음사, 2012.

페르낭 브로델 저/강주헌 역, 《지중해의 기억》, 한길사, 2012.

페르낭 브로델 저/김홍식 역, 《물질문명과 자본주의 읽기》, 갈라파고스, 2014.

페르디난트 자입트 저/차용구 역, 《중세의 빛과 그림자》, 까치글방, 2002.

폴 콜리어 등저/강민수 역, 《제2차 세계대전》, 플래닛미디어, 2008.

프레드 차라 저/강경이 역, 《향신료의 지구사》, 휴머니스트, 2014.

플라노 드 카르피니, 윌리엄 루부룩 등저/김호동 역, 《몽골 제국 기행: 마르코 폴로의 선구자들》, 까치, 2015.

피터 심킨스 등저/강민수 역, 《제1차 세계대전》, 플래닛미디어 2008.

피터 안드레아스 저/정태영 역, 《밀수꾼의 나라 미국》, 글항아리, 2013.

피터 홉커크 저/정영목 역, 《그레이트 게임: 중앙아시아를 둘러싼 숨겨진 전쟁》, 사계절, 2014.

필립 M.H. 벨 저/황의방 역, 《12전환점으로 읽는 제2차 세계대전》, 까치, 2012.

하네다 마사시 저/이수열, 구지영 역, 《동인도회사와 아시아의 바다》, 선인, 2012.

하름 데 블레이 저/유나영 역, 《왜 지금 지리학인가》, 사회평론, 2015.

하야미 이타루 저/양승영 역, 《진화 고생물학》, 서울대학교출판문화원, 2012.

하우마즈 데쓰오 저/김성동 역, 《대영제국은 인도를 어떻게 통치하였는가》, 심산, 2004.

하인리히 뵐플린 저/안인희 역, 《르네상스의 미술》, 휴머니스트, 2002.

한국교부학연구회 저, 《교부학 인명·지명 용례집》, 분도출판사, 2008.

한종수 저, 굽시니스트 그림, 《2차 대전의 마이너리그》, 길찾기, 2015.

해양문화연구원 편집위원회 저, 《해양문화 02. 바다와 제국》, 해양문화, 2015.

허청웨이 편/남광철 등역, 《중국을 말한다》 1~9권, 신원문화사, 2008.

헤수스 알바레스 고메스 저/강운자 편역, 《수도생활: 역사 II》, 성바오로, 2002.

호르스트 푸어만 저/안인희 역, 《중세로의 초대》, 이마고, 2005.

홍익희 저, 《세 종교 이야기》, 행성B잎새, 2014.

황대현 저, 《서양 기독교 세계는 왜 분열되었을까?》, 민음인, 2011.

황패강 저, 《일본신화의 연구》, 지식산업사, 1996.

후지이 조지 등저/박진한, 이계황, 박수철 공역, 《쇼군 천황 국민》, 서해문집, 2012.

외국 도서

クリステル・ヨルゲンセン 等著/竹内喜, 徳永優子 譯, 《戦闘技術の歴史 3: 近世編》, 創元社, 2012.

サイモン・アングリム 等著/天野淑子 譯, 《戦闘技術の歴史 1: 古代編》, 創元社, 2011.

ジェフリー・リ・ガン, 《ウィジュアル版〈決戦〉の世界史》, 原書房, 2008.

ブライアン・レイヴァリ, 《航海の歴史》, 創元社, 2015.

マーティン・J・ドアティ, 《図説　中世ヨーロッパ　武器・防具・戦術百科》, 原書房, 2013.

マシュー・ベネット 等著/野下祥子 譯, 《戦闘技術の歴史 2: 中世編》, 創元社, 2014.

リュシアン・ルスロ 等著/辻よしふみ, 辻元玲子 譯, 《華麗なるナポレオン軍の軍服》, マール社, 2014.

ロバーと・B・ブルース 等著/野下祥子 譯, 《戦闘技術の歴史 4: ナポレオンの時代編》, 創元社, 2013.

菊地陽太, 《知識ゼロからの世界史入門 1部　近現代史》, 幻冬舎, 2010.

気賀澤保規, 《絢爛たる世界帝国　隋唐時代》, 講談社, 2005.

金七紀男, 《図説 ブラジルの-歴史》, 河出書房新社, 2014.

木下康彦, 木村靖二, 吉田寅 編, 《詳説世界史研究 改訂版》, 山川出版社, 2013.

山内昌之, 《世界の歴史 20 : 近代イスラームの挑戦》, 中央公論社, 1996.

山川ビジュアル版日本史図録編集委員会, 《山川 ビジュアル版日本史図録》, 山川出版社, 2014.

西ヶ谷恭弘 監修, 《衣食住になる日本人の歴史 1》, あすなろ書房, 2005.

西ヶ谷恭弘 監修, 《衣食住になる日本人の歴史 2》, あすなろ書房, 2007.

小池徹朗 편, 《新・歴史群像シリーズ 15: 大清帝國》, 学習研究社, 2008.

水野大樹, 《図解 古代兵器》, 新紀元社, 2012.

神野正史, 《世界史劇場イスラーム三国志》, ベレ出版, 2014.

神野正史, 《世界史劇場イスラーム世界の起源》, ベレ出版, 2013.

五十嵐武士, 福井憲彦, 《世界の歴史 21: アメリカとフランスの革命》, 中央公論社, 1998.

宇山卓栄, 《世界一おもしろい　世界史の授業》, KADOKAWA, 2014.

伊藤賀一, 《世界一おもしろい　日本史の授業》, 中経出版, 2012.

日下部公昭 等編, 《山川 詳説世界史図録》, 山川出版社, 2014.

井野瀬久美恵, 《興亡の世界史 16: 大英帝国という経験》, 講談社, 2007.

佐藤信 等編, 《詳説日本史研究 改訂版》, 山川出版社, 2013.

池上良太, 《図解 装飾品》, 新紀元社, 2012.

池上良太, 《図解 装飾品》, 新紀元社, 2012.

後藤武士, 《読むだけですっきりわかる世界史　近代編》, 玉島社, 2011.

後藤武士, 《読むだけですっきりわかる現代編》, 玉島社, 2013.

後河大貴 外, 《戦国海賊伝》, 笠倉出版社, 2015.

Acquaro, Enrico: 《The Phoenicians: History and Treasures of An Ancient Civilization》, White Star, 2010.

Albert, Mechthild: 《Das französische Mittelalter》, Klett, 2005.

Bagley, Robert: 《Ancient Sichuan: Treasures from a Lost Civilization》, Princeton University Press, 2001.

Beck, B. Roger&Black, Linda: 《World History: Patterns of Interaction》, Holt McDougal, 2010.

Beck, Rainer(hrsg.): 《Das Mittelalter》, C.H.Beck, 1997.

Bernlochner, Ludwig(hrsg.): 《Geschichten und Geschehen》, Bd. 1-6. Klett, 2004.

Bonavia, Judy: 《The Silk Road》, Odyssey, 2008.

Borst, Otto: 《Alltagsleben im Mittelalter》, Insel, 1983.

Bosl, Karl: 《Bayerische Geschichte》, Ludwig, 1990.

Brown, Peter: 《Die Entstehung des christlichen Europa》, C.H.Beck, 1999.

Bumke, Joachim: 《Höfische Kultur》, Bd. 1-2. Dtv, 1986.

Celli, Nicoletta: 《Ancient Thailand: History and Treasures of An Ancient Civilization》, White Star, 2010.

Cornell, Jim&Tim: 《Atlas of the Roman World》, Checkmark Books, 1982.

Davidson, James West&Stoff, Michael B.: 《America: History of Our Nation》, Pearson Prentice Hall, 2006.

de Vries, Jan: 《Die Geistige Welt der Germanen》, WBG, 1964.

Dinzelbach, P. (hrsg.): 《Sachwörterbuch der Mediävistik》, Kröner, 1992.

Dominici, David: 《The Maya: History and Treasures of An Ancient Civilization》, VMB Publishers, 2010.

Duby, Georges: 《The Chivalrous Society》, translated by Cynthia Postan, University of California Press, 1980.

Eco, Umberto: 《Kunst und Schönheit im Mittelalter》, Dtv, 2000.

Ellis, G. Elisabeth&Esler, Anthony: 《World History Survey》, Prentice Hall, 2007.

Fromm, Hermann: 《Basiswissen Schule: Geschichte》, Duden, 2011.

Funcken, Liliane&Fred: 《Rüstungen und Kriegsgerät im Mittelalter》, Mosaik 1979.

Gibbon, Eduard: 《Die Germanen im Römischen Weltreich,》, Phaidon, 2002.

Goody, Jack: 《The development of the family and marriage in Europe》, Cambridge University Press, 1988.

Grant, Michael: 《Ancient History Atlas》, Macmillan, 1972.

Großbongardt, Anette&Klußmann, Uwe, 《Spiegel Geschichte 5/2013: Der Erste Weltkrieg》, Spiegel, 2013.

Heiber, Beatrice(hrsg.): 《Erlebte Antike》, Dtv 1996.

Hinckeldey, Ch.(hrsg.): 《Justiz in alter Zeit》, Mittelalterliches Kriminalmuseum, 1989

Holt McDougal: 《World History》, Holt McDougal, 2010.

Horst, Fuhrmann: 《Überall ist Mittelalter》, C.H.Beck, 2003.

Horst, Uwe(hrsg.): 《Lernbuch Geschichte: Mittelalter》, Klett, 2010.

Huschenbett, Dietrich&Margetts, John(hrsg.): 《Reisen und Welterfahrung in der deutschen Literatur des Mittelalters》, Würzburger Beiträge zur deutschen Philologie. Bd. VII, Königshausen&Neumann, 1991.

Karpeil, Frank&Krull, Kathleen: 《My World History》, Pearson Education, 2012.

Kircher, Bertram(hrsg.): 《König Aruts und die Tafelrunde》, Albatros, 2007.

Klußmann, Uwe&Mohr, Joachim: 《Spiegel Geschichte 5/2014: Die Weimarer Republik》, Spiegel 2014.

Klußmann, Uwe: 《Spiegel Geschichte 6/2016: Russland》, Spiegel 2016.

Kölzer, Theo&Schieffer, Rudolf(hrsg.): 《Von der Spätantike zum frühen Mittelalter: Kontinuitäten und Brüche, Konzeptionen und Befunde》, Jan Thorbecke, 2009.

Langosch, Karl: 《Profile des lateinischen Mittelalters》, WBG, 1965.

Lesky, Albin: 《Vom Eros der Hellenen》, Vandenhoeck&Ruprecht, 1976.

Levi, Peter: 《Atlas of the Greek World》, Checkmark Books, 1983.

Märtle, Claudia: 《Die 101 wichtgisten Fragen: Mittelalter》 C.H.Beck, 2013.

McGraw-Hill Education: 《World History: Journey Across Time》, McGraw-Hill Education, 2006.

Mohr, Joachim&Pieper, Dietmar: 《Spiegel Geschichte 6/2010: Die Wikinger》, Spiegel, 2010.

Murphey, Rhoads: 《Ottoman warfare, 1500-1700》, Rutgers University Press, 2001

Orsini, Carolina: 《The Incas: History and Treasures of An Ancient Civilization》, White Star, 2010.

Pieper, Dietmar&Mohr, Joachim: 《Spiegel Geschichte 3/2013: Das deutsche Kaiserreich》, Spiegel 2013.

Pieper, Dietmar&Saltzwedel, Johannes: 《Spiegel Geschichte 4/2011: Der Dreißigjährige Krieg》, Spiegel 2011.

Pieper, Dietmar&Saltzwedel, Johannes: 《Spiegel Geschichte 6/2012: Karl der Große》, Spiegel 2012.

Pötzl, Nobert F.&Traub, Rainer: 《Spiegel Geschichte 1/2013: Das Britische Empire》, Spiegel, 2013.

Pötzl, Nobert F.&Saltzwedel: 《Spiegel Geschichte 4/2012: Die Päpste》, Spiegel, 2012.

Prentice Hall: 《History of Our World》, Pearson/Prentice Hall, 2006.

Rizza, Alfredo: 《The Assyrians and the Babylonians: History and Treasures of An Ancient Civilization》White Star, 2007.

Rösener, Werner: 《Die Bauern in der europäischen Geschichte》, C.H.Beck, 1993.

Schmidt-Wiegand: 《Deutsche Rechtsregeln und Rechtssprichwörter》, C.H.Beck, 2002.

Seibt, Ferdinand: 《Die Begründung Europas》, Fischer, 2004.

Seibt, Ferdinand: 《Glanz und Elend des Mittelalters》, Siedler, 1992.

Simek, Rudolf: 《Erde und Kosmos im Mittelalter》, Bechtermünz, 2000.

Speivogel, J. Jackson: 《Glecoe World History》, McGraw-Hill Education, 2004.

Talbert, Richard: 《Atlas of Classical History》, Routledge, 2002.

Tarling, Nicholas(ed.): 《The Cambridge of History of Southeast Asia》, Vol. 1-4. Cambridge University Press 1999.

Todd, Malcolm: 《Die Germanen》Theiss, 2003.

van Royen, René&van der Vegt, Sunnyva: 《Asterix – Die ganze Wahrheit》, übersetzt von Gudrun Penndorf, C.H.Beck, 2004.

Wehrli, Max: 《Geschichte der deutschen Literatur im Mittelalter》, Reclam, 1997.

Zimmermann, Martin: 《Allgemeine Bildung: Große Persönlichkeiten》, Arena, 2004.

논문

기민석, 〈고대 '의회'와 셈어 mlk〉, 《구약논단》 17, 한국구약학회, 2005, 140-160쪽.

김병준, 〈진한제국의 이민족 지배: 부도위 및 속국도위에 대한 재검토〉, 역사학보 제217집, 2013, 107-153쪽.

김인화, 〈아케메네스조 다리우스 1세의 왕권 이념 형성과 그 표상에 대한 분석〉, 서양고대사연구 38, 2014, 37-72쪽.

남종국, 〈12~3세기 이자 대부를 둘러싼 논쟁: 자본주의의 서막인가?〉, 서양사연구 제52집, 2015, 5-38쪽.

박병규, 〈스페인어권 카리브 해의 인종 혼종성과 인종민주주의〉, 이베로아메리카 제8권, 제1호. 93-114쪽.

박병규, 〈카리브 해 지역의 문화담론과 문화모델에 관한 연구〉, 스페인어문학 제42호, 2007, 261-278쪽.

박수철, 〈직전정권의 '무가신격화'와 천황〉, 역사교육 제121집, 2012. 221-252쪽.

손태창, 〈신 아시리아 제국 후기에 있어 대 바빌로니아 정책과 그 문제점: 기원전 745-627〉, 서양고대사연구 38, 2014, 7-35

우석균, 《《포폴 부》와 옥수수》, 이베로아메리카연구 제8권, 1997, 65-89쪽.

유성환, 〈아마르나 시대 예술에 투영된 시간관〉, 인문과학논총, 제73권 4호, 2016, 403-472쪽.

유성환, 〈외국인에 대한 이집트인들의 두 시선: 고왕국 시대에서 신왕국 시대까지 창작된 이집트 문학작품 속의 외국과 외국인에 대한 묘사를 중심으로〉, 서양고대사연구 제34집, 2013, 33-77쪽.

윤은주, 〈18세기 초 프랑스의 재정위기와 로 체제〉, 프랑스사연구 제16호, 2007, 5-41쪽.

이근명, 〈왕안석 신법의 시행과 대간관〉, 중앙사론 제40집, 2014, 75-103쪽.

이삼현, 〈하무라비法典 小考〉, 《법학논총》 2, 국민대학교 법학연구소, 1990, 5-49쪽.

이은정, 〈'다종교, 다민족, 다문화'적인 오스만제국의 통치 전략〉, 역사학보 제217집, 2013, 155-184쪽.

이은정, 〈오스만제국 근대 개혁기 군주의 역할: 셀림3세에서 압뒬하미드 2세에 이르기까지〉, 역사학보 제 208집, 2010, 103-133쪽.

이종근, 〈고대 메소포타미아의 수메르 우르-남무 법의 도덕성에 관한 연구〉, 《법학연구》 32, 한국법학회, 2008, 1-21쪽.

이종근, 〈메소포타미아 법사상 연구: 받는 소(Goring Ox)를 중심으로〉, 《신학지평》 16, 안양대학교 신학연구소, 2003, 297-314쪽.

이종근, 〈생명 존중을 위한 메소포타미아 법들이 정의: 우르 남무와 리피트이쉬타르 법들을 중심으로〉, 《구약논단》 15, 한국구약학회, 2003, 261-297쪽.

이종득, 〈멕시코-테노츠티틀란의 성장 과정과 한계: 삼각동맹〉, 라틴아메리카연구 제23권, 3호. 111-160쪽.

이지은, 〈"인도 센서스"와 식민 지식의 구축: 19세기 인도 사회와 정립되지 않은 카스트〉, 역사문화연구 제59집, 2016, 165-196쪽.

정기문, 〈로마 제국 초기 디아스포라 유대인의 팽창원인〉, 전북사학 제48호, 2016, 279-302쪽.

정기문, 〈음식 문화를 통해서 본 세계사〉, 역사교육 제138집, 2016, 225-250쪽.

정재훈, 〈북아시아 유목 군주권의 이념적 기초: 건국 신화의 계통적 분석을 중심으로〉, 동양사학연구 제122집, 2013, 87-133쪽.

정재훈, 〈북아시아 유목민족의 이동과 정착〉, 동양사학연구 제103집, 2008, 87-116쪽.

정혜주, 〈태초에 빛이 있었다: 마야의 천지 창조 신화〉, 이베로아메리카 제7권 2호, 2005, 31-62쪽.

조주연, 〈미학과 역사가 미술사를 만났을 때〉, 《미학》 52, 한국미학회, 2007. 373-425쪽.

최재인, 〈미국 역사교육의 쟁점과 전망: 아프리카계 미국인 역사교육을 중심으로〉, 역사비평 제110호, 2015, 232-257쪽.

인터넷 사이트

네이버 지식백과: terms.naver.com

미국 자율학습 사이트: www.khanacademy.org

미국 필라델피아 독립기념관 역사교육 사이트: www.ushistory.org

영국 브리태니커 백과사전: www.britannica.com

영국 대영도서관 아시아, 아프리카 연구 사이트: britishlibrary.typepad.co.uk/asian-and-african

영국 BBC방송 청소년 역사교육 사이트: www.bbc.co.ukschools/primaryhistory

독일 브록하우스 백과사전: www.brockhaus.de

독일 WDR방송 청소년 지식교양 사이트: www.planet-wissen.de

독일 역사박물관 www.dhm.de

독일 청소년 역사교육 사이트: www.kinderzeitmschine.de

독일 연방기록원 www.bundesarchiv.de

위키피디아: www.wikipedia.org

사진 제공

수록된 사진 중 일부는 노력에도 불구하고 저작권자를 확인하지
못하고 출간하였습니다. 확인되는 대로 최선을 다해 협의하겠습니다.
퍼블릭 도메인은 따로 표기하지 않았습니다.

1교시

카르카손 Chensiyuan
신성 로마 제국 황제의 독수리 문장 Ipankonin
노르만 왕조 사자 문장 Jspuller
카페 왕조 백합 문장 Rinaldum
상파뉴 Shutterstock
카노사의 굴욕 The Bridgeman Art Library
프라하 Shutterstock
베네치아 Shutterstock
프라하 전경 Shutterstock
체코 자연 풍경 Shutterstock
체코 산골 마을 Shutterstock
인형극 〈돈 조반니〉 Alamy
폴카를 추는 사람들 Alamy
보헤미아 크리스털 Shutterstock
체코 부드바이저 오리지널 게티이미지코리아
밀 수확 중인 콤바인 Shutterstock
필스너 우르켈 Shutterstock
중무장을 한 기사 윤익이미지
왕에게 충성 서약하는 기사 게티이미지코리아
전투를 벌이는 중세 기사 Alamy
필사하는 성직자 게티이미지코리아
성을 짓는 농민들 Akg Images
베리 공작의 호화로운 기도서 Alamy
중세 초 영국 농가와 내부 Alamy
힐데가르트 폰 빙엔 Akg Images
아키텐의 엘레오노르 The Bridgeman Art Library
프랑스 40상팀 우표 Alamy
베르사유 궁전 정문 백합 문장 Alamy
윌리엄 1세 Alamy
둠즈데이 북 Mary Evans Picture Library/윤익이미지
토지대장 정리하는 영국 수도승 게티이미지코리아
팔레르모 대성당 Berthold Werner
이탈리아를 정복한 오토 1세 게티이미지코리아
파더본 대성당 Zefram
신성 로마 제국 황제가 썼던 물건 게티이미지코리아
중세 농업의 발전 게티이미지코리아
1100년대 베네치아의 은화 게티이미지코리아

1100년대 독일 튀링겐 백작 지역의 은화 Classical Numismatic
Group, Inc. http://www.cngcoins.com
프랑스 아키텐 Shutterstock
플랑드르 상인들 게티이미지코리아
프로뱅의 시청 앞 거리 Alamy
클뤼니 수도원 Rillke
그레고리우스 7세 The Bridgeman Art Library
교황을 뽑기 위해 모인 추기경들 Alamy
파리 노트르담 대성당 정문의 최후의 심판 Calvin Kramer
카노사성 게티이미지코리아
성 힐데가르트 수녀원 포도밭 DXR
이탈리아 피사 대성당 Shutterstock
반원 아치 Shutterstock
석재 천장 Shutterstock
십자가 형태 건물 배치 평면도 Sailko
프랑스 샤르트르 대성당 Shutterstock
뾰족한 아치 Shutterstock
벽날개 Shutterstock
X 자형 천장 Shutterstock

2교시

카이펑 복원 모습 게티이미지코리아
요나라 왕관 The Bridgeman Art Library
다퉁 화엄사 Zhangzhugang
서하의 왕릉 Shutterstock
항저우 시후호 Shutterstock
취안저우 삽화 게티이미지코리아
항저우 야경 Shutterstock
항저우 대운하 Shutterstock
항주 도심 스모그 연합뉴스
항저우 녹차밭 Shutterstock
용정차 Shutterstock
육화탑 Sunatnight
돌을 던지는 소년 동상 Alamy
송나라의 동전 Akg Images
교자 찍어 내는 판 Popolon
청진사 Akg Images
송나라 청자 Akg Images
송나라 백자 Akg Images
활판 Shutterstock
목판 Vmenkov
양저우 도심의 원창거 Vmenkov
난징 Shutterstock

다샤강 골짜기 Vmenko

3교시

몽골 초원 오르콘강 유역 게티이미지코리아
바그다드 Science Photo Library
오논강 상류 Chinneeb
에르덴조 사원 Marcin Konsek
울란바토르 Zazaa Mongolia
칭기즈 칸 광장 Römert
게르 해체 모습 게티이미지코리아
울란바토르 외곽 천막촌 Shutterstock
나담 축제 승마 경기 Mark Fischer
후허하오터 게티이미지코리아
양과 염소를 돌보는 유목민 게티이미지코리아
칭기즈 칸 사당 Fanghong
칭기즈 칸 기념비 Shutterstock
몽골 정부종합청사 정문 동상들 Shutterstock
보오르추 동상 Alamy
쿠릴타이를 통해 칸으로 즉위하는 테무친 Akg Images
몽골의 공성전 Alamy
호레즘을 공격하는 몽골군 The Bridgeman Art Library
러시아를 공격한 몽골군
오르콘강 상류의 초원 게티이미지코리아
리그니츠 전투 Agefotostock
우구데이 Akg Images
역참 이용자 통행증 Akg Images, BabelStone
야율초재 Rrmarcellus
베이징 Shutterstock
베트남 바익 당 전투 Daderot
몽골 제국 시대 서아시아의 금화 烏拉跨氪
신안 보물선에서 발견된 도자기 Korea.net
신안 앞바다에서 유물을 건져 올리는 모습 문화재청
원나라의 지폐 교초 PHGCOM
훌라구 울루스의 칸이 프랑스의 왕에게 보낸 편지 PHGCOM
《집사》 삽화 일부 Akg Images
베네치아를 떠나 여행길에 오르는 마르코 폴로 게티이미지코리아
당시의 지도에 그려진 마르코 폴로 일행 게티이미지코리아
성을 공격하는 몽골군 나무위키

4교시

하카다만 Shutterstock
다이라노 마사카도 Alamy
교토 전경 Shutterstock
교토 타워 Shutterstock
교토 닌텐도 본사 게티이미지코리아
교토 고쇼의 전경 Saigen Jiro
꽃구경하는 사람들 KimonBerlin
기요미즈데라 전경 Shutterstock
산넨자카 123RF

본당 아래 약수 123RF
로쿠온지 Jaycangel
도시샤 대학 윤동주 시비 연합뉴스
교토 대학 전경 Soraie8288
무사의 모습 Akg Images
세토 내해 Shutterstock
아오모리 지역 Shutterstock
이세 신궁 Shutterstock
다이라 가문의 원령들을 퇴치하는 요시쓰네 Alamy
미나모토노 요리토모 Daderot
지쇼지 Shutterstock
교토의 니시키 시장 Alamy
가마쿠라 시대 장터 『週刊朝日百科 日本の歷史』 6권, 195p왜구가
바다에서 싸우는 그림 Akg Images

5교시

카이로 살라딘 시타델 Shutterstock
셀주크 궁전의 동물이 그려진 타일 Alamy
만지케르트 전투 O.Mustafin
살라딘 시타델 Ahmed Al.Badawy
하틴의 뿔 전투 게티이미지코리아
니샤푸르에서 출토된 접시 Akg Images
마수드 3세의 미나렛 Alamy
알레포 고성 Shutterstock
솜나트 시바 사원 게티이미지코리아
아슈하바트 Bjørn Christian Tørrissen
아슈하바트 길거리 Shutterstock
웅장한 대통령궁 Shutterstock
중립국 선포 탑 Alamy
투르크메니스탄 독립 기념일 퍼레이드 Kerri-Jo Stewart
독립 기념 공원 전경 123RF
기념탑 주위에 세워진 여러 인물 동상 Shutterstock
카라쿰 운하 Alamy
카라쿰 사막 유목민들 Alamy
운송 중인 목화 Alamy
아할 테케 Penyulap
지옥으로 가는 문 Shutterstock
카스피해에서 석유를 채굴하는 모습 Shutterstock
바스라 인근의 늪지대 게티이미지코리아
야쿠라이스 동상 Absdostan
가즈니의 옛 성과 벽돌 첨탑 유적 게티이미지코리아
니샤푸르에서 출토된 유리병 Christie's Images, London/Scala, Florence
투르크메니스탄의 메르브 게티이미지코리아
아나톨리아반도 내부 고원 전경 Alamy
알프 아르슬란과 말리크 샤 동상 Agefotostock
콘야의 전경 Shutterstock
예루살렘 함락 Alamy
에데사의 성채 Alamy

이슬람 극단주의 무장 단체 IS Alamy
몽골군을 피해 강을 건너는 호레즘의 술탄 Alamy
아인 잘루트 평원 Shutterstock
세마 춤 이미지클릭
카슈가르의 아팍 호자의 무덤 게티이미지코리아
다마스쿠스 시내에 있는 살라딘 동상 게티이미지코리아
리처드 1세 Mattbuck

6교시

뉴델리 자마 마스지드 모스크 Shutterstock
자메 모스크 Fulvio Spada
고다바리강 Adityamadhav83
향신료 Shutterstock
쿠툽 미나르 Shutterstock
나라심하 조각상 게티이미지코리아
탄자부르 브리하디스와라 사원 Alamy
많은 화물이 오가는 카라치 항만 게티이미지코리아
카라치 시가지 모습 게티이미지코리아
라호르 Shutterstock
이슬라마바드 Obaid747
펀자브 지방 농촌 마을 게티이미지코리아
카이버 고개의 관문 Shutterstock
카이버 고개 Alamy
카라코람 고속 도로 Shutterstock
알록달록하게 치장한 버스 Mishari Muqbil
국기 하강식을 진행하는 양측 군인들 AP Images
바라나시 Alamy
델리 게티이미지뱅크
티무르의 인도 침략 Alamy
모스크 토픽이미지스
힌두 사원 토픽이미지스
인도의 이슬람교도 Alamy
아다이딘카 존프라 모스크 Varun Shiv Kapur
아치 벽면의 무늬 Varun Shiv Kapur
황금 사원 시크교 수도사 Alamy
황금 사원 Shutterstock
인도 남부의 차밭 Shutterstock
후추 Shutterstock
면직물 토픽이미지스
인디고 Alamy
비자야나가르의 왕궁 유적 Shutterstock
인도에 도착한 바스쿠 다가마 Alamy
파트니 그룹이 뭄바이에 세운 연구 센터 Intap2007
비를라 그룹의 슈퍼마켓 체인인 more. Wikipedia
비를라 산업 기술 박물관에서 열린 행사 Wikipedia

7교시

아크레 항 Shutterstock
클레르몽 공의회 게티이미지코리아
아비뇽 교황청 Jean-Marc Rosier
제노바 공화국 국장 Odejea
베네치아 공화국 국장 Sodacan
콘스탄티노폴리스를 공격하는 십자군 게티이미지코리아
엘베강을 오가는 화물선 Shutterstock
성 페터 교회 타워에서 본 뤼베크 Shutterstock
함부르크 Shutterstock
라트비아 자유의 여신상 Shutterstock
함부르크식 햄버거 스테이크 kawanet
리가성 Shutterstock
리가 풍경 Shutterstock
그단스크 조선소 Shutterstock
그단스크 풍경 Shutterstock
민중 십자군을 이끌고 있는 피에르 Photo Josse/Scala, Florence
아드리아해 해안 도시 자라의 전경 Shutterstock
베네치아 전경 Shutterstock
네 마리 청동마상 게티이미지코리아
안트베르펜의 길드하우스 agracier
한자 코그 Alamy
흑사병 환자들 DeAgostini Picture Library/Scala, Florence
필리프 4세 게티이미지코리아
미국 휴스턴 자연사 박물관에 전시된 대헌장 E D Truitt
클레멘스 5세 게티이미지코리아
성전 기사단의 복장을 재현한 모습 Shutterstock
알아크사 모스크 Berthold Werner
크라크 데 슈발리에 Shutterstock
병원 기사단 소속 수도사 연합뉴스
몰타섬 Shutterstock
마리엔부르크성 Shutterstock

연표

만월대 출토 새 모양 토기 국립중앙박물관
은 도금 타출 연꽃 넝쿨 무늬 표주박 모양병 국립중앙박물관
청자 원숭이 모양 도장 국립중앙박물관
금동 보살 좌상 국립중앙박물관
해동통보 국립중앙박물관
경국대전 국립중앙박물관
다비드상 Jörg Bittner Unna
성학십도 국립중앙박물관

퀴즈 정답

1교시

01 ③

02 O, X, X, O

03 ④

04 ①-㉠, ②-㉢, ③-㉡, ④-㉣

05 오토 1세

06 ③

07 ④

2교시

01 ③

02 문치주의

03 ④

04 ②

05 왕안석, 신법, 신법당

06 ③

3교시

01 테무친

02 ③

03 ③

04 ①-㉢, ②-㉠, ③-㉡, ④-㉣

05 ③

06 색목인

4교시

01 ③

02 원정

03 ④

04 ㉢-㉠-㉡-㉣

05 ④

06 왜구의 활동

5교시

01 ①

02 ③

03 ④

04 술탄

05 ㉠-㉢-㉣-㉡

06 ④

07 살라딘, 바이바르스, 이집트

6교시

01 ④

02 ②

03 ④

04 다신교

05 촐라 왕국

06 ①-㉡, ②-㉢, ③-㉠, ④-㉡

7교시

01 ①

02 ③

03 길드

04 ③

05 ④

06 아비뇽, 세금

374

일러두기

• 맞춤법과 띄어쓰기는 국립국어원에서 펴낸 《표준국어대사전》을 따랐습니다.

• 역사 용어와 띄어쓰기는 《교과서 편수자료》의 표기 원칙을 따랐습니다. 단, 학계의 일반적인 표기와 다른 경우 감수자의 자문을 거쳐 학계의 표기를 따랐습니다.

• 중국의 지명은 현재까지 남아 있는 지명은 중국어 발음, 남아 있지 않은 지명은 한자음을 따랐습니다.

• 중국의 인명은 변법자강 운동을 기준으로 그 이전은 한자음, 그 이후는 중국어 발음을 따라 적는 것을 원칙으로 했습니다.

• 일본의 지명과 인명은 일본어 발음을 따랐습니다.

• 이 책에 실린 사진은 북앤포토를 통해 저작권자로부터 사용허가를 받았습니다.

• 일부 사진은 wikipedia commons public domain에 게재되어 있습니다.

• 저작권자와 접촉이 되지 않는 등 불가피한 사정으로 사용 허가를 받지 못한 사진에 대해서는 저작권자의 허락을 구하는 대로 게재 허락을 받고 사용료를 지불하겠습니다.

• 이 책에 실려 있는 지도와 그림의 저작권은 별도의 표기가 없는 한 ㈜사회평론에 있습니다.

교양으로 읽는 용선생 세계사 ⑤ 전쟁과 교역으로 더욱 가까워진 세계—유럽 봉건 제도, 몽골 제국, 십자군 전쟁

1쇄 발행   2017년 7월 14일
11쇄 발행 2024년 3월 15일

글 이희건, 차윤석, 김선빈, 박병익, 김선혜
그림 이우일, 박기종
지도 김경진 구성 정지윤
자문 및 감수 남종국, 박수철, 이근명, 이은정, 이지은
어린이사업본부 이승필
편집 송용운, 김언진
마케팅 조수환, 홍진혁
경영지원 나연희, 주광근, 오민정, 정민희, 김수아, 장재민
디자인 씨디자인 조혁준, 기경란, 하민우, 양란희
사진 북앤포토

펴낸이 윤철호
펴낸곳 (주)사회평론
전화 02-326-1182
팩스 02-326-1626
주소 03993 서울시 마포구 월드컵북로6길 56 사평빌딩
용선생 클래스 yongclass.com
출판등록 1993년 10월 6일 제 10-876호

ⓒ 사회평론, 2017

ISBN 978-89-6435-967-9 64900

종이에 손을 베지 않도록 주의하세요.
책 모서리에 다칠 수 있으니 책을 던지지 마세요.

이 책을 만드는 데 강의, 자문, 감수하신 분

강영순(한국외국어대학교 강사)
아세아연합신학대학교 아세아학과를 졸업하고 한국외국어대학교 대학원 아시아학과에서 석사 학위를, 국립 인도네시아대학교에서 박사 학위를 받았습니다. 현재 한국외국어대학교 말레이·인도네시아어통번역 학과에서 강의를 하고 있습니다. 〈인도네시아 환경정치에 대한 연구: 열대림을 중심으로〉, 〈수까르노와 이승만: 제2차 세계 대전 후 건국 지도자 비교〉, 《인도네시아 서 파푸아 특별자치제에 관한 연구》 등의 논문을 지었습니다.

김광수(한국외국어대학교 HK교수)
한국외국어대학교를 졸업하고 남아프리카 공화국 노스-웨스트대학교 역사학과에서 석사박사 학위를 받았습니다. 현재 한국외국어대학교 아프리카연구소 HK교수로 재직 중입니다. 지은 책으로 《스와힐리어 연구》, 《에티오피아 악숨 문명》 등이 있고, 함께 지은 책으로 《7인 7색 아프리카》, 《남아프리카사》 등이 있으며 《현대 아프리카의 이해》를 우리말로 옮겼습니다.

김병준(서울대학교 교수)
서울대학교 동양사학과를 졸업하고 같은 학교 대학원에서 석사박사 학위를 받았습니다. 현재 서울대학교 동양사학과 교수로 재직 중입니다. 《순간과 영원: 중국고대의 미술과 건축》, 《고사변 자서》 등을 우리말로 옮겼고, 《중국고대 지역문화와 군현지배》 등을 지었습니다. 함께 지은 책으로 《사료로 보는 아시아사》, 《역사학의 성과와 역사교육의 방향》, 《동아시아의 문화교류와 소통》 등이 있습니다.

남종국(이화여자대학교 교수)
서울대학교 서양사학과를 졸업하고 같은 학교 대학원에서 석사 학위를, 프랑스 파리1대학에서 박사 학위를 받았습니다. 현재 이화여대 사학과 교수로 재직하고 있습니다. 지은 책으로 《이탈리아 상인의 위대한 도전》, 《지중해 교역은 유럽을 어떻게 바꾸었을까?》, 《세계사 뛰어넘기》 등이 있으며 《프라토의 중세 상인》을 우리말로 옮겼습니다.

박병규(서울대학교 HK교수)
고려대학교 서어서문학과를 졸업하고 멕시코 국립대학(UNAM)에서 문학 박사 학위를 받았습니다. 현재는 서울대 라틴아메리카연구소 HK교수로 재직 중입니다. 《불의 기억》, 《파블로 네루다 자서전 - 사랑하고 노래하고 투쟁하다》, 《1492년, 타자의 은폐》 등을 우리 말로 옮겼습니다.

박상수(고려대학교 교수)
고려대학교 사학과를 졸업하고 같은 학교 대학원에서 석사학위와 박사과정 수료를. 프랑스 국립 사회과학고등연구원에서 박사 학위를 받았습니다. 현재 고려대학교 사학과 교수로 재직하고 있습니다. 지은 책으로 《중국혁명과 비밀결사》 등이 있고, 함께 지은 책으로는 《동아시아, 인식과 역사적 실제: 전시기(戰時期)에 대한 조명》 등이 있습니다. 《중국현대사 - 공산당, 국가, 사회의 격동》을 우리말로 옮겼습니다.

박수철(서울대학교 교수)
서울대학교 역사교육과를 졸업하고 같은 대학 대학원 동양사학과에서 석사를, 일본 교토대에서 박사 학위를 받았습니다. 현재는 서울대학교 동양사학과 교수로 재직 중입니다. 지은 책으로는 《오다도요토미 정권의 사지지배와 천황》이 있으며, 함께 지은 책으로는 《아틀라스 일본사》, 《사료로 보는 아시아사》, 《일본사의 변혁기를 본다》 등이 있습니다.

성춘택(경희대학교 교수)
서울대학교 고고미술사학과와 대학원에서 고고학을 전공했으며, 워싱턴대학교 인류학과에서 고고학으로 석사와 박사 학위를 받았습니다. 현재 경희대학교 사학과 교수로 재직 중입니다. 《석기고고학》이란 책을 쓰고, 《고고학사》, 《다윈 진화고고학》, 《인류학과 고고학》 등을 우리말로 옮겼습니다.

유성환(서울대학교 강사)
부산대학교 영문학과를 졸업하고 미국 브라운대학교에서 박사 학위를 받았습니다. 현재 서울대 아시아언어문명학부에서 강의를 하고 있습니다. 〈이히, 시스트럼 연주자 - 이히를 통해 본 어린이 신 패턴〉과 〈외국인에 대한 이집트인들의 두 시선〉 등의 논문을 지었습니다.

윤은주(국민대학교 강의 전담 교수)
서울대학교 서양사학과를 졸업하고 프랑스 사회과학고등연구원에서 박사 학위를 받았습니다. 현재 국민대학교 교양대학 강의 전담 교원으로 일하고 있습니다. 《넬슨 만델라 평전》을 우리말로 옮겼으며 《히스토리》의 4~5장과 유럽 국가들의 연표를 우리말로 옮겼습니다.

이근명(한국외국어대학교 교수)
서울대학교 동양사학과를 졸업하고 같은 학교 대학원에서 석사박사 학위를 받았습니다. 현재 한국외국어대학교 사학과 교수로 재직하고 있습니다. 지은 책으로는 《남송 시대 복건 사회의 변화와 식량 수급》, 《아틀라스 중국사(공저)》, 《동북아 중세의 한족과 북방민족》 등이 있고, 《중국역사》, 《중국의 시험지옥 - 과거》, 《송사 외국전 역주》 등을 우리말로 옮겼습니다.

이은정(서울대학교 강사)
한국외국어대학교 터키어과를 졸업하고 터키 국립 앙카라 대학교 역사학과에서 석사 학위를, 서울대학교 서양사학과에서 박사 학위를 받았습니다. 현재는 서울대학교 등에서 강의를 하고 있습니다. 〈16-17세기 오스만 황실 여성의 사회적 위상과 공적 역할 - 오스만 황태후의 역할을 중심으로〉와 〈'다종교다민족다문화'적인 오스만 제국의 통치전략〉 등의 논문을 지었습니다.

이지은(한국외국어대학교 HK연구교수)
이화여대 사학과를 졸업하고 한국외국어대학교와 인도 델리대학교, 네루대학교에서 석사박사 학위를 받았습니다. 현재 한국외국어대학교 인도연구소 HK연구교수로 일하고 있습니다. 함께 지은 책으로는 《탈식구중심주의는 가능한가》가 있으며 〈인도 식민지 시기와 국가형성기 하층카스트 엘리트의 저항 담론 형성과 역사인식〉, 〈반서구중심주의에서 원리주의까지〉 등의 논문을 지었습니다.

정기문(군산대학교 교수)
서울대학교 역사교육과를 졸업하고 같은 학교 대학원에서 석사박사 학위를 받았습니다. 현재 군산대학교 사학과 교수로 재직하고 있습니다. 지은 책으로는 《한국인을 위한 서양사》, 《내 딸을 위한 여성사》, 《역사란 무엇인가》 등이 있고, 《역사, 시민이 묻고 역사가가 답하고 저널리스트가 논하다》, 《고대 로마인의 생각과 힘》, 《지식의 재발견》 등을 우리말로 옮겼습니다.

정재훈(경상대학교 교수)
서울대학교 동양사학과를 졸업하고 같은 학교 대학원에서 석사박사 학위를 받았습니다. 현재 경상대학교 사학과 교수로 재직 중입니다. 지은 책으로는 《돌궐 유목제국사》, 《위구르 유목 제국사(744~840)》 등이 있고 《유라시아 유목제국사》, 《사료로 보는 아시아사》 등을 우리말로 옮겼습니다.

최재인(서울대학교 강사)
서울대학교 서양사학과를 졸업하고 같은 학교 대학원에서 석사박사 학위를 받았습니다. 현재 서울대학교 강사로 일하고 있습니다. 함께 지은 책으로 《서양여성들 근대를 달리다》, 《여성의 삶과 문화》, 《다민족 다인종 국가의 역사인식》, 《동서양 역사 속의 다문화적 전개양상》 등이 있고, 《가부장제와 자본주의》, 《유럽의 자본주의》, 《세계사 공부의 기초》 등을 우리말로 옮겼습니다.